ANNETTE HOLLÄNDER

DAS STANDARD-WERK

Mein Bio GEMÜSE GARTEN

NACHHALTIG GÄRTNERN UND SAMENFESTE SORTEN VERMEHREN

EMF

EIN BUCH DER EDITION MICHAEL FISCHER

Inhaltsverzeichnis

Vorwort

Das eigene Gemüse anbauen, frische und gesunde Lebensmittel ernten, sich mit einer geschmackvollen Vielfalt Genuss bescheren. Bei immer mehr Menschen wächst die Lust, den Traum vom Gemüsebeet zu verwirklichen. Und so werden Vorgärten zu Nutzgärten umgestaltet, Balkone und Hinterhöfe werden zu Inseln für frisches Grün, und auf dem Krautacker und im Gemeinschaftsgarten wird die eigene Ernte erzeugt.

Seit Jahren ist dieser Trend ungebrochen. Die Gründe hierfür sind so vielfältig wie das Gemüse, das angebaut wird. Mal steht einfach die Freude am Gärtnern und an den eigenen Tomaten und Salaten im Vordergrund. Ein andermal soll der Anbau im Garten oder auf dem Acker die Selbstversorgung mit saisonalen Erzeugnissen rund um das Jahr ermöglichen. Allen gemeinsam ist jedoch der Wunsch nach einer unbelasteten und geschmackvollen Ernte.

Dazu passt das biologische Gärtnern mit alten und samenfesten Gemüsesorten, die diesem Bedürfnis und den Bedingungen von Haus- und Hobbygärtner*innen entgegenkommen. Gleichzeitig lässt sich eine Sortenvielfalt an Farben, Formen und geschmacklichen Varianten kennenlernen, die unser gängiges und einheitliches Handelssortiment weit übertrifft.

Dieses Buch soll Anregungen geben, mit erprobten samenfesten Gemüsesorten erfolgreich zu gärtnern und sich die Vielfalt und den besonderen Geschmack in die Küche und auf den Teller zu holen. Gleichzeitig kann mit der Erhaltung und der Vermehrung einer Lieblingssorte im eigenen Garten vielleicht sogar die eine oder andere historische Gemüsezüchtung vor dem Aussterben bewahrt werden.

In diesem Sinne wünsche ich Ihnen viel Freude beim Lesen und bei der praktischen Umsetzung sowie einen reich gefüllten Erntekorb!

Ihre Annette Holländer

Gartenwissen

Der biologisch bewirtschaftete Garten

Viele Gemüsegärtner*innen möchten ihren Garten biologisch bewirtschaften, um gesundes Obst und Gemüse zu ernten. Biologisches Gärtnern erzeugt jedoch nicht nur unbelastete und hochwertige Nahrungsmittel, sondern schafft darüber hinaus wichtige Lebensräume für eine Vielzahl von Lebewesen. In einer Zeit, in der natürliche Lebensräume durch intensive Landwirtschaft, Bodenversiegelung und den Einsatz von Pestiziden immer mehr verloren gehen, werden biologisch bewirtschaftete Gärten für die Erhaltung der Biodiversität immer wichtiger.

DAS GLEICHGEWICHT IM GARTEN UND GÄRTNERN OHNE GIFT

Vor allem zu Beginn mag biologisch zu gärtnern etwas Geduld erfordern. Schließlich muss dem Garten die Möglichkeit und Zeit gegeben werden, ein ökologisches Gleichgewicht zu entwickeln. Dabei können Sie die Bildung dieses Gleichgewichts aktiv unterstützen.

Einer der wichtigsten Grundsätze im Biogarten ist der Verzicht auf chemische Pflanzenschutz- und Düngemittel. Ein Gleichgewicht kann sich nur einstellen, wenn nicht einseitig und gegen einen Teil der Natur eingegriffen wird. Außerdem werden beim Einsatz beispielsweise von Pestiziden nicht nur die Schädlinge oder Krankheiten dezimiert, die es treffen soll, sondern es werden ebenso viele andere und nützliche Lebewesen in Mitleidenschaft gezogen. Schließlich handelt es sich hier um Gifte, und ein Gift kann nicht zwischen Schädling und Nützling unterscheiden. Besonders negativ wirken sich einige Pestizide auf Honig- und Wildbienen aus, die wichtige Bestäuber für Obst- und Gemüsepflanzen darstellen.

Die Gesundheit unserer Pflanzen wird besser durch passende und vorbeugende Kulturmaßnahmen und biologische Pflanzenstärkungsmittel zur Bildung von Abwehrkräften gefördert. Gleichzeitig werden Pflanzen für den Biogarten gewählt, die an unsere Klimabedingungen und Jahreszeiten sowie an den jeweiligen Standort angepasst sind. Lichtverhältnisse und Bewässerung müssen auf die Bedürfnisse der jeweiligen Pflanzen abgestimmt sein. Eine vielfältige Mischung aus robusten Nutzpflanzen, wie sie früher schon in Bauerngärten und Klöstern angebaut wurden, heimischen Wild- und Kräuterpflanzen sowie Insekten- und Bienenweiden ermöglicht die Bildung von naturnahen und gleichzeitig gesunden Pflanzengemeinschaften. Unter solchen Bedingungen können Nützlinge im Garten Lebensraum finden, ihre Arbeit tun und als Gegenspieler zu Krankheiten und Schädlingen agieren.

Naturnahe Plätze im Garten mit Nektar- und Samenpflanzen, Totholz und Nisthilfen unterstützen zusätzlich die Ansiedlung von Nützlingen. Die Verwendung schadstofffreier Baumaterialien wie unbehandelte Hölzer etwa für Hochbeete oder Natursteine für Einfassungen und Mauern fördern außerdem ein natürliches Klima im Garten.

RESSOURCEN SCHONEN OHNE TORF

Ebenso wird im natürlichen Gemüsegarten auf synthetische Düngemittel verzichtet, die unter extrem hohem Rohstoff- und Energieaufwand hergestellt werden und giftige Verunreinigungen verursachen. Die Verwendung organischer Dünger dagegen schont nicht nur Umwelt und Ressourcen, sondern fördert das Bodenleben und eine gesunde Pflanzenentwicklung.

Auch Torf gehört nicht in den Biogarten. Im Gartenhandel erhältliche Pflanz- und Gemüseerden sind zum großen Teil mit Torf versetzt, da Torf eine bodenverbessernde Wirkung nachgesagt wird. Dabei ist Torf keineswegs eine Komponente, die für gesundes Pflanzenwachstum im Gemüsegarten nötig ist. Ganz im Gegenteil: Torf senkt den pH-Wert, und der Boden versauert langfristig. Eine Verbesserung des Bodens wird hingegen durch biologische Maßnahmen wie Rückführung von Nährstoffen, Fruchtfolge, Bodenschutz und Förderung der Bodenlebewesen erreicht.

BIOLOGISCH GÄRTNERN MIT DER NATUR

Im biologischen Garten können die natürlichen Kreisläufe als Vorbild für das eigene Handeln dienen. Ziel ist es, mit der Natur zu arbeiten für ein nachhaltiges Zusammenleben von Mensch, Pflanze und Tier. Dies kann auf unterschiedlichste Weise geschehen, und bereits die Kompostherstellung, ein natürlicher Prozess, bei dem Kleinstlebewesen organisches Material wieder in fruchtbare Erde verwandeln, ist ein hervorragendes Beispiel. Ebenso kann der ewige Kampf gegen Unkräuter durch ein Arbeiten mit der Natur ersetzt werden. Schließlich besiedelt die Natur jedes Stück offenen (Garten-)Boden in Windeseile, um ihn vor Erosion und anderen Einflüssen zu schützen. Gärtner*innen können der Natur entgegenkommen und den Boden so bestellen, dass die Pflanzen in einer Kombination aus Mischkultur, Fruchtwechsel und Mulch den Boden permanent bedecken und die Besiedelung durch Beikräuter weitestgehend überflüssig wird.

Nimmt man sich die Zeit, den Garten und seine Bewohner zu beobachten, lassen sich viele Wechselwirkungen zwischen Pflanzen und Tieren feststellen. Dies können beispielsweise Reaktionen auf Schädlingsbefall oder Pflanzennachbarschaften sein. Aus vielen dieser Beobachtungen können wir etwas lernen und wieder für den Garten nutzen. Und letztendlich erfreut ein biologisch bewirtschafteter Nutzgarten, in dem es blüht, singt, zirpt und schwirrt, jedes Gärtnerherz.

Torfabbau

Derzeit werden in Deutschland jährlich bis zu zehn Millionen Kubikmeter Torf aus Mooren verbraucht – davon etwa zweieinhalb Millionen allein von Freizeitgärtnern. In Deutschland sind bereits 99 % der Moore zerstört, und in den Ländern Osteuropas nimmt der Torfabbau weiter zu. Moore sind jedoch wichtige Lebensräume für bedrohte Pflanzen- und Tierarten, speichern Kohlendioxid, wirken damit dem Klimawandel entgegen und helfen durch ihre Pufferwirkung, Überschwemmungen vorzubeugen. Einmal abgebaute Torfmoore, die sich über Jahrtausende gebildet haben, können sich – wenn überhaupt – nur über einen sehr langen Zeitraum wieder regenerieren.

Vielfältig und abwechslungsreich zeigt sich ein nach ökologischen Kriterien bewirtschafteter Gemüsegarten.

Fruchtbarer Boden – unser höchstes Gut

Fruchtbarer Boden ist die Grundlage unseres Lebens und unserer Ernährung. Nur auf fruchtbarem Boden können Pflanzen wachsen, die wiederum Tiere und Menschen ernähren und mit Sauerstoff versorgen.

Unten wie oben
Die Masse der in einem Hektar gesunden und fruchtbaren Wiesenboden lebenden Bodenlebewesen entspricht der von 25 Kühen.

DIE FRUCHTBARE HUMUSSCHICHT UND DER NÄHRSTOFFKREISLAUF DER NATUR

Die fruchtbare oberste Schicht unserer Böden, meist 10–30 cm stark, enthält einen hohen Anteil an Humus. Die Ausgangsstoffe für Humus sind abgestorbene Pflanzenteile wie Laub, Rinde, Stängel und Blätter sowie tote Lebewesen. In der Natur gibt es keinen Abfall und so werden diese Stoffe mithilfe von Bodenlebewesen zersetzt und in fruchtbaren Humus umgewandelt, aus dem Pflanzen wieder notwendige Nährstoffe aufnehmen können. Damit schließt sich der Nährstoffkreislauf der Natur.

UNVERZICHTBARE BODENLEBEWESEN

In der oberen Bodenschicht eines fruchtbaren Bodens leben neben Regenwürmern, Käfern und Larven pro Quadratmeter etwa eine Billiarde Bakterien, Pilze und andere pflanzliche und tierische Mikroorganismen. Ohne diese Kleinstlebewesen könnte der Nährstoffkreislauf nicht funktionieren und es wäre kein Pflanzenwachstum möglich.

Die moderne konventionelle Landwirtschaft, die Ackerbau in Monokulturen mithilfe von schweren Maschinen und unter Einsatz von Pestiziden und künstlichen Düngemitteln betreibt, stört die Bodenlebewesen oder tötet sie sogar ab. Doch ohne ein gesundes Bodenleben ist die Erhaltung oder Neubildung von Humus nicht mehr möglich und der Boden wird unfruchtbar. Zusätzlich wird durch Erosion die Humusschicht offener Böden abgetragen. Es wird davon ausgegangen, dass in Europa bereits 17 % der landwirtschaftlichen Flächen degradiert (so der Fachbegriff), also unfruchtbar sind. Weltweit spricht man sogar von etwa 25 %.

Wenn wir uns vergegenwärtigen, dass wir dem Boden durch Anbau und Ernte Nährstoffe und Energie entziehen, ist zu verstehen, dass ihm diese wieder zugeführt werden müssen, um den für einen fruchtbaren Boden so wichtigen Nährstoffkreislauf zu erhalten. Im biologischen Land- und Gartenbau wird daher unter anderem auf chemische Pestizide und synthetische Düngemittel verzichtet und versucht, über organische Düngung (z. B. Mist), Mulch, Gründüngung und Untersaaten die Bodenlebewesen zu unterstützen, die Bodenfruchtbarkeit zu erhalten und Humus aufzubauen. Weiterhin hat jede Pflanze ihre individuellen Nährstoffbedürfnisse und gibt gleichzeitig über ihre Wurzeln bestimmte Stoffe in den Boden ab. Wird immer nur eine Pflanzenart angebaut, wird der Boden einseitig ausgelaugt und er kann die Pflanzen nicht mehr ausreichend versorgen. Mischkulturen und Fruchtfolge dagegen unterstützen ein ausgeglichenes Nährstoffverhältnis im Boden. Es entsteht sozusagen ein ganz natürliches Geben und Nehmen.

BODENTYPEN UND IHRE BESONDERHEITEN

Je nach Region unterscheiden sich Struktur und Qualität von Böden. Während in küstennahen Gebieten oft sandige Böden vorherrschen, findet man in anderen Gegenden humusreichere oder auch lehmige, tonige oder moorige Verhältnisse. Für die Bearbeitung und Bewirtschaftung der Böden ist es wichtig, die Bodenverhältnisse richtig einzuschätzen und die passenden fruchtbarkeitsfördernden Maßnahmen zu treffen.

Sandiger Boden

Sandiger Boden besteht aus relativ groben Körnern, die sich bei Sonneneinstrahlung sehr schnell erwärmen. Der Boden ist sehr wasserdurchlässig, Nährstoffe werden leicht ausgewaschen, und der Boden trocknet schnell aus. Eine Bodenverbesserung und ein besseres Wasserhaltevermögen werden durch Einarbeitung von Humus erreicht und durch regelmäßige Gaben von Kompost und Gesteinsmehl sowie Mulch und Gründüngung unterstützt.

Toniger Boden

Toniger Boden besteht aus sehr feinen Bodenteilchen. Nährstoffe und Wasser werden gut gehalten. Es gelangt allerdings wenig Luft an die Pflanzenwurzeln, und die Erwärmung erfolgt langsam. Tonböden neigen zu Verdichtungen und zum Hartwerden. Damit sie besser durchlüftet werden und lockerer bleiben, kann man sie durch Zugabe von Sand und Kompost sowie durch Auflockerung (z. B. mit einer Grabgabel) und Mulchen verbessern.

Lehmiger Boden

Lehmboden nimmt gegenüber sandigen und tonigen Böden eine Mittelstellung ein. Er enthält feine Bodenteilchen und Sand bei einer mittleren Durchlüftung und kann bei Trockenheit ebenfalls hart werden. Insgesamt sind lehmige Böden meist recht fruchtbar und lassen sich durch Maßnahmen wie regelmäßige Kompostgaben, Auflockerungen und Mulchen in der Bodenqualität verbessern.

Ein gesunder, humusreicher Boden ist die Grundlage für optimales Pflanzenwachstum. Die Pflege des Bodens und der achtsame Umgang beim Gärtnern und bei der Bodenbearbeitung sind unabdingbare Vorraussetzungen für einen erfolgreichen Gemüseanbau.

Feinkrümelig, gut durchwurzelt und humusreich – ein idealer Boden für den Anbau von Gemüse.

Kohlpflanzen bevorzugen einen kalkreichen Boden mit einem leicht alkalischen pH-Wert.

Moorige Böden und feuchte Böden

Moorige und eher feuchte Böden sind in ufernahen Gebieten oder trockengelegten ehemaligen Feuchtzonen zu finden. Auch hier sind Kompostzugaben zu empfehlen. Eine pH-Wert-Messung ist sinnvoll, da solche Böden für den Gemüseanbau oft zu sauer sind. Hier kann das Einarbeiten von Gesteinsmehl und Algenkalk hilfreich sein. Auch der Aufbau von Hoch- oder Hügelbeeten kann eine Alternative darstellen.

Einfache Bodenprobe

Nicht immer sind Böden einem Bodentyp eindeutig zuzuordnen, es treten oft Übergangsformen auf. Für eine Bestimmung nehmen Sie etwas leicht feuchten Gartenboden und versuchen, ihn in der Hand zu einer Kugel zu formen. Sind helle Einzelkörner in der Erde sicht- und fühlbar und lässt sich keine Kugel formen, da die Bodenbestandteile auseinanderfallen, ist der Boden als eher sandig einzustufen. Je niedriger der Sandanteil, umso weniger Einzelkörner sind erkennbar. Ist die Erde dabei zunehmend klebrig und formbar, ist von einem lehmig-tonigen Anteil auszugehen. Stark tonigen Boden erkennen Sie daran, dass die Erde besonders gut form- und rollbar ist und sich eine glatte Kugel rollen lässt. Hat der Boden eine lockere und krümelige Struktur ohne erkennbaren Sandanteil, ist von einem hohen Humusanteil auszugehen.

Messung des pH-Werts

Mittels eines pH-Messgeräts aus dem Elektrohandel oder pH-Teststreifens kann der pH-Wert des Bodens ermittelt werden. Der ideale pH-Wert für den Anbau von Gemüse liegt im neutralen Bereich etwa zwischen 6,5 und 7,2. Bei einem niedrigeren Wert ist der Boden eher sauer und beispielsweise für Blaubeeren oder Rhododendron geeignet. Ein höherer Wert weist auf einen zu kalkreichen, alkalischen Boden hin, in dem die meisten Kulturpflanzen nur schwer gedeihen.

Die verschiedenen Bodenverbesserungsmaßnahmen durch Kompost, Mulchen und Gründüngung sind ab S. 52 beschrieben.

Kulturpflanzen gestern und heute

Kultivierte Nutzpflanzen, vorrangig Getreide, Gemüse und Obst, bilden die Ernährungsgrundlage eines Großteils der Menschen. Dabei sind unsere Nutzpflanzen, wie alle Kulturpflanzen, unter menschlichem Einfluss entstanden. Man könnte auch sagen, dass Nutzpflanzen aus einer Art Symbiose zwischen Mensch und Pflanze erwachsen sind. Viele Nutzpflanzen sind zwar ertragreich und geschmackvoll, wären in der Natur jedoch nicht sonderlich konkurrenzfähig und benötigen die Pflege und Weiterentwicklung der Gärtner*innen. Die Menschheit dagegen könnte sich derzeit nicht mehr ohne den Anbau von Kulturpflanzen ernähren.

DIE ENTSTEHUNG UNSERER NUTZPFLANZEN

Mit dem ersten gezielten Anbau von Wildpflanzen und damit verbundener Auslese auf die ertragreichsten, nahrhaftesten oder wuchsfreudigsten Pflanzen startete die Kultivierung unserer heutigen Nutzpflanzen.

Der Beginn des landwirtschaftlichen Pflanzenanbaus ist vor rund 12 000 Jahren im Vorderen Orient belegt. Erste Kulturen waren Getreide wie Gerste, Emmer und Einkorn, letztere Urformen unseres heutigen Weizens. Seit etwa 5500 v. Chr. ist der Anbau von Getreide und später von Gemüse auch in Mitteleuropa bekannt.

Die Entwicklung der Pflanzen von Wild- zu Kulturformen erstreckt sich über einen Zeitraum von Jahrtausenden. Dabei hatten Völkerwanderungen, Kriege und Invasionen oft einen nachhaltigen Einfluss auf die Verbreitung unserer Kulturpflanzen. Viele Pflanzenarten, die wir heute als einheimisch betrachten, kamen beispielsweise mit den Römern über die Alpen oder wurden nach der Entdeckung Amerikas nach Europa gebracht. So stammen viele Kohlarten oder Petersilie beispielsweise aus dem Mittelmeerraum, Kartoffeln, Tomaten, Paprika und Gartenbohnen aus Amerika und Gurken und Auberginen aus Südostasien.

Bäuerliche Pflanzenzüchtung

Der bäuerliche Anbau von Nutzpflanzen beinhaltete gleichzeitig die bäuerliche Pflanzenzüchtung. Saatgut konnte nicht wie heute gekauft werden, und Getreide, Kartoffeln und Gemüse wurden von Bauern und Bäuerinnen selbst vermehrt. Durch Auslese, Zufallskreuzungen und Tausch entstanden dabei immer wieder neue sogenannte Lokal- oder Hofsorten. Ziel der Sortenentwicklung war dabei nicht unbedingt Höchstertrag, sondern Robustheit und Resistenzen sowie Sortenvielfalt, um den Menschen auch in schlechten Jahren das Überleben zu garantieren. Auf diese Weise entwickelten sich über die Jahrhunderte hinweg unzählige regionale und regional angepasste Kulturpflanzen, die die Menschen ernährten und gleichzeitig eine große genetische Vielfalt darstellten.

Erst im Laufe des 18. Jahrhunderts entstanden Gärtnereien, Saatgut- und Züchtungsbetriebe, die nach und nach die bäuerliche Pflanzenzüchtung ablösten.

Verlust der Kulturpflanzenvielfalt

Diese Veränderungen in der Saatgutproduktion hatten enorme Auswirkungen auf die Vielfältigkeit der Nutzpflanzen. Schätzungen zufolge sind seit ca. 1900 etwa 75 % der landwirtschaftlichen Kulturpflanzen ausgestorben, in Deutschland spricht man mittlerweile sogar von 90 %. Mit dem Verschwinden der bäuerlichen Pflanzenzüchtung gingen unzählige Haus- und Hofsorten verloren.

Die meisten im Handel angebotenen Chinakohle sind sogenannte F1-Hybriden, die nicht mit ihren Eigenschaften vermehrbar sind.

Wie eine purpurne Wolke schweben die kleinen Blüten dieses rotblättrigen Pflücksalates über dem ehemaligen „Kopf".

Gleichzeitig entstanden neue Züchtungsmethoden, die moderne Hochleistungssorten für die industrielle Landwirtschaft in den Handel brachten. Zusammen mit restriktiven Regelungen der Saatgutgesetzgebung wurden dadurch viele der alten Nutzpflanzen vom Markt verbannt.

Moderne Pflanzenzüchtung

In den 1930er-Jahren wurde in den USA die F1-Hybridzüchtung entwickelt, und die ersten Maishybridsorten entstanden. Die Saatgutproduzenten versprachen sich bereits in der Anfangsphase ein lukratives Geschäft von der Hybridzüchtung:

> »ZUM ERSTEN MAL WURDEN SAMEN AUS EINER PFLANZE GEWONNEN, DIE DER ANBAUER NICHT WIEDER AUSSÄEN UND DABEI ETWAS ÄHNLICHES WIE DIE ELTERNPFLANZE ERWARTEN KONNTE. ... MIT DER HYBRIDZÜCHTUNG WAR EIN VERFAHREN GEFUNDEN WORDEN .... FÜR DAS SICH DIE KOMMERZIELLE SAATGUTPRODUKTION LOHNTE.«
>
> (Quelle Anja Banzhaf, Saatgut – wer die Saat hat, hat das Sagen)

Damit wurde Saatgut, das in der bäuerlichen Pflanzenzüchtung Gemein- und Tauschgut gewesen war, zu einer Ware, mit der sich gute Geschäfte machen ließen.

Ziele der industriellen Landwirtschaft

Ab den 1960er-Jahren richtete sich die Nutzpflanzenzüchtung auch in Europa verstärkt auf die Ziele der industriellen Landwirtschaft aus: Höchsterträge, schnelles Wachstum mit kurzem Erntefenster, maschinelle Bearbeit- und Beerntbarkeit, Transport- und Lagerfähigkeit sowie optische Makellosigkeit. Hier kam die F1-Hybridzüchtung wieder zum Zuge und mittlerweile dominieren im Erwerbsgartenbau F1-Hybridsorten. Gleichzeitig verarmte das Sortenangebot im Lebensmittelhandel, und oft ist der individuelle Geschmack vieler Gemüsesorten verloren gegangen.

F1 ODER SAMENFEST?

Eine samenfeste Gemüsesorte wird über Jahre auf bestimmte Eigenschaften gezüchtet. Das können Ertrag, Geschmack, Form, Resistenzen und vieles mehr sein. Vermehrt man diese Sorten über ihr Saatgut, erhält man in den nächsten Generationen Pflanzen mit denselben Eigenschaften – dies nennt man samenfest und nachbaufähig. Bevor die moderne Pflanzenzüchtung an Bedeutung gewann, war das der Weg, um Gemüsesorten zu züchten und weiterzuentwickeln.

Bei F1-Saatgut handelt es sich um Hybridzüchtungen, die nicht samenfest sind. Dafür werden zwei Sorten einer Art gekreuzt. Bei sortenreinen Eltern erhält man in der ersten Kreuzungsgeneration – der F1 – einheitliche Nachkommen. Vermehrt man diese Pflanzen jedoch weiter, tritt in der nächsten Generation – der F2 – die größtmögliche genetische Aufspaltung auf. Die genetischen Eigenschaften der Kreuzungspartner treten in den verschiedensten Variationen zutage und man erhält eine bunte Vielfalt an Nachkommen.

Dies kennen manche Gärtnerinnen und Gärtner, die erste Vermehrungsversuche gestartet haben, aus eigener Erfahrung: Gewinnt man beispielsweise aus gelben und runden F1-Zucchini Saatgut und sät dieses wieder an, erhält man nur zum Teil oder unter Umständen gar keine Zucchini, die gelb und gleichzeitig rund sind. Auch bei der Vermehrung von F1-Tomaten und anderen F1-Gemüsearten ist das Ergebnis oft eine Enttäuschung. Neben den variierenden Sorteneigenschaften können auch Pflanzen die Folge sein, die einen sehr schlechten Ertrag aufweisen oder deren Samen nicht mehr vermehrungsfähig sind.

Methoden der Hybridzüchtung

Das liegt daran, dass in der modernen Pflanzenzüchtung F1-Hybriden nicht nur durch einfache Kreuzung erzeugt werden. So werden unter anderem in der Natur nicht vorkommende Inzuchtlinien erzwungen. Werden zwei solcher Inzuchtlinien gekreuzt, tritt der sogenannte Heterosiseffekt auf und die Nachkommen sind besonders vital und ertragreich. In den darauffolgenden Vermehrungsgenerationen bleibt dieser Effekt jedoch nicht erhalten und es können zudem Degenerationserscheinungen aus den Inzuchtlinien erneut auftreten. Das bedeutet, dass der Ertrag aus der weiteren Vermehrung von F1-Hybriden nicht gesichert ist.

Fast könnte man meinen, das Auge isst mit. Die Vielfalt an Bohnen zeigt sich auch in den unterschiedlich gefärbten und geformten Samen.

CMS-Hybriden

Darüber hinaus werden im Labor über die Verschmelzung artfremder Zellen und Zellkerne sogenannte CMS-Hybriden geschaffen. Die Bezeichnung CMS steht für cytoplasmatisch-männliche Sterilität. CMS-Pflanzen bilden keinen männlichen Pollen, der für die Befruchtung notwendig ist. Bei manchen Pflanzenarten wie Rettich oder Sonnenblumen tritt dies natürlicherweise auf. Gleichzeitig enthalten diese Pflanzen jedoch ein zusätzliches Gen, das diese Sterilität wieder aufzuheben vermag. Wird die CMS-Eigenschaft dagegen künstlich eingebaut, wird die Sterilität über die Mutterpflanzen vererbt, die Nachkommen bleiben steril und können nicht mehr vermehrt werden. Von der CMS-Hybridzüchtung betroffen sind unter anderem viele Kohlsorten und Zichorien.

Der Grat zur Gentechnik ist mit dieser Methode sehr schmal. Schließlich überwinden genetische Informationen die Artengrenze, was unter natürlichen Bedingungen nicht vorkommt. Als erster deutscher Bioanbauverband hat Demeter daher bereits 2005 in seinen Richtlinien verfügt, dass Verbandsmitglieder nur zellfusionsfreie Pflanzensorten anbauen dürfen.

Samenfeste Gemüsesorten für den eigenen Garten

Saatgut samenfester Gemüsesorten ist im Handel nur noch begrenzt erhältlich. Viele der alten Züchtersorten fallen nach und nach aus der Sortenanmeldung und sind somit für den Handel nicht mehr zugelassen. Sie werden meist in Saatgutarchiven und von privaten Erhaltern vor dem Aussterben bewahrt. Dasselbe gilt für alte Haus- und Hofsorten, die noch von Privatpersonen angebaut, vermehrt und weitergegeben werden.

Über Erhalterorganisationen und private Sortenliebhaber*innen lässt sich Saatgut beziehen oder tauschen. Gleichzeitig haben sich biologische Züchtungsbetriebe des samenfesten Gemüses angenommen und bringen bewährte und beliebte Sorten wieder auf den Markt, entwickeln sie weiter und züchten neue samenfeste Sorten (siehe Bezugsquellen S. 234).

Saatgutgesetzgebung

Innerhalb der Europäischen Union dürfen nur Samen und Vermehrungsmaterial zugelassener Pflanzensorten gehandelt werden. Für die Prüfung und die Zulassung neuer Sorten ist in Deutschland das Bundessortenamt zuständig. Saatgut zugelassener Sorten muss zusätzlich amtlich anerkannt und zertifiziert werden, bevor es in den Verkehr gebracht werden darf.

Dabei regelt das Saatgutverkehrsgesetz dieses „in Verkehr bringen“ von Saat- und Pflanzgut. Für eine Zulassung muss eine Sorte zur Prüfung angemeldet werden und bestimmte Kriterien erfüllen. So muss die Sorte unterscheidbar, homogen und beständig sein und einen landeskulturellen Wert haben. Neue Sorten werden zugelassen, wenn ihre Eigenschaften in der Bewertung gegenüber zugelassenen Sorten eine Verbesserung für den Anbau und die Weiterverwertung verspricht.

Viele alte und samenfeste Gemüsesorten können diese Bewertungskriterien nicht ausreichend erfüllen. Gemessen wird an der Einheitlichkeit und dem Ertrag der neuen Hybridzüchtungen. Samenfeste Sorten sind variabler, sodass die Homogenität im Vergleich zu Hybriden zu wenig ausgeprägt ist. Auch wurden die alten Sorten nicht auf bestimmte Resistenzen, sondern auf eine allgemeine und breit gefächerte Widerstandsfähigkeit gezüchtet. Zudem sind samenfeste Sorten anpassungsfähig und die Beständigkeit einer samenfesten Sorte hängt unter anderem von den vorherrschenden Umweltbedingungen ab. Was in Zeiten von Klimaveränderungen ein Vorteil ist, wird den alten Sorten für eine Zulassung zum Verhängnis.

Erfolgreicher Samenbau – Grundlagen

Um Gemüsepflanzen sortenrein zu vermehren, ist es wichtig, sich das notwendige Grundwissen zu botanischer Verwandtschaft sowie zu Vermehrungs- und Bestäubungsbiologie der jeweiligen Gemüsepflanzen anzueignen. Leider kommt es sonst immer wieder zu ungewollten Einkreuzungen.

VEGETATIVE UND GENERATIVE VERMEHRUNG

Grundsätzlich werden im Pflanzenreich die vegetative und die generative Vermehrung unterschieden.

Bei der **vegetativen Vermehrung** handelt es sich um die sogenannte ungeschlechtliche Vermehrung von Pflanzen. Die Vermehrung erfolgt über Knollen wie bei Kartoffeln, über Brut- oder Teilzwiebeln wie bei Knoblauch oder wie bei verschiedenen Kräutern über Ausläufer, Stecklinge und Stockteilung.

Die sogenannte geschlechtliche oder **generative Vermehrung** erfolgt über Samen. Gemüsepflanzen werden größtenteils generativ vermehrt. Bei der Vermehrung über Samen entstehen durch die Kombination des genetischen Materials zweier Elternpflanzen in der Folgegeneration – genetisch gesehen – neue und einzigartige Individuen. Durch die geschlechtliche Vermehrung sind auch Kreuzungen möglich, die neue Sorten mit individuell besonderen Eigenschaften und Merkmalen hervorbringen.

BLÜTENAUFBAU UND BESTÄUBUNGSBIOLOGIE

Verschiedene Gemüsearten unterscheiden sich in ihrem Blütenaufbau. Für die Vermehrung über Samen ist daher die jeweilige Bestäubungsbiologie zu berücksichtigen. Sie kann Auswirkungen auf die sortenreine Saatgutgewinnung und die notwendige Anzahl der zu vermehrenden Pflanzen haben.

Zwittrige Blüten

Bei einer zwittrigen Blüte befinden sich die weiblichen und männlichen Fortpflanzungsorgane innerhalb einer Blüte. Ein Großteil der Gemüsepflanzen verfügt über zwittrige Blüten und wiederum ein Teil davon kann sich in der zwittrigen Blüte selbst bestäuben.

Paprika werden leicht von Chilis bestäubt, daher werden die Elternpflanzen in Reinbeständen im geschützten Anbau kultiviert.

Getrenntgeschlechtliche Blüte, einhäusig

Solche Pflanzen verfügen sowohl über rein weibliche als auch rein männliche Blüten auf einer Pflanze. Typische Vertreter sind Kürbisse und Zucchini. Bei den weiblichen Blüten ist bereits mit der Knospe der Fruchtansatz gut zu erkennen, während dieser bei männlichen Blüten fehlt. Einhäusige Pflanzen werden über Insekten oder den Wind bestäubt.

Getrenntgeschlechtliche Blüte, zweihäusig

Männliche und weibliche Blüten wachsen jeweils auf verschiedenen Pflanzen – es gibt also rein männlich und rein weiblich blühende Pflanzen. Im Gemüseanbau kommt dies nicht häufig vor, ein typischer Vertreter ist jedoch der Spinat. Auch hier ist eine Fremdbestäubung, in diesem Fall durch Wind, notwendig, um den Pollen der männlichen Pflanzen zur weiblichen Blüte zu transportieren.

Verschiedene Kürbissorten innerhalb einer Art können sich leicht verkreuzen.

SELBSTBEFRUCHTUNG UND FREMDBEFRUCHTUNG

Ziel der Vermehrung einer bestimmten Gemüsesorte ist es, diese mit ihren Eigenschaften in einer nächsten Generation zu erhalten oder zu vervielfältigen. Die Sorteneigenschaften bzw. die Sortenreinheit bleiben jedoch nur erhalten, wenn keine Einkreuzung anderer artverwandter Gemüsesorten erfolgt. Dabei unterscheidet man in Bezug auf die Bestäubungsbiologie sogenannte selbstbefruchtende und fremdbefruchtende Pflanzenarten.

Selbstbefruchter

Bei Selbstbefruchtern erfolgt der Befruchtungsvorgang in der Blüte, ohne dass Insekten oder Wind für die Bestäubung benötigt werden. Allerdings muss unterschieden werden zwischen „strengen" und „potenziellen" Selbstbefruchtern.

Strenge Selbstbefruchter sind beispielsweise Gartenbohnen, bei denen die Befruchtung bereits in der noch geschlossenen Blüte erfolgt. Einkreuzungen treten lediglich in wenigen Einzelfällen auf, wenn Insekten die Blüten aufbeißen.

Potenzielle Selbstbefruchter sind zwar grundsätzlich in der Lage, sich selbst zu befruchten, können jedoch auch durch Insekten bestäubt werden. Typische Vertreter sind Paprika und Chili. Vor allem Hummeln fliegen diese Blüten gerne an und sorgen dadurch für Einkreuzungen. Chilischarfe Gemüsepaprika sind die unerwünschte Folge.

Fremdbefruchter

Bei Fremdbefruchtern dagegen besteht grundsätzlich die Gefahr von Einkreuzungen, da sie für eine Befruchtung auf Insekten oder den Wind angewiesen sind. Werden mehrere Sorten einer fremdbefruchtenden Gemüseart zusammen für die Saatgutgewinnung angebaut, kommt es daher zwangsläufig zu Ein- bzw. Verkreuzungen.

EINKREUZUNGEN VERMEIDEN

Um Einkreuzungen zu vermeiden, ist das Wissen über die botanische Zugehörigkeit einer Pflanze ausschlaggebend. Aufschluss darüber gibt uns dabei der botanische Name. Um dies zu verdeutlichen, zeigt die Übersicht am Beispiel der Kürbisgewächse die Verkreuzungsgefahr und wie wir diese am botanischen Namen ablesen können.

Einfache Vorkehrungen, um Verkreuzungen innerhalb einer Art zu vermeiden, sind:

- **Anbau von nur einer Sorte einer verkreuzungsgefährdeten Gemüseart** für die Vermehrung auf einer Fläche. In der Umgebung dürfen zudem keine verwandten Kultur- oder Wildpflanzen wachsen. So könnte sich beispielsweise ein Zierkürbis aus dem Nachbarsgarten mit einem Zucchino im eigenen Beet, ein Zuckermais mit einem Futtermais aus dem landwirtschaftlichen Anbau oder die auf Wiesen vorkommende wilde Möhre mit der Kulturmöhre im Garten verkreuzen.

- Zeitliche Isolation, das heißt **gestaffelter Anbau mit versetztem Blühzeitraum** verkreuzungsgefährdeter Kulturen. So kann beispielsweise von einem Überwinterungsspinat und einem im Frühjahr gesäten Spinat zeitversetzt Saatgut gewonnen werden.

- **Isolation bei potenziellen Selbstbefruchtern** kann Verkreuzungen durch Insekten vermeiden. Die zu vermehrenden Gemüsesorten werden dabei unter Kulturschutznetzen gezogen, sodass Insekten die Blüten nicht erreichen können. Ein regelmäßiges Schütteln der Pflanzen unter Netz erhöht die Befruchtungsrate. In großen Gärten ist unter Umständen eine Isolationsentfernung durch Barrieren wie Gebäude oder Hecken abhängig vom Standort und der Gemüseart möglich. So haben sich große Isolationsabstände bei Paprika und Chili oder Auberginen bewährt. Zudem lassen sich für den Hausgebrauch auch einzelne Blütenstände isolieren (siehe unter Paprika und Chili S. 108).

In der professionellen Saatgutproduktion werden Fremdbefruchter, die durch Insekten bestäubt werden, unter Gemüsenetzen isoliert und unter Einsatz von Bestäubungsinsekten befruchtet. Im Hausgarten ist diese Methode in der Regel zu aufwendig und erfordert die entsprechende Erfahrung. Selbiges gilt für die Handbestäubung bestimmter Kulturen wie Kürbis oder Mais.

Familie der Kürbisgewächse

Gattung: *Cucurbita* (Kürbis)
Cucumis (Gurke)
} Unterschiedliche Gattungen: Verkreuzen sich nicht

Art: *Curcurbita pepo* (Gartenkürbis)
Cucurbita maxima (Riesenkürbis)
Cucurbita moscata (Moschuskürbis)
} Unterschiedliche Arten: Verkreuzen sich nicht

Sorten innerhalb einer Art (C. pepo): Zucchini, alle Sorten
Steirer Ölkürbis
Zierkürbis, ...
} Alle Sorten innerhalb einer Art verkreuzen sich

Beispiel für Verkreuzungsmöglichkeiten innerhalb einer Gemüsegattung

URSPRUNGSSAATGUT ZURÜCKBEHALTEN

In jedem Fall sollte bei selbst vermehrten Sorten Restsaatgut über zwei Vermehrungsgenerationen zurückbehalten werden. Ist eine Einkreuzung geschehen, wird diese in der Regel erst in der nächsten Generation der Pflanzen sichtbar. Um eine Sorte zu erhalten, sollte daher gewährleistet sein, dass man auf Saatgut zurückgreifen kann, das sortenrein ist.

BESTANDSGRÖSSEN FÜR DIE VERMEHRUNG

Auch bei der Frage, wie viele Pflanzen zur Vermehrung angebaut werden sollten, sind Faktoren wie Befruchtungsform und Einkreuzungsrisiko zu berücksichtigen. Selbstbefruchter sind sogenannte **Liniensorten**, die relativ reinerbig sind. Wenige Pflanzen oder sogar einzelne Pflanzen sind für eine Vermehrung grundsätzlich möglich. Fremdbefruchter dagegen sind sogenannte **Populationssorten**, die einen eher großen Pflanzenbestand für die Vermehrung benötigen. Die Pflanzen sind genetisch variabler und benötigen für eine erfolgreiche Bestäubung und die Erhaltung ihrer genetischen Variabilität möglichst viele Bestäuberpflanzen. Ein regelmäßig zu geringer Pflanzenbestand führt bei vielen Fremdbefruchtern in den Folgegenerationen zu Inzuchterscheinungen und degenerierten Pflanzen bis hin zu infertilem Saatgut.

In der Züchtung werden fremdbefruchtende Gemüsearten daher in Beständen von mindestens 50, nach Möglichkeit jedoch mit 80 oder 100 Pflanzen und mehr vermehrt, um die notwendige genetische Bandbreite zu gewährleisten. Auch wenn dies im Hausgarten nicht immer möglich ist, sollte auf einen möglichst hohen Pflanzenbestand geachtet werden.

Kann man selbst eine entsprechende Bestandsgröße nicht leisten, besteht die Möglichkeit sich mit anderen Vermehrern derselben Sorte zusammenzuschließen, um das geerntete Saatgut zu mischen und untereinander auszutauschen. Auch darüber wird eine gewisse genetische Bandbreite sichergestellt. Ebenso können, beispielsweise im Falle einer Samenmissernte, kleine Samenmengen mit zurückgelegtem Saatgut gemischt und gemeinsam wieder ausgesät werden, um einen notwendigen Bestand zu erhalten.

SELEKTION IN DER ERHALTUNG UND VERMEHRUNG

Unsere Kulturpflanzen sind ein Produkt aus einer gemeinsamen Entwicklung von Mensch und Pflanze. Viele der heute noch verfügbaren samenfesten Gemüsesorten sind durch intensive Züchtungsarbeit entstanden. In der Züchtung und in der Weiterentwicklung von Nutzpflanzen spielt die Auslese, auch Selektion genannt, eine große Rolle. Auch im Erhaltungsanbau darf die Selektion nicht vernachlässigt werden. Gemüse, die nicht auf ihre sortentypischen Eigenschaften ausgelesen werden, können diese verlieren oder in Eigenschaften der Wildform zurückfallen. Dies bedeutet beispielsweise, dass Karotten immer beiniger werden, Kopfsalate keinen festen Kopf mehr bilden oder sich der Geschmack negativ verändert.

Besonders bei Karotten und Pastinaken, aber auch bei anderen Gemüsearten, ist für die Erhaltung eines süßen und angenehmen Geschmacks eine Geschmacksselektion notwendig. Werden beispielsweise Karotten über mehrere Generationen unselektiert vermehrt, tritt nicht nur die bereits erwähnte Beinigkeit der Wurzel immer häufiger auf, sondern es verändern sich auch die Geschmackseigenschaften. Der süße Geschmack der Wurzel kann beispielsweise nur noch in einem Teil der angebauten Karotten verblieben sein, dafür können sich in einem anderen Teil bittere, seifige oder scharfe Geschmacksanteile gebildet haben.

Für eine Selektion sind die vorrangigen Auslesekriterien:

- Es werden nur die sortentypischen, gesündesten und ertragreichsten Pflanzen vermehrt.
- Frühe Schosser bei Salat oder einjährige Schosser wie bei Mangold oder Möhren werden nicht vermehrt.

Saatguternte und Reinigung

EIGENES SAATGUT ERNTEN UND LAGERN

Keimfähiges Saatgut kann nur von ausgereiften, trockenen Samenständen bzw. aus reifen Früchten gewonnen werden. Saatgut von grünen Samenständen und aus unreifen Früchten verfügt über keine fertig ausgebildeten Samen und ist daher nicht keimfähig. Für die Reinigung des reifen Saatguts unterscheidet man die Trocken- und Nassreinigung.

Trockenreinigung von Saatgut

Die Trockenreinigung wird bei Samenständen wie Radieschen, Salat oder Bohnen angewendet. Dazu werden die Samenstände geerntet, wenn sie braun und trocken geworden sind, und zwar an einem warmen und sonnigen Tag. Entweder werden einzelne Samenstände oder Hülsen (wie bei Bohnen) geerntet, oder es wird die ganze Pflanze abgeschnitten und in einen Stoffsack oder ein Gartenvlies gegeben. Für große Samenstände eignen sich alte Bettbezüge sehr gut. Die geernteten Samenstände werden bei Bedarf an einem luftigen Ort nachgetrocknet, bis sie raschelnd trocken sind. Die Hülsen, z. B. von Bohnen, werden dann händisch aufgebrochen und die Samen entnommen. Bei Samenständen mit vielen kleinen Samenhülsen oder Schoten empfiehlt sich ein Ausdreschen im Stoffsack auf einer weichen Unterlage. Danach werden alle Pflanzenteile entfernt und die Samen mittels Siebens und eines vorsichtigen Ausblasens in flachen Schalen gereinigt. Professionelle Saatgutsiebe sind dazu nicht unbedingt erforderlich. Zum einen leisten auch diverse Küchensiebe gute Dienste, und zum

Samenstände können an einem warmen, trockenen Ort nachtrocknen, bevor das Saatgut geerntet wird.

Bei der Salatsamenernte können die kleinen Samenkörnchen vorsichtig abgezupft werden.

Gurken müssen zur Samenernte voll ausreifen. Sie sind dann oft nicht mehr verzehrfähig und schmecken fade, bitter oder holzig.

Mit einem Löffel lassen sich die Samen von Tomaten leicht aus der Frucht herauslösen.

anderen sind die Saatgutmengen aus dem Hausgarten meist in einer Größenordnung, die sich händisch gut bearbeiten lässt.

Nassreinigung von Saatgut

Die Nassreinigung wird bei Samen angewendet, die aus reifen Früchten stammen. Solche Samen, beispielsweise von Tomate und Gurke, sind von einer keimhemmenden Schicht umgeben, die verhindert, dass die Samen bereits in der Frucht keimen. Dieser „Glibber" kann mittels einer Nassvergärung abgebaut werden, um streufähiges und portionierbares Saatgut zu erhalten.

Die Samen werden hierfür mit möglichst wenig Fruchtfleisch aus den reifen Früchten herausgelöst, zusammen mit etwas Wasser in ein offenes Glas oder Schälchen gegeben und zwei Tage bei Zimmertemperatur stehen gelassen. Dabei kommt es zu einem Gärungsprozess, der die keimhemmende Schicht um die Samen abbaut. Hohe Temperaturen beschleunigen den Prozess, daher vor allem im Hochsommer die Vergärung gut kontrollieren, damit die Samen nicht ankeimen und unbrauchbar werden. Zur Nachreinigung werden die Samen in ein Teesieb gegeben und unter fließendem Wasser abgewaschen. Danach sofort auf Papier ausbreiten (Backpapier ist bestens geeignet) und so schnell wie möglich trocknen lassen. Dabei die Samen keinesfalls in die pralle Sonne oder auf die Heizung legen und auch nicht im Backofen oder Dörrapparat trocknen. Zu hohe Temperaturen bei der Trocknung können die Keimfähigkeit des Saatguts zerstören.

Aufbewahrung und Lagerung

Das gereinigte Saatgut muss für die Aufbewahrung vollständig trocken sein. Am besten werden die Samen dann in Gläser mit Twist-Off-Deckeln abgefüllt, damit keine Lagerschädlinge wie Getreidemotten eindringen können. Bei Bohnen oder Erbsen hat es sich bewährt, die Samen je Sorte einzeln in Gläser aufzubewahren. Ist eine Sorte von Bohnen- oder Erbsenkäfern befallen, wird so verhindert, dass sich die Schädlinge im Laufe der Lagerung auch auf nicht von den Käfern befallenes Saatgut ausbreiten. Kleinere Samenportionen wie von Tomaten können in einzelne Tütchen abgepackt und zusammen in Gläser gesteckt werden.

Die Saatgutgläser sollten dunkel und bei eher kühlen und gleichmäßigen Temperaturen aufbewahrt werden. So bleibt die Keimfähigkeit am besten erhalten. Dabei nicht vergessen: Tütchen und Gläser lesbar mit Sortennamen und Erntedatum beschriften.

EINSTIEG IN DIE SAATGUTVERMEHRUNG

Von dem tradierten Wissen der Saatgutvermehrung ist über die letzten Generationen viel verloren gegangen. Dieses Wissen wieder zu entdecken ist nicht nur spannend, sondern auch für die Erhaltung der alten Sorten wichtig. Dennoch gilt es auch hier nach und nach Erfahrungen zu sammeln. Für den Einstieg in die Vermehrung und den Samenbau sind daher zuerst selbstbefruchtende Sorten wie Tomaten, Salat und Gartenbohnen zu empfehlen oder auch einfach zu vermehrende fremdbefruchtende Sorten wie Asia-Blattsenf oder Gartenrauke.

Eine Übersicht der wichtigsten Vermehrungskriterien der gängigsten Gemüsearten ist in der folgenden Tabelle zu finden. Artspezifische Kriterien und Hinweise für eine erfolgreiche Vermehrung sind zudem jeweils in den Gemüseporträts (ab S. 90) enthalten. Für den ernsthaften Einstieg in die Erhaltung und Saatgutvermehrung sind im Anhang zudem Empfehlungen zu Literatur und Bezugsquellen beigefügt (auf S. 234).

Durch die Nassreinigung der Tomatensamen kann streufähiges Saatgut gewonnen werden.

Trocken in Gläsern, luftdicht verschlossen und etikettiert können die Samen dunkel und kühl aufbewahrt werden.

Vermehrungseigenschaften der wichtigsten Gemüsepflanzen

GEMÜSEART	BEFRUCHTUNG	ANZAHL SAMENTRÄGER	KEIMFÄHIGKEIT DER SAMEN	ANMERKUNGEN
Asia-Blattsenf *(Brassica juncea)*	Fremdbefruchtung durch Insekten	Pflanzen auf ca. 1 qm	mindestens 5 – 6 Jahre	Verkreuzung mit anderen *B. juncea* wie dem Braunen Senf
Asia-Salat *(Brassica rapa)*	Fremdbefruchtung durch Insekten	Pflanzen auf ca. 1 qm	mindestens 5 – 6 Jahre	Verkreuzung mit anderen *B. rapa* (Asia-Salate, Chinakohl, Cima di Rapa, Mai- und Herbstrübchen, …)
Aubergine *(Solanum melongena)*	potenzielle Selbstbefruchtung	ab 6 Pflanzen	mindestens 4 – 5 Jahre	Verkreuzungen verschiedener Sorten durch Insekten möglich
Blumenkohl und Brokkoli *(Brassica oleracea)*	Fremdbefruchtung durch Insekten	ab 20 Pflanzen	mindestens 5 – 6 Jahre	Verkreuzung mit anderen *B. oleracea,* wie Kohlrabi, Kopfkohl, Grünkohl, …
Bohne – Feuer-, Prunk-, Käferbohne *(Phaseolus coccineus)*	Fremdbefruchtung durch Insekten	ab 20 Pflanzen	mindestens 3 – 4 Jahre	Selbstbefruchtung kommt vereinzelt vor
Bohne – Garten-, Busch- und Stangenbohne *(Phaseolus vulgaris)*	strenge Selbstbefruchtung	ab 10 Pflanzen	mindestens 3 – 4 Jahre	In Einzelfällen kommen Verkreuzungen durch Aufbeißen der Knospen durch Insekten wie der Holzbiene vor
Bohne – Dicke Bohne/Puffbohne *(Vicia fabia)*	überwiegende Selbstbefruchtung	ab 20 – 30 Pflanzen	mindestens 3 – 4 Jahre	Insekten können zusätzlich befruchten
Chili *(Capsicum annuum, baccatum, chinense, frutescens, pubescens)*	potentielle Selbstbefruchtung	ab 6 Pflanzen	mindestens 3 – 4 Jahre	Verkreuzung durch Insekten möglich, auch mit anderen *Capsicum*-Arten
Chinakohl *(Brassica rapa)*	Fremdbefruchtung durch Insekten	ab 20 – 30 Pflanzen	mindestens 5 – 6 Jahre	Verkreuzung mit anderen *B. rapa* (Asia-Salate, Cima di Rapa, Mai- und Herbstrübchen, …) In der Vermehrung 2-jährig, Samenträger müssen frostfrei überwintert werden

GEMÜSEART	BEFRUCHTUNG	ANZAHL SAMENTRÄGER	KEIMFÄHIGKEIT DER SAMEN	ANMERKUNGEN
Endivie *(Cicorium endivia)*	Fremdbefruchtung durch Insekten	ab 20 - 30 Pflanzen	mindestens 3 - 4 Jahre	Verkreuzung mit der wildwachsenden Wegwarte, sortenabhängig in der Vermehrung 2-jährig, Samenträger müssen frostfrei überwintert werden
Erbse - Mark- und Palerbse, Zuckerschote *(Pisum sativum)*	strenge Selbstbefruchtung	ab 20 Pflanzen	mindestens 3 - 4 Jahre	In Einzelfällen kommen Verkreuzungen durch Aufbeißen der Knospen durch Insekten wie der Holzbiene vor
Federkohl, Sibirischer Kohl *(Brassica napus)*	Fremdbefruchtung durch Insekten	ab 20 - 30 Pflanzen	mindestens 5 - 6 Jahre	Verkreuzung mit anderen *B. napus* wie Kohlrübe und Raps. 2-jährig in der Vermehrung, winterhart und kann im Freiland überwintern
Feldsalat/Rapunzel *(Varianella locusta)*	Selbstbefruchtung und Fremdbefruchtung durch Insekten	ab 20 - 30 Pflanzen	mindestens 3 - 4 Jahre	Sät sich bereitwillig selbst aus
Gartenmelde *(Atriplex hortensis)*	Fremdbefruchtung durch Wind	ab 20 - 30 Pflanzen	2 - 3 Jahre	Sät sich bereitwillig selbst aus
Gartensalat *(Lactuca sativa)*	strenge Selbstbefruchtung	ab 6 Pflanzen	mindestens 3 - 4 Jahre	Sehr selten treten vereinzelt Verkreuzungen durch Schwebfliegen auf
Gurke *(Cucumis sativus)*	Fremdbefruchtung durch Insekten	ab 20 - 30 Pflanzen	mindestens 3 - 4 Jahre	Einhäusig, also getrennt geschlechtlich mit weiblichen und männlichen Blüten an einer Pflanze
Guter Heinrich *(Chenopodium bonus-henricus)*	Fremdbefruchtung durch Wind	ab 5 Pflanzen	2 - 3 Jahre	Mehrjährig, sät sich selbst aus
Haferwurzel *(Tragopogon porrifolius)*	Fremdbefruchtung durch Insekten	ab 20 - 30 Pflanzen	2 - 3 Jahre	2-jährig in der Vermehrung, winterhart und kann im Freiland überwintern, nicht unkontrolliert aussamen lassen
Karotte/Möhre *(Daucus carota)*	Fremdbefruchtung durch Insekten	ab 50 - 100 Pflanzen	2 - 3 Jahre	Verkreuzung mit der wilden Möhre, 2-jährig in der Vermehrung, kann sortenabhängig im Freiland überwintern oder wird frostfrei eingelagert
Kohl - Grün-. Weiß-, Rot-, Palmkohl *(Brassica oleracea)*	Fremdbefruchtung durch Insekten	ab 20 - 30 Pflanzen	mindestens 5 - 6 Jahre	Verkreuzung mit anderen *B. oleracea,* wie Kohlrabi, Brokkoli, Rosenkohl, ... in der Vermehrung 2-jährig, abhängig von der Frosthärte Samenträger ggf. frostfrei überwintern

GEMÜSEART	BEFRUCHTUNG	ANZAHL SAMENTRÄGER	KEIMFÄHIGKEIT DER SAMEN	ANMERKUNGEN
Kohlrübe *(Brassica napus)*	Fremdbefruchtung durch Insekten	ab 20 – 30 Pflanzen	mindestens 5 – 6 Jahre	Verkreuzung mit anderen *B. oleracea,* wie Kopfkohl, Grünkohl, ... in der Vermehrung 2-jährig, Samenträger frostfrei überwintern
Kürbis, Gartenkürbis (auch Zucchini) *(Cucurbita pepo)*	Fremdbefruchtung durch Insekten	ab 20 – 30 Pflanzen	mindestens 3 – 4 Jahre	Einhäusig, also getrennt geschlechtlich mit weiblichen und männlichen Blüten an einer Pflanze, Verkreuzung mit anderen *C. pepo*
Kürbis, Muskatkürbis *(Cucurbita moscata)*	Fremdbefruchtung durch Insekten	ab 20 – 30 Pflanzen	mindestens 3 – 4 Jahre	Einhäusig, also getrennt geschlechtlich mit weiblichen und männlichen Blüten an einer Pflanze, Verkreuzung mit anderen *C. moscata*
Kürbis, Winterkürbis *(Cucurbita maxima)*	Fremdbefruchtung durch Insekten	ab 20 – 30 Pflanzen	mindestens 3 – 4 Jahre	Einhäusig, also getrennt geschlechtlich mit weiblichen und männlichen Blüten an einer Pflanze, Verkreuzung mit anderen *C. maxima*
Lauch, Porree *(Allium porrum)*	Fremdbefruchtung durch Insekten	ab 20 – 30 Pflanzen	2 – 3 Jahre	2-jährig in der Vermehrung, kann sortenabhängig im Freiland überwintern oder wird frostfrei eingelagert
Lauchzwiebel, Winterheckenzwiebel *(Allium fistolosum)*	Fremdbefruchtung durch Insekten	ab 10 Pflanzen	2 – 3 Jahre	2- bis mehrjährig und winterhart, Samenbildung ab dem 2. Standjahr, bei Winterheckenzwiebel Vermehrung über Stockteilung möglich
Mais *(Zea mays)*	Fremdbefruchtung durch Wind	ab 50 Pflanzen	mindestens 3 – 4 Jahre	Verkreuzung mit anderen Maissorten, auch mit Futtermais
Mangold *(Beta vulgaris)*	Fremdbefruchtung durch Wind	ab 20 – 30 Pflanzen	mindestens 3 – 4 Jahre	Verkreuzung mit der Roten Bete, 2-jährig in der Vermehrung, kann sortenabhängig im Freiland überwintern, ggf. für Winterschutz sorgen
Paprika *(Capsicum annuum)*	potenzielle Selbstbefruchtung	ab 6 Pflanzen	mindestens 3 – 4 Jahre	Verkreuzung durch Insekten möglich, auch mit anderen *Capsicum*-Arten (verschiedene Chili)
Pastinake *(Pastinaca sativa)*	Fremdbefruchtung durch Insekten	ab 20 – 30 Pflanzen	1 – 2 Jahre	Verkreuzung mit wilder Pastinake, 2-jährig in der Vermehrung, winterhart und kann im Freiland überwintern

GEMÜSEART	BEFRUCHTUNG	ANZAHL SAMENTRÄGER	KEIMFÄHIGKEIT DER SAMEN	ANMERKUNGEN
Radieschen und Rettich *(Raphanus sativus)*	Fremdbefruchtung durch Insekten	ab 20 – 30 Pflanzen	mindestens 5 – 6 Jahre	In der Vermehrung 1- bis 2-jährig, ggf. frostfrei einlagern
Rote Bete/Rote Rübe *(Beta vulgaris)*	Fremdbefruchtung durch Wind	ab 20 – 30 Pflanzen	mindestens 3 – 4 Jahre	Verkreuzung mit Mangold, in der Vermehrung 2-jährig, Samenträger frostfrei überwintern
Roter Meier, Spinat-Amaranth *(Amaranthus lividus var. rubrum)*	Fremdbefruchtung durch Wind	ab 20 – 30 Pflanzen	mindestens 3 – 4 Jahre	Verkreuzung mit anderen *Amaranthus lividus*-Pflanzen möglich, nicht unkontrolliert aussamen lassen
Salatrauke *(Eruca sativa)*	Fremdbefruchtung durch Insekten	Pflanzen auf ca. 1 qm	mindestens 5 – 6 Jahre	Überwinterungsanbau im Freiland möglich, Blüte und Samenbildung dann im Frühling
Schwarzwurzel *(Scorzonera hispanica)*	Fremdbefruchtung durch Insekten	ab 20 – 30 Pflanzen	1 – 2 Jahre	2-jährig in der Vermehrung, ist winterhart und kann im Freiland überwintern
Sellerie – Knollen-, Stangen-, Schnittsellerie *(Apium graveolens)*	Fremdbefruchtung durch Insekten	ab 20 – 30 Pflanzen	2 – 3 Jahre	Verkreuzung der *A. graveolens*-Sorten, 2-jährig in der Vermehrung, Samenträger bis auf Schnittsellerie frostfrei überwintern
Speiserübchen, Mai- und Herbstrübchen *(Brassica rapa)*	Fremdbefruchtung durch Insekten	ab 20 – 30 Pflanzen	mindestens 5 – 6 Jahre	Verkreuzung aller *B. rapa,* auch mit Asia-Salaten, Chinakohl, Cima di Rapa, 2-jährig in der Vermehrung, Samenträger sortenabhängig frostfrei überwintern
Spinat *(Spinacea oleracea)*	Fremdbefruchtung durch Wind	ab 20 – 30 Pflanzen	mindestens 3 – 4 Jahre	Zweihäusig, also getrennt geschlechtlich mit weiblich- und männlich blühenden Pflanzen, Verkreuzung aller *S. oleracea*-Sorten
Tomate *(Lycopersicon esculentum)*	Strenge bis potenzielle Selbstbefruchtung	ab 6 Pflanzen	mindestens 5 – 6 Jahre	Verkreuzung durch Insekten, vor allem Hummeln möglich
Zwiebel, Küchenzwiebel *(Allium cepa)*	Fremdbefruchtung durch Insekten	ab 20 – 30 Pflanzen	2 – 3 Jahre	Verkreuzung mit anderen *A. cepa,* 2-jährig in der Vermehrung, frostfrei und trocken überwintern

Gartenpraxis

Die richtige Ausstattung zum Gemüsegärtnern

Im biologisch bewirtschafteten Garten werden Boden und Pflanzen für eine erfolgreiche Gemüseernte mit großer Sorgfalt behandelt. Dies gilt besonders für die Bodenbearbeitung. Denn die richtige Bearbeitung des Erdreichs leistet einen wichtigen Beitrag zu dessen Fruchtbarkeit, es wird gelockert und belüftet. Ein bearbeiteter Boden erwärmt sich schneller, Staunässe wird vermieden, und die Pflanzenwurzeln werden besser mit Sauerstoff versorgt.

Für den Biogarten stehen uns eine Reihe von Gartengeräten zur Verfügung, die den Ansprüchen an die richtige Bodenbearbeitung gerecht werden und uns gleichzeitig die Arbeit im Garten erheblich erleichtern können. Ebenso gibt es viele nützliche Utensilien für Aussaat und Pflanzung, die sich individuell zusammenstellen lassen.

Praktisch ist ein Arbeitstisch im Garten, der zur Aussaat, zum Sammeln von Samen und zur Aufbewahrung von Kleinwerkzeug dient.

BODENBEARBEITUNG – ABER RICHTIG

In einem Gemüsegarten mit fertig angelegten Beeten gehört der Spaten in die Ecke, denn er wird lediglich für Neupflanzungen von Stauden oder Sträuchern benötigt. Auf ein Umgraben mit dem Spaten wird im Biogarten hingegen verzichtet.

Umgraben stört das Bodenleben

In den verschiedenen Mutterbodenschichten leben unterschiedliche Kleinstlebewesen, die den Boden lebendig und fruchtbar halten. Bodentierchen, die in den oberen, lockereren Bodenschichten leben, benötigen eine gewisse Menge an Licht und Sauerstoff. Andere, die in tieferen Schichten leben, bevorzugen Dunkelheit. Bei einem Umgraben mit dem Spaten werden die oberen Bodenschichten nach unten verlagert und die unteren nach oben geholt. Dies bedeutet für die Bodenlebewesen, dass ihr Lebensraum im wahrsten Sinne des Wortes auf den Kopf gestellt wird und es ihnen dann oft nicht mehr möglich ist, sich wieder in die für sie passenden Bodenschichten zurückzuziehen. Die wichtige Humusbildung wird dadurch gestört. Zudem werden bei einem Umgraben mit dem Spaten, der ein scharfkantiges Werkzeug darstellt, vor allem größere Bodentierchen wie beispielsweise Regenwürmer verletzt oder getötet. Darüber hinaus gibt es selbst für die Neuanlage von Beeten kräftesparendere und bodenschonendere Methoden als das Umgraben, siehe beispielsweise das Kartoffelmulchbeet auf S. 197.

Bodenlockerung mit Grabgabel und Sauzahn

Die idealen Helfer für das Lockern der Gemüsebeete sind Grabgabel und Sauzahn. Die **Grabgabel** ist ein vielseitig einsetzbares Werkzeug, beispielsweise für die Ernte von Wurzelgemüsen, und gehört in jeden Biogarten. Bei einer Bodenlockerung mit der Grabgabel wird das Erdreich nicht umgedreht. Vielmehr wird dabei mit der Gabel in den Boden gestochen und durch Vor- und Zurückbewegungen der Grabgabel der Boden aufgelockert und belüftet. Gleichzeitig wird die Verwurzelung unerwünschter Beikräuter gelockert, sodass diese leicht entfernt werden können. Die Wurzeln von Beikräutern mit unterirdischen Ausläufern, z. B. Zaunwinde oder Quecke, können durch ein Anheben des Erdreichs mit der Grabgabel ebenfalls herausgezogen werden. Für eine Tiefenlockerung schwerer Böden sind sogenannte Doppelgrabgabeln erhältlich.

Der Sauzahn – hier als Handgerät mt kurzem Stiel – ist ein universell einsetzbares Gerät, das in keinem Biogarten fehlen darf.

Der **Sauzahn** besteht aus einem sichelförmig gebogenen Zinken mit platter Spitze, der für die Bodenlockerung durch den Boden gezogen wird. Er stellt ein Werkzeug dar, mit dessen Hilfe sich mit wenig Kraftaufwand auch verkrustete oder verschlämmte Böden gut lockern lassen. Die Bodenschichten werden dabei nicht umgedreht. Darüber hinaus kann mit dem Sauzahn mühelos zwischen Saatreihen gelockert werden. Auch lassen sich mit ihm Saatreihen einfach ziehen.

Daneben gibt es weitere Werkzeuge, die für die Bodenbearbeitung verwendet werden. Dazu gehören beispielsweise **Grubber** und **Handhacken**. Mit einem Grubber, einem Kultivator mit drei gebogenen spitzen Zinken, kann neben der Bodenlockerung auch Kompost oberflächlich in die Beete eingearbeitet werden.

Schwere Böden lassen sich mit einer schweren Handhacke einfacher bearbeiten als beispielsweise mit einem Grubber.

Jäten von Beikräutern

Auch für das Jäten und Entfernen von Beikräutern stehen arbeitserleichternde Werkzeuge zur Verfügung: allen voran verschiedene Formen des **Unkrautstechers,** der sich für das Ausstechen von Beikräutern mit tiefen Pfahlwurzeln, z. B. Löwenzahn, bewährt. Die langen Wurzeln können damit gut ausgehebelt werden.

Zum Jäten und gleichzeitigen Hacken zwischen Gemüsereihen eignen sich **Unkrauthacken** und auch **Bügelzughacken** besonders gut. Diese Geräte werden flach über bzw. durch den Boden gezogen, und die Beikräuter werden mit dem scharfen Blatt der Hacken unterhalb des Vegetationspunkts abgeschnitten.

Kombisysteme und ergonomische Werkzeugstiele

Von verschiedenen Herstellern werden Kombiwerkzeugsysteme angeboten. Darüber können an einem Werkzeugstiel die verschiedenen Geräte vom Sauzahn über Unkrauthacke bis hin zum Gartenrechen einfach ausgetauscht werden. Die langen Werkzeugstiele, die es zudem auch ergonomisch geformt gibt, ermöglichen ein rückenschonendes Arbeiten im Gemüsebeet. Die kurzstieligen Varianten dieser Werkzeuge sind dagegen besser für das Arbeiten an Hochbeeten und auf kleinen Flächen geeignet.

Schalen, kleine Töpfe, Klopapierrollen, Sand, Samen, Aussaaterde und ein Löffel – fertig ist die Aussaatgrundausstattung.

HELFER FÜR AUSSAAT, VORKULTUR UND PFLANZUNG

Für die Aussaat und Pflanzung von Gemüsepflanzen gibt es neben Pikierstäben und Pflanzschaufeln eine Reihe von nützlichen Gerätschaften, die vor allem die Jungpflanzenanzucht unterstützen und erleichtern.

Aussaat und Voranzucht

Alle Saaten, die nicht als Direktsaat gleich ins Beet gesät werden, benötigen passende Gefäße zum Vorziehen. Dafür eignen sich einfache Schalen und kleine Töpfchen mit Wasserabfluss, die in wasserdichte Unterschalen gestellt werden. Wer es etwas komfortabler haben möchte, kann sich **Aussaattabletts**, sogenannte **Quick-Pot-Platten**, zulegen. In den Quick-Pots, die in verschiedenen Topfgrößen je Platte angeboten werden, wird entweder direkt ein Same je Pot gesät, oder es werden Jungpflanzen hineinpikiert. Der Vorteil dieser Quick-Pots besteht darin, dass sich die Pflanzen einzeln gut entwickeln und beim Auspflanzen einfach mit dem Wurzelballen entnommen werden können.

Wer viele Jungpflanzen vorzieht, profitiert von solchen professionellen Aussaattabletts. Achten Sie beim Kauf von Quick-Pot-Platten und Unterschalen jedoch unbedingt auf stabile Profigärtnerqualität. Dann lässt sich eine solche Anschaffung über viele Jahre nutzen.

Ebenfalls für die Voranzucht werden in Gartencentern **Anzuchttöpfchen aus Torf** angeboten. Die Töpfchen können später einfach mit eingepflanzt werden. Unter ökologischen Gesichtspunkten sollte auf diese torfhaltigen und nur einmal verwendbaren Aussaatgefäße besser verzichtet werden. Einige wenige Hersteller bieten mittlerweile Töpfchen und Anzuchtplatten aus anderen Pflanzenfasern und ohne Torf an, auf die zurückgegriffen werden kann.

Selbstgemacht und wiederverwertet

Neben den professionellen Anzuchtutensilien lassen sich verschiedene Materialen, die sonst einfach weggeworfen werden, für die Aussaat und Anzucht recyceln.

Bestens bewährt als Anzuchttöpfchen haben sich beispielsweise halbierte **Klopapierinnenrollen**. Nebeneinander in wasserdichte Schalen gestellt, sind sie quasi selbst hergestellte Quick-Pots. Der „Klorollentopf" kann später mit ausgepflanzt werden, da das Papier in der Erde schnell verrottet. Für eine ähnliche Verwendung können aus Zeitungspapier kleine Papiertöpfchen gebastelt werden. Im Handel gibt es dafür **Papiertopfpressen** oder Eco Potmaker aus Holz, die eine schnelle und einfache Herstellung der Papiertöpfchen ermöglichen. Daneben eignen sich auch gebrauchte **Eierschachteln** für die Ansaat. Wie bei Anzuchttopfmagazinen wird je Eierbehälter ein Same ausgebracht. Bei der späteren Pflanzung wird der einzelne Eierbehälter dann abgetrennt und kann mit eingepflanzt werden. Außerdem können Schalen aus verschiedenen Materialien, die beispielsweise bei Obst oder Gemüse als Verpackungsabfall übrig bleiben, sowie Tetrapacks und diverse Einwegbehälter für Lebensmittel zu Aussaatschalen umfunktioniert werden. Da Eierschachteln und andere Kartonagen durch die Feuchtigkeit weich und instabil werden, sind hier stabile und wasserdichte Unterschalen notwendig.

In vielen Gartencentern können gebrauchte **Kunststofftabletts**, in die Topfpflanzen für den Verkauf gestellt waren, mitgenommen werden. Solche Plastiktabletts können wie großformatige Quick-Pot-Platten verwendet werden. Geeignet sind sie besonders gut für Jungpflanzen, die nicht pikiert werden. Je nach Größe können beispielsweise Kürbisse oder Stangenbohnen darin vorgezogen werden.

Wichtig ist bei allen umfunktionierten Aussaatgefäßen, dass ein Wasserablauf vorhanden ist und dass sich die Jungpflanzen wieder einfach aus den Gefäßen pikieren bzw. auspflanzen lassen.

Kunststofftabletts oder Multitopfplatten sind praktisch zur Anzucht von Jungfpflanzen, die nicht pikiert werden müssen.

Innenrollen von Klopapierrollen lassen sich einfach als Aussaattöpfchen verwenden und können mit ausgepflanzt werden.

Die Planung eines bunten Gemüsegartens

Bevor es konkret an die Anlage eines Gemüsegartens oder ans Säen und Pflanzen geht, empfiehlt sich eine vorausschauende Planung. Dies betrifft zum einen den geplanten Standort und die Aufteilung der Beete und zum anderen die Anordnung weiterer Nutzflächen im Garten, wie beispielsweise für Sitzplätze und Platz für die Kompostierung.

Ebenso sollten persönliche Vorlieben, Erwartungen an die Ernte und die Zeit, die man investieren kann, berücksichtigt werden.

INDIVIDUELLE PLANUNG

Damit der Garten die besten Voraussetzungen bekommt, die persönlichen Prioritäten bedacht sind, und die Gartenlust langfristig erhalten bleibt, kann es hilfreich sein, sich im Vorfeld die Fragen auf der folgenden Seite zu stellen und ehrlich zu beantworten. Vor allem die Zeit, die für die Anlage und Pflege des Gartens aufgebracht werden kann, sollte realistisch eingeschätzt werden.

1 Platzierung der Gemüsebeete und Sonnenstunden
Gemüse kommt am besten an einen Platz in voller Sonne. Ideal sind Südost-, Süd- oder Südwest-Lagen mit möglichst vielen Sonnenstunden nicht nur im Hochsommer. Wo kann ich meine Gemüsebeete anlegen, um dies zu gewährleisten? Oder wäre es besser, für besonders sonnenhungrige Kulturen wie Tomaten oder Paprika auf die Terrasse und den Anbau in Töpfen auszuweichen?

2 Bestehende Bodenverhältnisse
Welchen Boden habe ich zur Verfügung? Ein humoser Boden lässt sich für den Gemüseanbau aufbereiten und auch Grünland in Gartenbeete umwandeln. Habe ich einen solchen Boden zur Verfügung oder eher einen verdichteten oder aus anderen Gründen schwer kultivierbaren Boden, sodass Hügel- und Hochbeete die bessere Alternative sind?

3 Meine Erwartungen an einen Gemüsegarten
Welche Gemüsekulturen sind mir besonders wichtig und möchte ich daher unbedingt anbauen? Wie viel Fläche ist dafür notwendig, auch hinsichtlich der zu beachtenden Fruchtfolge? Reicht mir regelmäßig Salat und frisches Grün aus dem Garten oder möchte ich mich möglichst umfangreich aus dem Garten versorgen?

4 Zeit für Garten und Gartenarbeit
Wie viel Freizeit kann und möchte ich in meinen Garten investieren und wie viel Zeit soll beispielsweise für andere Hobbys zur Verfügung stehen? Entsprechend sollten Fläche und Bepflanzung geplant werden. Eine realistische Einschätzung ist hier wichtig, damit Ihnen Ihr Garten nicht im wahrsten Sinne des Wortes über den Kopf wächst.

5 Allgemeine Flächenaufteilung in einem Garten
Welche anderen Flächen müssen bei der Planung berücksichtigt werden? Ein Garten soll ja in der Regel nicht nur Nutzgarten, sondern ebenso Erholungsraum und gegebenenfalls auch Spielplatz sein. So sind Sitzplätze und Freiflächen vorzusehen und ebenso sind Flächen für Wege, Kompostierung, Regentonnen und Aufbewahrung der Gartengeräte zu berücksichtigen.

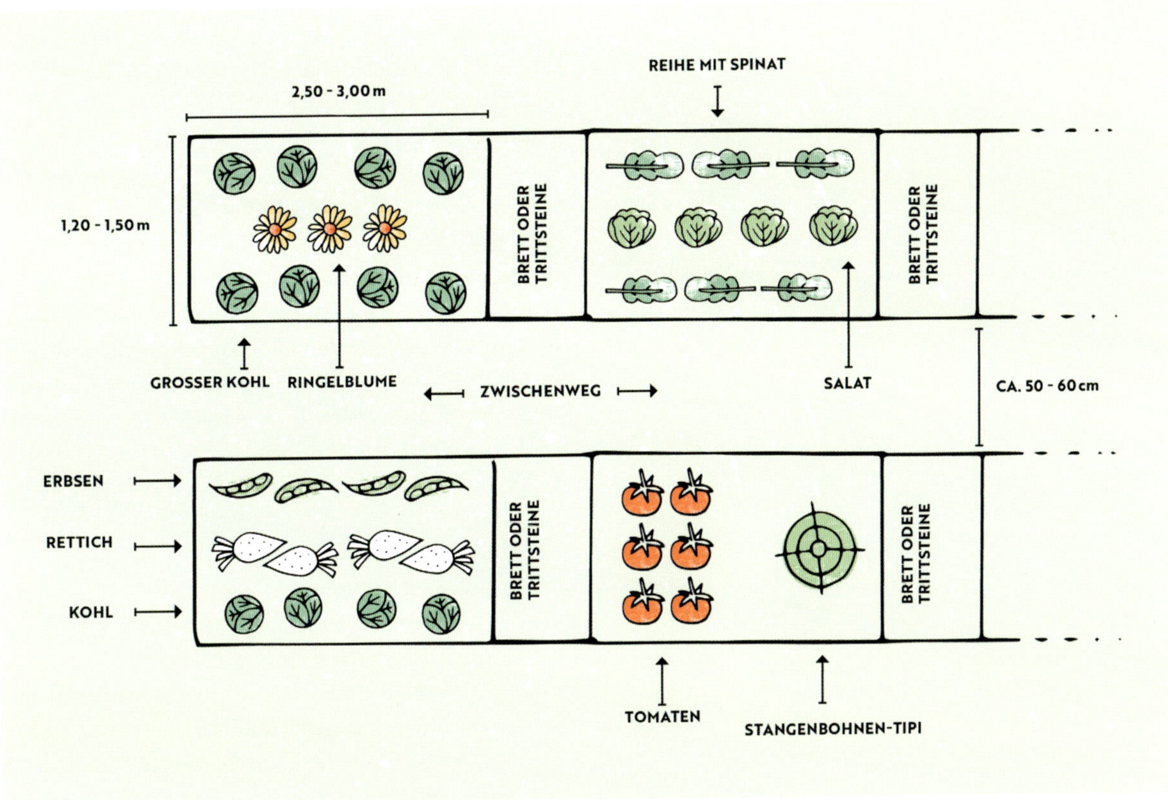

Neben den reinen Gemüsekulturen sollten auch Blumen, beispielsweise in Form von Randbepflanzungen, vorhanden sein. Schließlich soll der Gemüsegarten nicht nur geschmacklich, sondern auch optisch die Sinne erfreuen sowie Lebensräume bieten.

AUFTEILUNG VON FLÄCHEN UND BEETEN

Abhängig von der zur Verfügung stehenden Fläche können Beete auf unterschiedliche Weise in Teilflächen aufgeteilt werden. Es gibt bewährte Beetkonzepte, die individuell anpassbar und kombinierbar sind. Wichtig ist dabei in jedem Fall, dass alle zu bearbeitenden Flächen von Wegen oder Trittsteinen aus gut zu erreichen sind. Außerdem sollten Beeteinfassungen und Randbereiche so gestaltet werden, dass ein Einwachsen von Rasen und Beikräutern in die Beete unterbunden wird.

Beete in Reihen

Eine klassische Aufteilung im Gemüsegarten ist in Beetreihen (siehe Illustration oben). Dabei wird die Fläche in Einzelbeete mit einer Breite von 1,20–1,50 m und einer Länge von 2,00–3,00 m unterteilt. Zwischen die Beete können als Trittflächen Holzbretter, Steinplatten oder Rundkiesel eingebracht werden. Abgrenzungen mit einer Bepflanzung aus Stauden und Kräutern waren bei solchen Beeten traditionell in Bauerngärten üblich. An der Nordseite können Bohnenstangen und Rankgitter für Erbsen und andere kletternde Pflanzen angebracht werden. Für die Trittflächen sollten jeweils 30–40 cm eingeplant werden. In den Beeten können dann Gemüsekulturen entweder in Reihen oder Gruppen gepflanzt werden. Werden die Gemüse jährlich um Reihen bzw. um ein Beet verschoben, lässt sich eine Fruchtfolge einfach einhalten.

Bei Quadratbeeten werden in jedes Rasterfeld unterschiedliche Gemüse gepflanzt. So entsteht von alleine eine kleine Mischkultur.

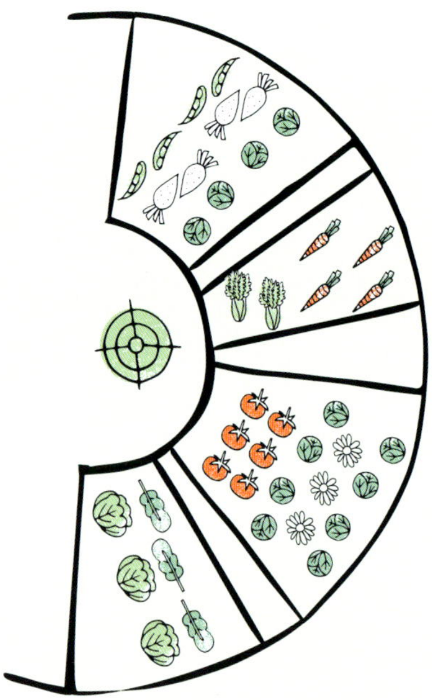

In Mandalagärten werden die einzelnen „Kuchenstücke“ jedes Jahr der Fruchtfolge gemäß im rotierenden Wechsel bepflanzt.

Quadratbeete

Eine modernere Aufteilung für Gartenbeete sind Quadratbeete. Die Idee des „Square-Foot-Gardening“ stammt aus den 1980er-Jahren und sollte die Möglichkeit bieten, auf kleinstem Raum viele verschiedene Gemüsesorten anzubauen. Mittlerweile haben Quadratbeete auch in größeren Gärten Einzug gefunden. Das Prinzip besteht darin, dass quadratische Holzrahmen, üblicherweise mit einer Seitenlänge von 1,20 m, als Beetbegrenzung dienen. Der Innenraum der Beete wurde ursprünglich in neun kleinere Parzellen aufgeteilt, die unter Berücksichtigung der Fruchtfolge bepflanzt wurden. Das System der Holzrahmen hat sich auch ohne die etwas unflexible Parzellenaufteilung verbreitet.

Mandalagarten

Eine beliebte Form für Gemüsebeete bzw. für den kompletten Gemüsegarten, ist das Mandalabeet oder der Mandalagarten. Der Begriff Mandala stammt aus fernöstlichen Kulturen und bezeichnet ein geometrisches Schaubild, das auf einen Mittelpunkt ausgerichtet ist und bestimmte Muster beinhaltet. Bezogen auf einen Mandalagarten, sind die Gartenbeete in der Regel in einem Kreis angeordnet, der in Tortenstücke aufgeteilt ist. Die einzelnen Tortenstücke werden mit Trittwegen, beispielsweise aus Rundkieseln, abgeteilt. Bei großen Anlagen werden im äußeren Teil der Tortenstücke zusätzlich mittig Trittsteine gesetzt. Der Kreis kann mit Natursteinen begrenzt werden. In der Mitte des Kreises gibt es eine zentrale Fläche, die – abhängig von der Größe des Mandalagartens – als Sitzplatz genutzt wird oder Platz für eine Strauchrose oder eine kleine Kräuterspirale bieten kann. Die Bepflanzung der einzelnen Teilbereiche erfolgt in Mischkultur und nach Fruchtfolgekriterien.

Die Beete können dabei rundherum durchgewechselt werden. In naturnahen Gärten und in Gärten, die nach Grundsätzen der Permakultur bewirtschaftet werden, ist der Mandalagarten eine beliebte Beetform. Permakultur beinhaltet neben ethischen Prinzipien ein Wirtschaften auf Basis natürlicher Kreisläufe. Diese Form der

Bewirtschaftung will Lebensräume schaffen für ein nachhaltiges und dauerhaftes Zusammenleben von Pflanzen, Tieren und Menschen.

Hochbeet, Hügelbeet und Co.

Auf Flächen mit einem Mutterboden, der nicht für den Gemüseanbau geeignet ist, können alternativ Hoch- oder Hügelbeete angelegt werden. In der Regel handelt es sich dabei um versiegelte oder stark verdichtete Böden, deren Aufbereitung kaum möglich ist. Daneben haben Hoch- oder Hügelbeete auch in anderer Hinsicht Vorteile. Sie ermöglichen ein rückenschonenderes Arbeiten, das Pflanzsubstrat bietet eine besonders lockere Struktur und auch als Gestaltungselement können sich diese Beetformen sehen lassen.

Auf schweren Böden kann im Gemüsegarten eine Kombination aus ebenerdigen Gartenbeeten zusammen mit Hoch- oder Hügelbeeten sinnvoll sein, um Fläche für Gemüsearten zu schaffen, die in einem leichteren und lockeren Boden besser gedeihen. Zudem kann bei Hochbeeten ein Gitter als Mäuseschutz eingebracht werden, was schon manche Möhren- oder Pastinakenernte gerettet hat. Auf schlechten Böden kann die Anlage von Hügelbeeten auf lange Sicht für einen Humusaufbau sorgen, da die Beete nach mehreren Jahren Nutzung wieder eingeebnet und in ebenerdige Beete umgewandelt werden können. Zu bedenken ist jedoch bei beiden Varianten, dass für diese Beete ein relativ hoher Materialaufwand notwendig ist. Zwar gibt es günstige Varianten für den Eigenbau, z. B. Paletten. Dennoch muss eine entsprechende Masse an Füllmaterial zur Verfügung stehen.

Sonnenfalle

Hügelbeete können auch hufeisenförmig mit der offenen Seite nach Süden angelegt werden. Im Innenbereich des Beetes entsteht ein warmes und windgeschütztes Kleinklima, das zusätzlich durch größere Steine unterstützt werden kann. Dieses bietet die besten Voraussetzungen für sonnenhungrige Gemüsearten wie Auberginen.

Aus dicken Planken oder Bauholz errichtet, halten auch einfache Hochbeete mehrere Jahre, bis sie ersetzt werden müssen.

Aufbau von Hoch- und Hügelbeeten

Hoch- und Hügelbeete werden nach demselben Schema in Schichten von grobem bis feinem Material aufgebaut. In die oberen feinen Schichten kann bereits gepflanzt werden, während das grobe Material in einen Verrottungsprozess eintritt, der Wärme und Nährstoffe freisetzt.

Anlage eines Hochbeets

Eine gängige Größe für ein Hochbeet sind 2,00 m Länge und 1,00 m Breite bei einer Höhe von 60–75 cm. Längere Beete müssen von innen mit einem Zugseil oder stabilisierenden Seitenpfosten versehen werden. Dies ist notwendig, damit die Seitenwände nicht auseinandergedrückt werden, wenn das Beet befüllt ist. Als Material dient in der Regel unbehandeltes oder natürlich behandeltes Holz.

HOCH- & HÜGELBEET IM VERGLEICH	HÜGELBEET		HOCHBEET	
Gemüseanbau auch bei schlechtem, verdichtetem oder versiegeltem Mutterboden	ja	✓	ja	✓
Vergrößerung der Anbaufläche	ja	✓	nein	✗
Erhöhung der Fruchtbarkeit	ja	✓	ja	✓
Schnellere Bodenerwärmung im Frühling	ja	✓	ja	✓
Lockere und krümelige Bodenstruktur	ja	✓	ja	✓
Schutz vor Mäusen durch Einbringen eines Gitters	nein	✗	ja	✓
Verbesserte Schneckenkontrolle	nein	✗	ja	✓
Rückenschonendes Arbeiten	bedingt		ja	✓
Gestaltungselement im Garten	ja	✓	ja	✓

Schichtaufbau im Hochbeet
Im Querschnitt sind die einzelnen Schichten aus grobem, mittlerem und feinem Material sowie die Deckerde im Hochbeet gut erkennbar.

1. Unterlage Wühlmausgitter (Maschenweite maximal 8 × 8 mm)
2. Grobes, organisches Material wie Ast- und Gehölzschnitt, Holzhackschnitzel ...
3. Laub, Stroh, Grünabfälle, Grassoden ...
4. Abgelagerter Mist, grober Kompost, Pflanzenkohle ...
5. Humus, Mutterboden, feine Komposterde
6. Mulchschicht als Deckschicht

Verschiedene Beetformen sorgen für Abwechslung im Garten und bieten ideale Wachstumsbedingungen.

Möglich sind außerdem Konstruktionen aus geflochtener Weide oder Hasel, die jedoch relativ schnell verrotten und erneuert werden müssen. Auch größere Behälter wie alte Badewannen sind denkbar, wenn ein Wasserabfluss vorhanden ist.

Anlage eines Hügelbeets

Hügelbeete sollten eine Nord-Süd-Ausrichtung aufweisen, damit alle Beetbereiche möglichst viel Sonne bekommen. Länge und Breite der Beete sind relativ variabel, allerdings sollten die Mittelbereiche des Hochbeets von der Seite immer gut erreichbar sein. Um das Beet herum werden vorhandene Rasenkanten am besten abgestochen, um ein Einwachsen von Gras in die Kulturflächen zu verhindern. Auch ein Abschluss beispielsweise mit Hackschnitzeln zur Gras- und Beikrautunterdrückung ist möglich.

PERSÖNLICHE VORLIEBEN

Die Auswahl der Gemüsepflanzen, die letztendlich ins Beet kommen, hängt u. a. von den persönlichen Vorlieben und Möglichkeiten ab. Oft sind dabei die Frische selbst angebauter Salate, Kräuter und Blattgemüse ausschlaggebend. Gleichermaßen kann jedoch auch die zur Verfügung stehende Zeit eine große Rolle spielen, sodass Kulturen gewählt werden, die die ganze Saison mit wenig Aufwand auf dem Beet stehen und dennoch eine regelmäßige Ernte ermöglichen. Dies könnte beispielsweise eine Vorkultur mit Spinat gefolgt von Zucchini als Hauptkultur sein.

Verschiedene bewährte Pflanzenkombinationen und Pflanzideen für Mischkultur und eine gute Fruchtfolge sind ab S. 63 beschrieben.

Rand- und Zwischenpflanzungen mit Blühpflanzen bringen Farbe ins Gemüsebeet und bieten Nützlingen Nahrung und Lebensräume.

So gelingen Aussaat und Anzucht

Bei vielen alten, samenfesten Gemüsesorten ist es meist nicht einfach, Jungpflanzen im Handel zu bekommen. So bleibt bei Lieblingssorten und besonderen Raritäten oft nur die eigene Anzucht. Damit Aussaat und Anzucht auch gelingen und kräftige Jungpflanzen gedeihen, sind die individuellen Bedürfnisse der Gemüsekinder zu beachten.

VORANZUCHT: SÄEN UND PIKIEREN

Für viele Gemüsekulturen ist ein Vorziehen in Aussaatgefäßen von Vorteil, bevor sie später an ihren endgültigen Standort gepflanzt werden. Dies betrifft Gemüsearten mit langer Kulturdauer, die im Haus ab Februar vorgezogen werden. Ebenso ist eine Voranzucht für Salate und viele Kohlgemüse durchaus sinnvoll. Schließlich werden kleine, frisch gekeimte Pflänzchen wesentlich leichter Opfer von Fressfeinden als kräftige Jungpflanzen. Und auch die Pflanzung im richtigen Abstand im Beet ist mit Jungpflanzen einfacher.

Für die Aussaat können spezielle Aussaatschalen, Aussaattabletts oder kleine Töpfchen verwendet werden. Auch Eierkartons oder Klopapierinnenrollen können zum Aussaatgefäß umfunktioniert werden (siehe S. 37).

Wird in Aussaatschalen gesät, werden die Pflänzchen am besten vereinzelt, sobald sie das richtige Laubblattpaar (Zweiblattstadium) entwickelt haben, damit sie genügend Platz für ihre weitere Entwicklung bekommen. Hierfür werden die Keimlinge entweder in kleine Töpfchen oder in Quick-Pot-Platten (Multitopfplatten) pikiert. Ein Pikierstab oder ein kleiner Holzstift leistet hier gute Hilfe.

Zu beachten ist dabei die richtige Pflanztiefe. So werden hochwachsende Pflanzen wie Tomaten, die eine gute Standfestigkeit bekommen sollen, möglichst tief bis kurz unter den Blattansatz gepflanzt. Gemüsearten, die eher Rosetten oder Köpfe bilden, dürfen beim Pikieren und auch beim späteren Auspflanzen nicht tiefer gepflanzt werden, als die Keimlinge in der Aussaatschale standen.

Aussaat und Substrat

Ausgesät wird in ein eher nährstoffarmes Substrat, damit die kleinen Pflänzchen kräftige Wurzeln bilden. Aussaaterden gibt es im Gartenhandel oder können aus zwei Teilen Gartenerde und einem Teil Sand selbst gemischt werden.

Allerdings benötigen die Gemüsekinder bald eine höhere Nährstoffzufuhr und müssen dann in eine beispielsweise mit reifem Kompost angereicherte Gemüseerde pikiert oder getopft werden. Will man gleich in größere Töpfchen säen, kann der Topf etwa zu drei Vierteln mit nährstoffhaltiger Gemüseerde gefüllt werden. Darüber kommt eine Schicht Aussaaterde für die Zeit der Keimung und der ersten Wurzelbildung. Ebenso ist es möglich, für die Aussaat vor allem von starkzehrenden Gemüsearten vollständig ausgereiften Kompost zu verwenden.

DAMIT DER SAME ZUM KEIMLING WIRD

Auch für eine erfolgreiche Keimung des Saatguts sind die unterschiedlichen Bedürfnisse der verschiedenen Gemüsearten zu beachten. Dies betrifft vor allem Saattiefe, die Keimtemperatur und die Bewässerung bzw. Bodenfeuchte bei der Aussaat.

Saattiefe

Eine Regel besagt, dass die beste Saattiefe etwa zwei- bis dreimal so tief wie der Durchmesser des Samenkorns ist. Bei den meisten Gemüsesamen lässt sich diese Regel gut anwenden. Dies sind dann sogenannte Dunkelkeimer, die für die Keimung kein Licht benötigen.

Aussaat von Dunkelkeimern: Die Samen werden auf das Aussaatsubstrat gestreut und mit einer entsprechend dünnen Erdenschicht bedeckt, die man am besten locker über die Samen siebt. Anschließend werden die Saaten mit einem Blumensprüher befeuchtet.

Allerdings gibt es bei den Dunkelkeimern auch Ausnahmen von dieser Regel. Garten- und Feuerbohnen beispielsweise mögen nicht so tief gesät werden, sonst besteht die Gefahr, dass es der Keimling nicht ans Licht schafft und die Kerne im Boden verfaulen. Ein alter Spruch besagt: „Bohnen wollen die Glocken läuten hören." Im Gegensatz dazu möchte die Ackerbohne mit etwa 5 cm Saattiefe besonders tief gesät werden.

Nicht alle Samen werden unter der Erde zur Keimung angeregt. Die sogenannten Lichtkeimer dürfen nicht oder mit nur sehr wenig Erde bedeckt werden. Zu den Lichtkeimern gehören viele Salate, Sellerie und Basilikum.

Aussaat von Lichtkeimern: Diese Samen werden auf das Aussaatsubstrat gestreut, leicht angedrückt und mit einem Blumensprüher befeuchtet. Um ein Austrocknen der Samen und Keimlinge zu verhindern, wird das Aussaatgefäß bis zur Keimung abgedeckt, z. B. mit haushaltsüblicher Klarsichtfolie.

Keimtemperatur

Gemüsearten, die ursprünglich aus tropischen oder subtropischen Gegenden zu uns gekommen sind, benötigen recht hohe Keimtemperaturen mit über 20 °C. Jedoch mag nicht jedes Gemüse diese hohen Temperaturen bei der Keimung. Salat beispielsweise hat sortenabhängig eine ideale Keimtemperatur von 10–16 °C, sodass Salatsamen bei konstant hohen Temperaturen von über 20 °C

Als Aussaatsubstrat eignet sich eine nährstoffarme Gartenerde, vermischt mit Sand.

Bei der Direktsaat im Beet muss nach der Aussaat auf eine gleichmäßige Bodenfeuchtigkeit geachtet werden.

oft nicht aufgehen. Für Sommersaaten in heißen Sommern ohne wesentliche nächtliche Temperaturabsenkung können die Aussaatschalen dann einfach über Nacht in den Kühlschrank gestellt werden, um die Keimung anzuregen. Daneben gibt es aber auch Pflanzen, deren Saatgut einen Kältereiz benötigt. Die sogenannten Kalt- oder Frostkeimer brauchen tiefe Temperaturen oder sogar Frost, damit die Keimung angestoßen wird. Diese Keimhemmung bei warmen Temperaturen bewahrt die Pflanzen davor, schon im Herbst nach der Saatgutreife zu keimen und in der Folge im Winter zu erfrieren. Unter den Gemüsen sind die Kaltkeimer jedoch eher selten und häufiger bei Blumen und Wildkräutern zu finden.

Feuchtigkeit für die Keimung

Für die Keimung ist auch die richtige Feuchtigkeit wichtig. Das Gießen von unten in die Unterschalen und/oder ein Blumensprüher leisten für die erste Bewässerung gute Dienste. Damit wird gewährleistet, dass die Samen nicht nach unten ins Pflanzsubstrat gespült werden. Die Wassergaben gut dosieren, da zu viel Nässe kombiniert mit zu niedrigen Temperaturen zu faulenden Samen führt. Aber auch kurze Trockenphasen während der Keimung lassen den Keimling vertrocknen.

Salat keimt bei Temperaturen über 20 °C nur zögerlich oder gar nicht. Sommersaaten daher im Zweifel für die Keimung kühl stellen.

VORZIEHEN DER WÄRMEBEDÜRFTIGEN

Tomaten und vor allem Paprika und Auberginen sind besonders wärmebedürftig und haben eine relativ lange Kulturdauer. Ein Vorziehen im Haus oder warmen Anzuchthaus ist daher unbedingt notwendig, um vor Saisonende reife Früchte ernten zu können.

Betrachtet man die Entwicklung beispielsweise von Paprika, lässt sich leicht nachvollziehen, dass eine frühe Aussaat im Februar bis spätestens Mitte März unerlässlich ist: Die Pflanzen benötigen bei optimalen Bedingungen und abhängig von der Sorte zehn Tage bis zwei Wochen zum Keimen, 40 bis 60 Tage bis zum ersten Blüten- und Fruchtansatz und noch einmal 60 bis 90 Tage (manche Sorten sogar länger) bis zum Ausreifen der Früchte.

Viel Wärme für die Keimung

Besonders Paprika, Chili und Auberginen stellen hohe Ansprüche an die Keimtemperatur. Während Tomaten auch mit 20–22 °C zufrieden sind und zuverlässig keimen, sind für Paprika, Chili und Auberginen 25–28 °C für die Keimung ideal. Unter 20 °C gehen ihre Samen gar nicht oder nur mit starker Verzögerung auf. Um diese Bedingungen zu gewährleisten, müssen Aussaatschalen und Töpfchen warm gestellt werden, z. B. über einer Heizung. Gute Dienste leistet auch eine Heizmatte aus dem Gartenhandel.

Zusätzlich ist ein Minigewächshaus oder Klarsichtfolie als Abdeckung während der Keimung sinnvoll. Im feuchten „Gewächshausklima“ keimen die Samen besser. Sobald die Keimblätter erscheinen, werden Abdeckung und Heizmatte entfernt.

Besser mit Puffer: mehr säen und pflanzen, als man ernten möchte
Um Enttäuschungen zu vermeiden, sollte immer mehr angesät werden, als es die geplante Ernte erfordern würde. Schließlich keimen nicht immer alle Samen, und Schnecken oder andere Fressfeinde können den Pflanzenbestand im Beet schnell einmal dezimieren. Es lohnt sich, wenn in einem solchen Fall Ersatzpflänzchen vorrätig sind.

Licht für die Gemüsekinder

Ist die Keimung geschafft und die kleinen Keimblättchen sind erschienen, ist ein heller und sonniger Platz das Wichtigste. Die Temperaturen können nun etwas tiefer als während der Keimung sein, dafür ist ausreichend Licht unerlässlich. Die Tage sind bei uns jedoch in dieser Jahreszeit noch kurz und besonders bei Tomaten führt ein zu geringes Lichtangebot zwangsläufig zu Geilwuchs. Die Pflanzen schießen dabei zu schnell in die Höhe, ohne eine kompakte und stabile Wuchsform zu entwickeln. Solche Pflanzen erholen sich oft auch nach dem Auspflanzen nicht mehr. Wer kein passendes helles, sonniges Fenster für die Anzucht hat, kann sich mit einer Zusatzbeleuchtung aus dem Gartenhandel behelfen.

Dabei stehen Licht und Temperatur in direktem Zusammenhang: Je mehr Licht zur Verfügung steht, umso wärmer können die Pflanzen stehen. Fehlt es an Licht, müssen auch die Temperaturen reduziert werden. Wenig Licht in Kombination mit hohen Temperaturen führt bei der Anzucht zum Vergeilen.

Mit Nährstoffen versorgen

Damit die kleinen Tomaten-, Auberginen- und Paprikapflanzen zu kräftigen Jungpflanzen heranwachsen können, benötigen sie die entsprechenden Nährstoffe. Denn bis zur Auspflanzung ins Freiland vergeht noch einige Zeit. Pflanzen, die in Aussaatschalen oder kleinen Aussaattabletts angezogen worden sind, sollten spätestens nach der Bildung des zweiten richtigen Laubblattpaares in Töpfchen mit reichhaltiger Gemüseerde oder ausgereiftem Kompost pikiert werden. Dies ist etwa nach drei bis vier Wochen der Fall.

Abhärten und auspflanzen

Die Jungpflanzen kommen erst an ihren endgültigen Platz im Beet, Folientunnel oder Pflanzkübel, wenn die letzten Fröste vorüber sind. Dies ist in unseren Breiten meist erst nach Mitte Mai der Fall. Damit die wärmeverwöhnten Pflänzchen weder Kälteschock noch Sonnenbrand erleiden, müssen sie im Vorfeld vorsichtig an die neuen Bedingungen gewöhnt werden. Ein ungeheizter Wintergarten oder ein anderer kühlerer Raum eignen sich dafür gut. Ebenso können die Pflanzen in ein Kaltgewächshaus gestellt werden. Außerdem sollten vor allem Pflanzen für das Freiland entsprechend abgehärtet werden. Dafür werden sie stundenweise an einen geschützten Platz auf Balkon oder Terrasse nach draußen gestellt, anfangs eher halbschattig, und schrittweise an Sonne und Temperaturschwankungen gewöhnt. Auch wenn es Arbeit macht, der Aufwand lohnt sich für den späteren Kulturverlauf.

Saatbänder und Saatscheiben
Wer sich unsicher bezüglich der richtigen Saatabstände ist, kann auf Saatbänder oder Saatscheiben zurückgreifen. Bei Saatbändern befinden sich die Samen, z. B. von Möhren oder Radieschen, bereits im richtigen Abstand auf den Bändern und können wie eine Reihensaat in die Erde gebracht werden. Somit entfällt ein Ausdünnen oder Verziehen. Für Rucola oder Salatmischungen gibt es auch Saatscheiben oder -platten, die beispielsweise für einen Topf oder einen Balkonkasten passend sind. Leider ist die Auswahl nicht sehr groß, und man erhält zumeist nur Standardsorten.

Sollte es nach dem Auspflanzen noch einmal recht kalt werden, können die jungen Pflanzen mit Gartenvlies oder Lochfolie vorübergehend geschützt werden.

FRÜHE SAATEN

Neben den wärmebedürftigen Fruchtgemüsen gibt es auch einige andere Gemüsearten, die eine recht lange Kulturdauer haben. Dazu gehören verschiedene Kohlarten, Lauch und Sellerie. Auch bei diesen ist ein Vorziehen ab März sinnvoll. Daneben erlaubt ein Vorziehen von Salaten, Spitzkohl und Brokkoli eine frühere Ernte.

Da es im Freiland um diese Jahreszeit oft noch recht kalt ist, werden auch solche Gemüsearten im Haus angesät, wobei eine Keimtemperatur von 15–20 °C ausreicht. Nach der Keimung müssen die Pflanzen unbedingt kühler und so hell wie möglich gestellt werden. Gut geeignet sind Treppenhaus- oder Schlafzimmerfenster mit hohem Lichtangebot. Noch besser sind aufgrund der Lichtverhältnisse Frühbeete oder ein ungeheiztes Gewächshaus. Lediglich bei Frost werden die Pflänzchen vorübergehend ins Haus geholt.

DIREKTSAAT

Nicht alle Gemüsearten mögen pikiert und umgepflanzt werden. Manche Jungpflanzen reagieren sogar sehr empfindlich darauf. So sollen Kürbisse, Zucchini und Gurken nicht pikiert werden. Sie werden am besten ab Anfang April einzeln oder bei Gurken auch in kleinen Gruppen (vier bis fünf Samen) in Töpfchen gesät und nach den letzten Frösten an ihren endgültigen Standort ausgepflanzt.

Auch die meisten Wurzelgemüse sind für eine Voranzucht in Aussaatgefäßen nur bedingt oder gar nicht geeignet. Hier empfiehlt sich eine Direktsaat breitwürfig oder in Reihen am endgültigen Standort. Zu dicht gesäte Kulturen werden nach der Keimung ausgedünnt oder verzogen. Verziehen bedeutet, dass die kleinen Pflänzchen weiter auseinander gepflanzt werden, um ihnen genügend Raum für die Entwicklung zu geben.

Checkliste für eine optimale Aussaat, Anzucht und Pflanzung

- Frisches, keimfähiges Saatgut verwenden (siehe dazu Aufdruck auf den Samentütchen).
- Erforderliche Aussaattiefe und Keimtemperatur beachten.
- Einen hellen und sonnigen Platz für die Jungpflanzen zur Verfügung stellen.
- Pikierfähige Arten in Aussaatschalen breitwürfig vorziehen und im Zweiblattstadium pikieren.
- Nicht pikierfähige Arten bis zum Auspflanzen einzeln in Töpfchen vorziehen oder direkt ins Beet säen.
- Beete vor der Aussaat und Pflanzung lockern und frei von Beikräutern halten.
- Im Haus vorgezogene Jungpflanzen vor der Pflanzung ins Freiland abhärten.
- Frostempfindliche Gemüsearten erst nach Mitte Mai ins Freiland pflanzen.
- Die spezifischen Saat- und Pflanzabstände einhalten.
- Direktsaaten bei zu enger Saat ausdünnen oder verziehen.

Informationen zu Keimverhalten und weiteren Anzuchtkriterien der jeweiligen Gemüsearten sind den Gemüseporträts ab S. 90 zu entnehmen.

Beetvorbereitung

Die frostempfindlichen jungen Gemüsepflanzen werden nach den letzten Frösten ausgepflanzt, während Jungpflanzen von Kohl, Sellerie oder Salat bei einer Größe von 6–10 cm ins Beet kommen. Zuvor muss die Pflanzfläche entsprechend vorbereitet werden. Das gilt selbstverständlich auch für Direktsaaten.

Bodenlockerung

Der Boden wird nur gelockert, jedoch nicht umgegraben. Dazu eignen sich Werkzeuge wie Grabgabel oder Sauzahn. Eine Bodenlockerung ist vor allem bei schweren Böden notwendig, da harte Böden zu Verdichtung und Rissbildung neigen. Ein lockerer Boden erwärmt sich schneller, Wasser kann besser gehalten werden, ohne dass sich Staunässe bildet, und die Wurzeln der Pflanzen werden ausreichend mit Sauerstoff versorgt.

Jäten von Beikräutern

Vor Pflanzung oder Direktsaat werden im Zuge der Bodenlockerung auch die Beikräuter entfernt. Tiefwurzelnde Arten können dabei mit dem Unkrautstecher ausgestochen werden. Vor allem bei langsam keimenden und wachsenden Saaten wie Möhren ist ein Jäten besonders wichtig. Denn die schnell wachsenden Wildkräuter könnten langsamer wachsende Kulturpflanzen ansonsten leicht komplett überwuchern.

Ausbringen von zusätzlichen Nährstoffen

Abhängig von den Nährstoffbedürfnissen der Gemüse, die aufs Beet kommen, ist eine Grunddüngung in Form von Kompost oder bei Starkzehrern von verrottetem Mist sinnvoll. Beides wird nur oberflächlich eingearbeitet, wobei der Mist am besten bereits im Herbst ausgebracht wird.

Boden abdecken

Ein fertig bearbeitetes Beet wird am besten mit Mulch abgedeckt. Dies schützt den Boden, schafft ein günstiges Klima für Mikroorganismen, und die Nährstoffe werden nicht ausgewaschen (siehe auch S. 59). Gepflanzt werden kann direkt in das gemulchte Beet. Lediglich bei Direktsaaten wird der Mulch erst nach der Aussaat zwischen die Reihen ausgebracht.

Bei flächigen oder breitwürfigen Aussaaten verzichtet man auf das Mulchen, bzw. wird die Fläche dann nur mit einer sehr dünnen Schicht aus angetrocknetem Grasschnitt abgedeckt.

Eine Mulchschicht – hier Rasenschnitt – verhindert nach der Beetanlage, dass Beikräuter keimen.

EIN KALENDER FÜR AUSSAAT, PFLANZUNG UND ERNTE

Ein Aussaat-, Pflanz- und Erntekalender (siehe nächste Doppelseite) bietet eine schnelle Übersicht für anstehende Saaten und Pflanzungen. Dabei ist jedoch zu beachten, dass vor allem im Freiland die Aussaat und Pflanzung von vielen Faktoren abhängig sind – allen voran der Witterung. So können sich die Eisheiligen in einem Jahr sehr milde zeigen, sodass zeitig im Freiland gepflanzt werden kann. In einem anderen Jahr zieht sich jedoch die Kälte bis in die zweite Maihälfte. Ebenso sind die allgemeinen klimatischen Bedingungen ausschlaggebend. Während in milden Lagen oder im urbanen Raum oft frühe Freilandkulturen möglich sind, muss in rauen oder windexponierten Lagen länger gewartet werden. Und auch die Sortenauswahl spielt eine Rolle. Schließlich wachsen nicht alle Sorten einer Gemüseart gleich schnell oder sind gleichermaßen robust oder schossfest.

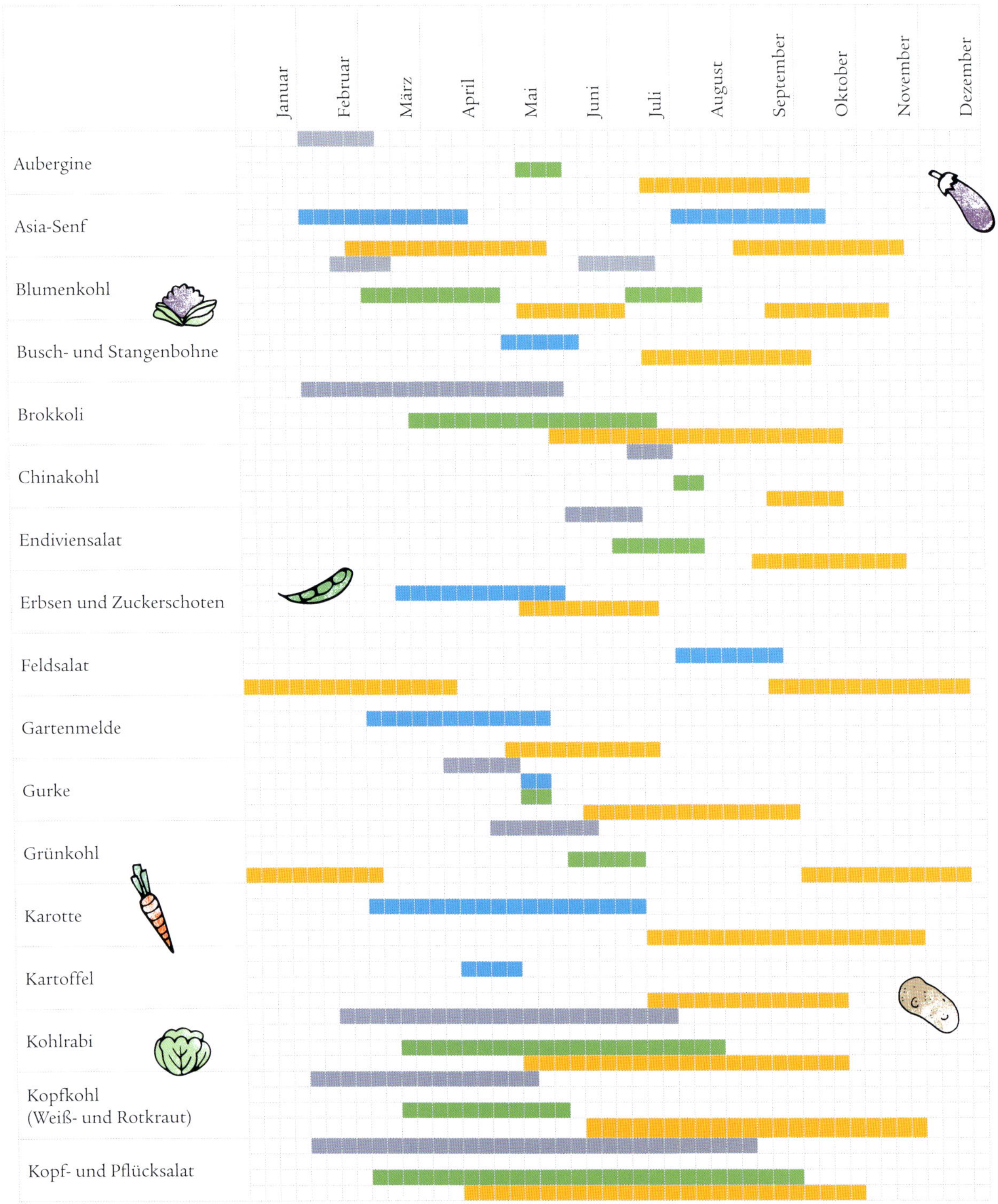
Januar
Februar
März
April
Mai
Juni
Juli
August
September
Oktober
November
Dezember
Aubergine
Asia-Senf
Blumenkohl
Busch- und Stangenbohne
Brokkoli
Chinakohl
Endiviensalat
Erbsen und Zuckerschoten
Feldsalat
Gartenmelde
Gurke
Grünkohl
Karotte
Kartoffel
Kohlrabi
Kopfkohl
(Weiß- und Rotkraut)
Kopf- und Pflücksalat

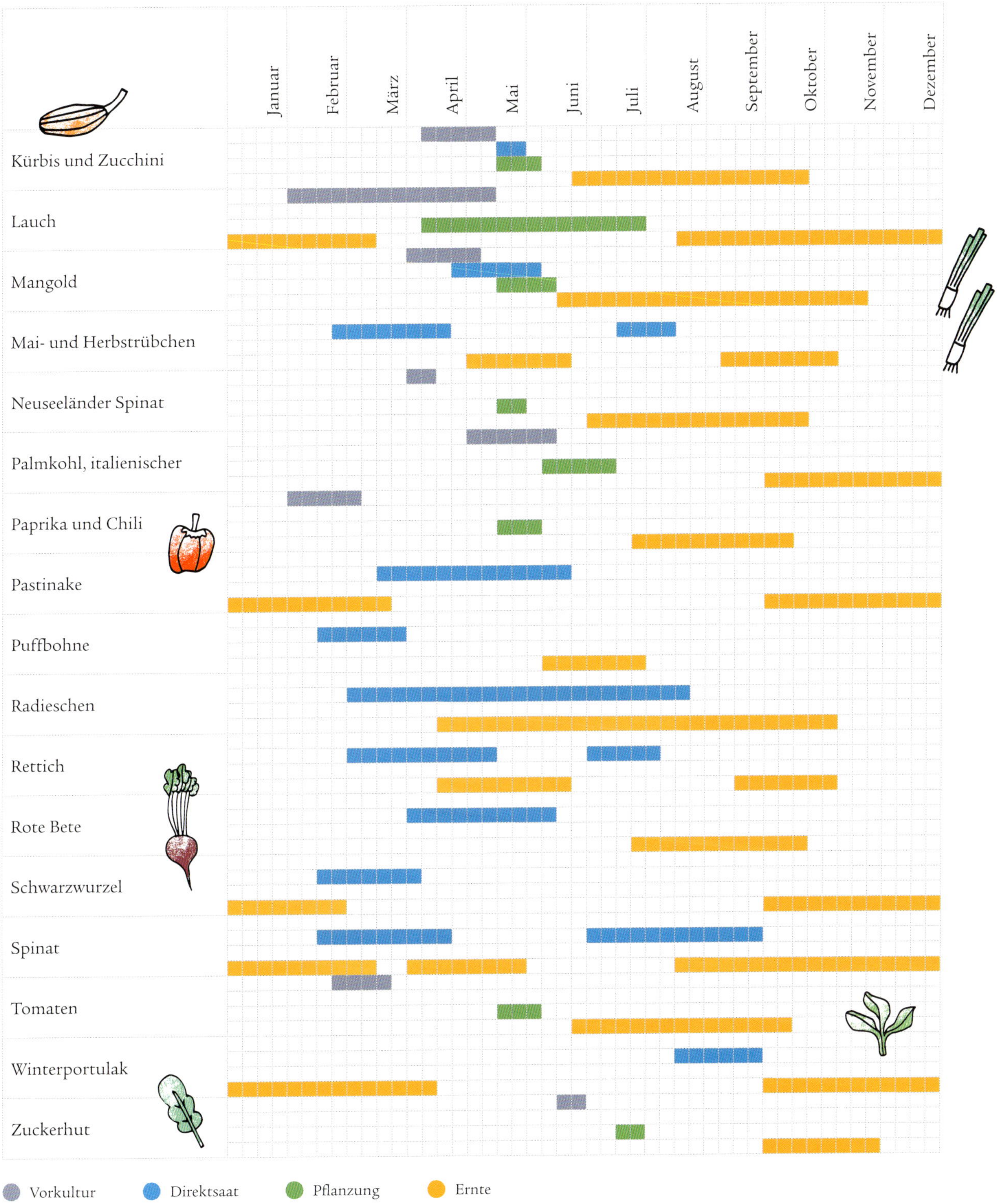
Januar
Februar
März
April
Mai
Juni
Juli
August
September
Oktober
November
Dezember
Kürbis und Zucchini
Lauch
Mangold
Mai- und Herbstrübchen
Neuseeländer Spinat
Palmkohl, italienischer
Paprika und Chili
Pastinake
Puffbohne
Radieschen
Rettich
Rote Bete
Schwarzwurzel
Spinat
Tomaten
Winterportulak
Zuckerhut
Vorkultur
Direktsaat
Pflanzung
Ernte

Düngung und fruchtbares Wachstum

Damit wir eine reiche Ernte bekommen, sind unsere Kulturen auf einen humosen Boden mit guter Nährstoffverfügbarkeit angewiesen. Nährstoffe, die die Pflanzen dem Boden beim Wachstum entziehen, müssen wieder zurückgeführt werden. Nur so können der Nährstoffkreislauf und eine dauerhafte Fruchtbarkeit erhalten bleiben. Die Rückführung von Nährstoffen kann über verschiedene Düngemethoden und Maßnahmen zum Humusaufbau erfolgen.

ORGANISCHE DÜNGUNG IM BIOGARTEN

In einem biologisch bewirtschafteten Garten werden nur organische Dünger verwendet. Organisch bedeutet, dass die Dünger aus pflanzlichen oder tierischen Ausgangsstoffen ohne künstlich hergestellte Komponenten bestehen. Bis die Nährstoffe aus diesen Düngern den Pflanzen zur Verfügung stehen, dauert es in der Regel etwas länger als bei künstlichen Düngern. Schließlich müssen die Bodenlebewesen die organische Substanz erst in pflanzenverfügbare Nährstoffe umwandeln. Dafür wirkt organischer Dünger langfristiger, und die Pflanzen werden nicht überversorgt. Außerdem unterstützen organische Dünger die Bodenvitalität, den Aufbau von Humus und verbessern die Bodenstruktur. Neben im Handel erhältlichen organischen Streudüngern, die durchaus nützlich sind, wenn es um Gartenneuanlagen geht oder man noch keinen Kompost hat, stellt uns die Natur verschiedene kostenfreie Dünger zur Verfügung. Allen voran Kompost.

KOMPOST UND SEINE HERSTELLUNG

Kompost ist eine wichtige Grundversorgung für einen fruchtbaren Nutzgartenboden und kann zudem in jedem Garten selbst hergestellt werden. Kompostierung ist ein Kreislauf, der in der Natur ständig stattfindet. Abgestorbene Pflanzenteile verrotten und werden durch Kompostwürmer und andere Kleinstlebewesen in fruchtbare Erde umgewandelt. Diesen natürlichen Vorgang können wir uns für den Garten und für eine gesunde Düngung zunutze machen.

Alle organischen Abfälle aus Küche und Garten sowie Mist von pflanzenfressenden Tieren können für die Kompostierung verwendet werden. Je mehr Sie von diesem sogenannten Rottegut zur Verfügung haben, umso mehr Komposterde können Sie „ernten".

Kompost ist ein wertvoller organischer Dünger, der am besten selbst hergestellt wird.

NÄHRSTOFFKÜRZEL UND IHRE BEDEUTUNG

Bei den Angaben zu den in Düngemitteln und Substraten enthaltenen Nährstoffen finden sich zumeist bestimmte Abkürzungen. Oft wird bei sogenannten Volldüngern auch einfach nur von NPK-Dünger gesprochen. NPK steht für die drei Hauptnährstoffe in Düngern und Substraten, nämlich Stickstoff, Phosphor und Kalium. Je nach Dünger oder Substrat sind die Anteile unterschiedlich. So ist beispielsweise in Anzuchterde sehr wenig Stickstoff und in Gemüseerde viel Stickstoff enthalten.

N = Stickstoff

Einer der wichtigsten Pflanzennährstoffe fördert Wachstum und Blattbildung und muss vor allem für starkzehrende Pflanzen ausreichend zur Verfügung stehen. Künstlicher Stickstoffdünger wird in einem sehr energieaufwendigen Verfahren hergestellt. Organischer Stickstoff ist z. B. in Rindermist enthalten.

K = Kalium

Kalium fördert die Ausbildung von Früchten und ist wichtig für ein gesundes Zellgewebe. Ebenso wird die Widerstandsfähigkeit gegen Kälte und Trockenheit gefördert. Viel Kalium ist beispielsweise in Holzasche und Beinwellbrühe enthalten.

P = Phosphor

Phosphor ist ein wichtiger Stoff für die Aufrechterhaltung des Zellstoffwechsels. Ebenso fördert Phosphor Blüten- und Fruchtbildung. Der weltweite Rohstoffabbau für die Herstellung von synthetischen Phosphordüngern belastet die Umwelt enorm. Dagegen enthält beispielsweise Hühnermist einen hohen Anteil an natürlichem Phosphor.

Weitere Stoffe wie Magnesium oder Kalzium sind ebenfalls im Boden und in Düngemitteln enthalten und wichtig für ein gesundes Pflanzenwachstum. So gehört Magnesium nach Stickstoff, Kalium und Phosphor zu den wichtigsten Pflanzennährstoffen, da ohne Magnesium keine Fotosynthese möglich wäre. Kalzium dagegen ist für die Bodenbildung von großer Bedeutung.

Was darf kompostiert werden?

- Gemüse- und Obstreste, Kartoffelschalen
- Kaffee- und Teesatz
- Grasschnitt
- Grünabfall aus dem Gemüsegarten
- Laub, vor allem von Obstbäumen sowie von Linde, Ahorn, Esche und Hainbuche
- Gehäckseltes oder klein geschnittenes Material von Sträuchern, Hecken und Bäumen
- Rinder- und Pferdemist in Kombination mit Stroh
- Kleintiermist von Kaninchen, Meerschweinchen, Geflügel mit Einstreu
- Pflanzenkohle

Was gehört nicht auf den Kompost?

- Zitronen- und Bananenschalen aus konventionellem Anbau, da sie oft hohe Mengen an Spritzgiften enthalten
- Größere Mengen Laub von Walnuss, Pappel und Eiche, das aufgrund des hohen Gerbsäureanteils den Verrottungsprozess behindern kann
- Größere Mengen von Heckenschnitt vom Lebensbaum *(Thuja)* und Eibe
- Samenstände von Beikräutern
- Hunde- und Katzenkot
- Plastik, Metall und andere nicht-organische Stoffe und Substanzen

- Vorsicht ist geboten bei großen Mengen an frischem Grasschnitt, feuchtem Laub oder Mist. Der Komposthaufen kann durch diese verdichten, es entstehen Fäulnis und unerwünschte Bakterien, die den Stickstoff im Kompost abbauen können. Daher ist immer auf eine gute und lockere Durchmischung des Rotteguts zu achten. Laub und Grasschnitt im Zweifelsfall antrocknen lassen oder mit anderen Materialien wie Stroh mischen. Die Beigabe von Urgesteinsmehlen ergänzt den Kompost mit Mineralien und Spurenelementen.

Aufsetzen von Komposthaufen oder -miete

Kompost wird in Kompostmieten, in offenen Kompostkästen aus Holz oder Metall, im geschlossenen Thermokomposter oder einfach nur als aufgeschichteter Komposthaufen angelegt. Dabei benötigt jeder Komposthaufen den Kontakt zum Erdboden, damit Kompostwürmer und andere Bodenorganismen in ihn gelangen können. Für einen guten Start sollte auf den Boden der Kompostierungsfläche nach Möglichkeit etwas reifer Kompost gegeben werden. Ebenfalls unterstützt die gelegentliche Beigabe von einer dünnen Schicht Erde den Kompostierungsprozess.

Im Hausgarten werden meist Kompostsilos oder -kästen für Komposthaufen, die nach und nach aufgeschichtet werden, verwendet. Ein solcher Komposthaufen muss nach etwa einem halben bis ganzen Jahr umgesetzt werden, sodass die noch frischeren Materialien nach unten und die schon gut angerotteten nach oben kommen. Es empfiehlt sich daher, immer mit zwei Kompostsilos parallel zu arbeiten.

Das Aufsetzen einer Kompostmiete geschieht dagegen im sogenannten Sandwichstil, das heißt, das komplette Rottegut wird sortiert zwischengelagert und dann in einem Arbeitsschritt aufgebaut. Das setzt natürlich voraus, dass entsprechende Zwischenlagerungsmöglichkeiten vorhanden sind. Als unterste, etwa 10–15 cm hohe Schicht wird grobes Material verwendet, z. B. gehäckseltes Kleinmaterial, damit die Luftzufuhr gewährleistet ist und ein Feuchtigkeitsstau verhindert wird. Kompostmieten werden nach dem Aufsetzen für den Rotteprozess mit einer Kompostfolie abgedeckt.

Engerlinge des Rosenkäfers im Kompost

Erschrecken Sie nicht, wenn Sie in Ihrem Kompost große weiß-graue Larven entdecken. Es handelt sich um die Engerlinge des Rosenkäfers, einem nützlichen Kompostveredler. Wie viele andere Kompostbewohner ist auch dieser daran beteiligt, das zur Kompostierung aufgesetzte Material in Humus umzuwandeln. Daher halten sich Engerlinge auch lieber im Kompost auf, wo sie genügend Nahrung finden, und nicht im Gemüsebeet. Bei der Umsetzung des Komposts werden die Engerlinge ans Licht befördert und versuchen, so schnell wie möglich wieder im dunklen Kompost unterzutauchen, da sie Sonne nicht vertragen. Nach etwa zwei Jahren verpuppen sich die Larven. Im Laufe mehrerer Wochen verwandeln sich die Puppen dann in die großen, grün-blau schimmernden Rosenkäfer. Diese ernähren sich von Blütenstaub und Nektar zahlreicher Gartenblumen, ohne dass ein Schadfraß dabei entsteht. Wer sie in seinem Garten an sich vorbeibrummen hört, darf sich freuen.

Wann ist Kompost gebrauchsfertig?

Ein Komposthaufen benötigt Zeit und Ruhe, damit eine gute Durchreifung des Kompostes stattfinden kann. Es gibt zwar Befürworter für ein oftmaliges und intensives Umsetzen, eine ständige Störung der Bodenlebewesen ist jedoch der Kompostierung nicht zuträglich. Abhängig von Witterung und Temperaturen benötigt ein Komposthaufen oder eine Miete ein bis zwei Jahre, bis der Kompost vollständig ausgereift ist.

Die Reife des Komposts ist daran zu erkennen, dass die Kompostwürmer den Komposthaufen verlassen haben. Denn sobald die organische Substanz im Kompost komplett umgewandelt ist, finden die Würmer keine Nahrung mehr und ziehen sich zurück. Reifer Kompost hat außerdem einen guten erdigen Geruch.

Wie viel Kompost soll auf das Beet?

Wie viel Kompost bei der Beetvorbereitung zugegeben wird, ist von verschiedenen Faktoren abhängig. So spielt es eine Rolle, in welchem Nährstoffzustand sich die Beeterde befindet. Wurde beispielsweise im Vorjahr mit verrottetem Mist gedüngt, sind kleinere Gaben ausreichend. Ist der Boden ausgelaugt oder übernutzt, werden größere Kompostmengen nötig. Ebenso ist der Nährstoffbedarf der Gemüse, die angebaut werden sollen, zu berücksichtigen. Ein Durchschnittswert liegt bei etwa drei Liter Kompost auf einem Quadratmeter Boden. Der Kompost wird dabei nur oberflächlich ausgebracht und leicht eingearbeitet.

Mist wie dieser Pferdemist kann nach einer Rottephase als Dünger verwendet werden.

DÜNGEN MIT MIST – AUCH KLEINVIEH MACHT MIST

Stallmist von Pflanzenfressern ist eine der wichtigsten Düngekomponenten im biologischen Landbau. Ohne Mist wäre die Bodenfruchtbarkeit vor allem im intensiven Getreide- und Gemüseanbau nur mit großen Schwierigkeiten aufrechtzuerhalten. In Mist sind alle wichtigen Nährstoffe enthalten, die für das Pflanzenwachstum und einen funktionierenden Nährstoffkreislauf notwendig sind. Meist wird Rindermist verwendet. Rinder bescheren uns aus Gras einen nährstoffreichen Mist, der zusammen mit Stroh eine wunderbare Dünger- und Kompostgrundlage darstellt. Für den Hausgarten hat sich ebenfalls Pferdemist sehr gut bewährt. Es sollte jedoch nur Mist aus biologisch bewirtschafteten Betrieben verwendet werden. Bei Pferdemist sollten Sie sich außerdem erkundigen, ob die Pferde eventuell Medikamente bekommen.

Der Mist wird lagenweise mit anderen Materialien in einen Komposthaufen bzw. eine Kompostmiete geschichtet. Alternativ können auch spezielle Kompostmieten, die den Mist aufnehmen, aufgesetzt werden. Für eine Zwischenlagerung kann auch ein Misthaufen angelegt werden, der am besten mit Stroh abgedeckt wird. Bei einer Düngung mit Mist ist in jedem Fall zu beachten, dass kein frischer Mist auf die Beete ausgebracht wird. Vielmehr muss Mist immer kompostiert oder gut abgelagert sein.

Abgelagerter Mist wird am besten im Herbst auf die Beete ausgebracht, sodass über Winter eine weitere Zersetzung und Vererdung stattfinden kann. Kompostierter Mist kann wie Kompost verwendet werden.

Vor allem im urbanen Raum ist es oft nicht so einfach, an Stallmist zu kommen oder ihn zu transportieren. Doch Mist von Kleintieren wie Kaninchen, Meerschweinchen oder Hühnern erfüllt denselben Zweck. Kleintiermist wird einfach mit in den Komposthaufen gegeben. Einstreu aus Stroh, Heu oder Sägemehl kann mit kompostiert werden.

SCHAFWOLLE – EINE NEU ENTDECKTE UND NACHHALTIGE DÜNGEMETHODE

Ein alternatives organisches Düngemittel ist Schafwolle. Bis vor Kurzem kaum bekannt, ist Schafwolle mittlerweile in Form von Pellets von verschiedenen Anbietern erhältlich. Zerpflückte Schafwolle oder Schafwollpellets werden unter das Pflanzsubstrat gemischt oder in Beete eingearbeitet. Schafwolle enthält viel Stickstoff, außerdem Kalium sowie in geringeren Mengen Phosphor, Magnesium und noch andere Mineralstoffe. Neben diesen Nährstoffen verfügt Schafwolle über eine hohe Wasserspeicherfähigkeit. Laut Untersuchungen kann die Wolle etwa das Dreifache ihres Eigengewichts an Wasser aufnehmen und somit das Wasserhaltevermögen z. B. von sandigen Böden verbessern. Auch für Topfkulturen ist Schafwolle bestens geeignet, da Substrate, die mit Schafwollpellets gemischt werden, nicht so schnell austrocknen und die Pflanzen lange mit Nährstoffen versorgen.

Die Beigabe von Schafwolle oder Schafwollpellets ist bei allen Nutzpflanzen möglich; vor allem Starkzehrer profitieren von diesem neuen organischen Düngemittel. Da Schafwolle oft nur noch ein unverkäufliches Nebenprodukt darstellt, ist diese Form der Verarbeitung und Verwendung zudem zu begrüßen.

GRÜNDÜNGUNG

Unter Gründüngung versteht man den Anbau von bestimmten Pflanzen zur Bodenverbesserung, Regenerierung des Bodens und für die Rückführung von Nährstoffen. Gründüngungspflanzen werden meist als Vor- oder Nachfrucht ausgesät und entweder in den Boden eingearbeitet oder als Mulch verwendet. Die Grünmasse wird in diesem Prozess in wertvollen Humus umgewandelt. Eine Gründüngung erfüllt, abhängig von Jahreszeit und den verwendeten Gründüngungspflanzen, vielfältige Funktionen:

Die Wolle von Schafen kann als Dünger verwendet werden – zerpflückt oder als gepresste Pellets aus dem Gartenfachhandel.

ART	HINWEISE
Ackerbohne (*Vicia faba*)	Geeignet für den ganz frühen Anbau. Die Pflanzen werden bei einer Höhe von etwa 10–15 cm geschnitten und oberflächlich eingearbeitet. Nach einer Wartezeit von zwei bis drei Wochen kann eine Hauptfrucht gepflanzt werden. Die Ackerbohne bewirkt eine hohe Stickstoffanreicherung und eine Lockerung des Bodens. Auf die Fruchtfolge mit anderen Hülsenfrüchtlern achten.
Buchweizen (*Fagopyrum esculentum*)	Buchweizen durchlüftet und lockert den Boden und verdrängt unerwünschte Beikräuter. Schnellwüchsig und eine gute Bienenweide. Die Grünmasse wird vor dem Aussamen geschnitten. Friert im Winter ab und kann als Mulch auf dem Beet verbleiben.
Luzerne (*Medicago sativa*)	Luzerne ist tiefwurzelnd und kann auch hartnäckige Bodenverdichtungen durchbrechen, wie sie oft im Hausgarten nach Neubauten vorkommen. Sie ist besonders für die Bodenvorbereitung bei einer Gartenneuanlage geeignet. Kann in diesem Fall mit dem ebenfalls bodenlockernden Ölrettich kombiniert werden.
Persischer Klee (*Trifolium resupinatum*)	Persischer Klee gehört zu den Hülsenfrüchtlern und Stickstoffsammlern. Kann als Untersaat zu Starkzehrern wie Kohl gesät werden. Vergrämt dabei auch einige Kohlschädlinge. In milden Wintern winterhart. Eine ähnliche Nutzung ist mit Inkarnatklee möglich.
Phazelia, Bienenfreund (*Phacelia tanacetifolia*)	Gründüngungspflanze, die viel Grünmasse bildet und mit ihren schönen Blüten eine wichtige Bienenweide darstellt. Nicht zu spät säen, da sie eine relativ lange Entwicklungszeit hat. Friert über den Winter ab und stellt einen guten Bodenschutz dar. Eine der besten Gründüngungspflanzen für den Gemüsegarten.
Schmalblättrige Lupine (*Lupinus angustifolius*)	Stickstoffsammler und gut für nährstoffarme Böden geeignet. Zudem bilden Lupinen tiefe Wurzeln, die den Boden zusätzliche lockern. Oft in Gründüngungsmischungen zusammen mit anderen Hülsenfrüchtlern wie etwa der Platterbse angeboten. Friert im Winter ab. Auf Fruchtfolge mit anderen Hülsenfrüchtlern achten.
Tagetes, Studentenblume (*Tagetes patula*)	Tagetes kann wirksam gegen schädliche Bodennematoden (Bodenälchen) eingesetzt werden. Die Nematoden ziehen in die Pflanzen und werden dort abgetötet. Reste werden untergraben. Kann mit Ringelblumen kombiniert oder auch direkt zwischen Gemüsekulturen gesät werden.

- Förderung der Bodenfruchtbarkeit und Humusaufbau
- Schutz des Bodens durch Bedeckung
- Anreicherung von Stickstoff im Boden
- Lockerung von harten und verdichteten Böden
- Unterdrückung unerwünschter Beikräuter
- Bienen- und Insektenweide
- Bodenkur bei Bodenschädlingen

Gründüngung als Vorfrucht

Die Aussaat der Gründüngungspflanzen erfolgt möglichst früh im Jahr und meist auf Flächen, die zuvor mit starkzehrenden Gemüsen bepflanzt waren. Bevor die Gründüngungspflanzen in Blüte gehen bzw. sich versamen, wird die Gründüngung geschnitten. Sie bleibt entweder als Bodenschutz auf der Fläche liegen oder wird oberflächlich eingearbeitet. In der Regel wird eine solche Fläche in derselben Saison wieder mit Gemüse bepflanzt.

Gründüngung als Nachfrucht

Hier erfolgt die Aussaat der Gründüngungspflanzen auf Beeten, die im Sommer oder Spätsommer von Kulturen geräumt werden. In diesem Fall bleiben die Pflanzen über den Winter auf der Fläche. Um eine Versamung auszuschließen, wird die Gründüngung entweder im Herbst noch geschnitten und bleibt als Mulch

Die Phazelie bildet in kurzer Zeit eine enorme Grünmasse und lockt gleichzeitig mit ihren Blüten unzählige Insekten an.

Eine Mulchschicht aus Grasschnitt bedeckt den Boden und schützt die reifende Zucchini vor Fäulnis.

liegen bzw. frieren Herbstsaaten über Winter ab und bilden ebenfalls eine schützende Decke für den Boden. So ist Gründüngung eine Art lebendiger Mulch und gibt im Zuge der Zersetzung der geschnittenen oder abgefrorenen Pflanzenteile wichtige Nährstoffe an den Boden zurück.

Die richtigen Gründüngungspflanzen für den Gemüsegarten

Generell muss auch bei der Gründüngung auf die Einhaltung einer passenden Fruchtfolge unter Berücksichtigung der Pflanzenfamilien geachtet werden (siehe auch S. 63). Aus diesem Grund empfiehlt es sich, auf Gründüngungspflanzen aus der Familie der Kreuzblütler bzw. Kohlgewächse zu verzichten.

Im Gemüsegarten ist die Fruchtfolge der vielen Vertreter der Kohlfamilie ohnehin schwer einzuhalten. Eine Gründüngung mit Gelbsenf, Ölrettich oder Raps würde den Zuzug von Kohlschädlingen und Kohlkrankheiten zusätzlich begünstigen. Ebenso ist darauf zu achten, eine Gründüngung mit Hülsenfrüchtlern nicht vor oder nach Bohnen oder Erbsen anzubauen.

Am besten geeignet sind Gründüngungspflanzen, die mit unseren Gemüsekulturen nicht verwandt sind. Weiterhin gibt es Gründüngungen, die ganz besondere Aufgaben übernehmen und entsprechend eingesetzt werden.

Gemüse als Gründüngung

Einige Gemüsepflanzen können ebenfalls wie Gründüngung eingesetzt werden. Dazu gehören beispielsweise Blattgemüse wie **Winterspinat** und **Feldsalat**, die über den Winter den Boden bedecken. Nach der Ernte werden im Frühling Blattreste und Wurzeln oberflächlich untergegraben. Ebenso können Hülsenfrüchte wie **Buschbohnen** oder **Erbsen** als Stickstoffsammler auf nährstoffarmen Böden verwendet werden und mit Wurzeln und Trieben eingearbeitet werden.

Was ist ein Stickstoffsammler?
Bei den sogenannten Stickstoffsammlern handelt es sich um Pflanzen, die die Fähigkeit besitzen, Stickstoff aus der Atmosphäre aufzunehmen und anzusammeln. Werden die noch grünen Pflanzen in den Boden eingearbeitet oder lässt man ihre Wurzeln nach der Ernte stehen, so wird der Stickstoff an den Boden abgegeben. Ermöglicht wird diese Stickstoffanreicherung durch Bakterien, die in den Wurzelknöllchen der Hülsenfrüchtler in Symbiose mit diesen leben. Stickstoffsammler für den Gemüsegarten sind z. B. Ackerbohne, Gartenbohne, Erbse, diverse Kleearten, Lupine, Luzerne und Wicke.

MULCH ALS SCHÜTZENDE DECKE FÜR DEN BODEN

Die Natur kennt keinen offenen Boden und schickt im Zweifelsfall schnellwachsende Pionierpflanzen auf den Weg, um offene Flächen zu besiedeln. Diese „Pioniere" sind im Gemüsebeet jedoch selten erwünscht. Durch eine Besiedelung wird der Boden in vielfältiger Weise geschützt und unterstützt.

Auf Nutzflächen kann eine Mulchschicht diesen natürlichen Bodenschutz ersetzen. Betrachtet man jedoch unsere Nutzgärten und landwirtschaftlichen Flächen, zeigt sich meist ein anderes Bild. Gerade im Herbst sieht man frisch gepflügte und offene Böden, soweit das Auge reicht ... und ganzjährig aufgeräumte Beete in den Hausgärten. Eine ideale Keimfläche für unerwünschte Beikräuter.

Ein gemulchter Gemüsegarten sieht anders aus. Und an diesen nicht mehr so aufgeräumten Eindruck muss man sich oft erst gewöhnen oder einen mitleidigen Blick der Nachbarn über sich ergehen lassen. Deshalb lohnt es, sich die Vorteile des Mulchens einmal genauer anzusehen.

Vorteile für die Bodenfruchtbarkeit

- Schutz vor Winderosion und Auswaschung bei Starkregen
- Schutz vor Austrocknung, da unter der Mulchschicht Feuchtigkeit besser gehalten werden kann
- Humusaufbau durch Umwandlung des Mulchs in fruchtbare Erde
- Aktives Bodenleben der Kleinstlebewesen und Nützlinge durch den Schutz der Mulchschicht
- Temperaturangleichung der Jahreszeiten, indem unter einer Mulchdecke die Bodenwärme länger gehalten wird, wovon Bodenlebewesen und Nutzpflanzen profitieren

Vorteile für den oder die Gärtner*in

- Es muss weniger gedüngt werden, da der Mulch laufend in fruchtbare Erde umgesetzt wird.
- Mulch unterdrückt Beikräuter, es muss weniger gejätet werden.
- Unter der Mulchschicht entsteht ein lockerer, krümeliger Boden, der ein Hacken des Bodens überflüssig macht.
- Durch das Halten der Bodenfeuchtigkeit muss weniger gegossen werden.
- Die Ernte liegt auf einer Mulchschicht, die vor allem in nassen Jahren Arten wie Kürbisse, Gurken und Buschbohnen vor Fäulnis schützt.
- Beete mit einer Mulchschicht sind besser begehbar.
- Natürlich ist auch das Mulchen ein Arbeitsvorgang, der erledigt werden muss. Man kann jedoch vorrangig mit Materialien mulchen, die ohnehin im Garten vorhanden sind bzw. anfallen.

Geeignetes Mulchmaterial

- Gemüsereste, die bei der Ernte anfallen, können direkt wieder als Mulch ausgelegt werden. Dies sind Außenblätter von Salaten, Radieschengrün, Tomatengeiztriebe und vieles mehr.
- Beikräuter, die noch nicht blühen bzw. Samen angesetzt haben, können entfernt und direkt als Mulch auf den Beeten bleiben. Besonders gut geeignet sind Blätter von Brennnesseln und Beinwell.

- Grasschnitt, der beim Rasenmähen anfällt. Idealerweise wird der Grasschnitt etwas angetrocknet, bevor er auf die Beete ausgebracht wird.
- Grünmasse von Gründüngungspflanzen (siehe oben)
- Laub von Obstbäumen und anderen nicht gerbsäurehaltigen Laubbäumen
- Stroh, am besten gehäckselt
- Unbedruckter Karton eignet sich besonders gut zur Unkrautunterdrückung.

Nicht geeignet ist übrigens Rindenmulch. Zum einen erzeugt er eine Säurereaktion im Boden, die schlecht für den Gemüsegarten ist, zum anderen entzieht er dem Boden beim Verrotten Stickstoff, der dringend für die Nutzpflanzen benötigt wird. Ähnliches gilt für Holzhackschnitzel, wobei diese zumindest für das Mulchen von Wegen verwendet werden können.

Wer seine Beete regelmäßig mit einer ausreichenden Mulchschicht von mehreren Zentimeter Höhe versieht, wird bald feststellen, dass über die Mulchung große Mengen organischen Materials quasi in kürzester Zeit „verschwinden". Und meist ist das vorhandene Material – zumindest bei großen Gemüsegärten – für ein konsequentes Mulchen noch nicht ausreichend. Bitten Sie daher ruhig Ihre Nachbarn um deren Grasschnitt und Laub, bevor die Gartenabfälle in die kommunale Kompostierungsanlage gebracht und so dem natürlichen Kreislauf entzogen werden.

Mulchen und Gießen

Mulchen erspart vor allem beim Gießen eine Menge Arbeit. Besonders Hoch- und Hügelbeete, die bei Hitze stärker austrocknen, werden durch den Mulch gut geschützt. Durch das bessere Halten des Wassers im Boden wird eine starke Austrocknung im Wechsel mit hohen Wassergaben vermieden. Gleichzeitig ist dadurch eine gleichmäßigere Versorgung der Pflanzen mit Wasser und Nährstoffen gewährleistet.

Tipps für das richtige Gießen

- Jungpflanzen müssen gut angegossen und, angepasst an die Witterung, gut feucht gehalten werden, bis sie eingewurzelt sind. Danach sollten die Wassergaben so weit wie möglich reduziert werden, damit die Pflanzen ausreichend tief wurzeln und sich auch in Trockenperioden selbst mit Wasser versorgen können.
- Die Fingerprobe zeigt es: Wenn unter der (bereits trockenen) Mulchschicht der Boden noch feucht ist, braucht nicht gegossen zu werden.
- Pflanzengemeinschaften mit ähnlichen Bewässerungsbedürfnissen zusammenpflanzen. Dies bedeutet z. B., dass man Tomaten, die es eher trocken vertragen und bei niedrigerer Luftfeuchtigkeit wachsen sollten, nicht mit den wasserhungrigen Gurken, die eine hohe Luftfeuchte bevorzugen, zusammenpflanzen sollte.

DÜNGUNG UND PFLANZENSTÄRKUNG MIT KRÄUTERJAUCHEN UND CO.

Während mit Kompost oder Mist eine Grunddüngung vorgenommen wird, kann mit Pflanzenjauchen und -auszügen übers Jahr gezielt nachgedüngt und gleichzeitig eine effektive Pflanzenpflege betrieben werden. Besonders bei Topfkulturen, aber auch bei starkzehrenden Beetkulturen haben sich Pflanzenjauchen als Düngung etwa alle drei bis vier Wochen gut bewährt.

Pflanzenjauchen können ohne großen Aufwand selbst aus Kräutern und Wildkräutern hergestellt werden. Am bekanntesten dürfte die Brennnesseljauche sein, die vor allem als Stickstofflieferant dient.

Für Düngejauchen eignen sich neben Brennnesseln viele andere Kräuter aus dem Garten oder der Natur. Auch aus ungeliebten Beikräutern wie Löwenzahn,

Giersch, Vogelmiere und vielen anderen kann Jauche hergestellt und als Düngung und Pflanzenstärkung ausgebracht werden. Ebenso sind Ringelblumen eine gute Beigabe zu Pflanzenjauchen.

Pflanzenjauchen herstellen

Hierfür benötigen Sie ein großes Gefäß, beispielsweise einen Holzbottich, der mit einem Deckel oder Brettern abgedeckt werden kann. Gehen Sie wie folgt vor:

- Im Verhältnis 1:10 werden in Wasser (am besten Regenwasser) die gewünschten Pflanzen angesetzt. Dies entspricht beispielsweise 1 kg Brennnesseln auf 10 l Wasser.
- Verwendet werden meist junge Pflanzenteile vor der Blüte. Große Pflanzenteile gegebenenfalls etwas zerkleinern.
- Der Kräuteransatz bleibt etwa zwei Wochen in dem abgedeckten Gefäß und wird regelmäßig mit einem Holzstab umgerührt.
- Während dieser Zeit findet ein Vergärungsprozess statt, der beendet ist, sobald die Jauche nicht mehr schäumt.
- Zur Geruchsbindung können Gesteinsmehl wie Bentonit und/oder effektive Mikroorganismen (EM) beigegeben werden.
- Die Pflanzenreste müssen vor Gebrauch der Jauche abgesiebt werden.
- Jauche mindestens im Verhältnis 1:10, bei Jungpflanzen 1:20 mit Wasser verdünnen und bei bedecktem Himmel auf den feuchten Boden ausbringen. Die Pflanzen können auch mit der Jauche übergossen werden. Jungpflanzen kann man vor der Pflanzung in Jauche tauchen.

Brennnessel- und Beinwelljauche

Brennnessel- und Beinwelljauche sind bewährte Düngungsform bei fruchttragenden Starkzehrern wie Tomaten, Paprika und Auberginen. Die Brennnesseln fördern allgemein das Wachstum und die Pflanzengesundheit, der kaliumhaltige Beinwell stimuliert die Frucht- und Blütenbildung. Beide fördern auch Mikroorganismen im Boden.

Beinwell enthält viel Kalium. Eine Jauche aus vergorenem Pflanzenmaterial stimuliert die Blüten- und Fruchtbildung.

Pflanzenjauchen wie diese Brennnesseljauche enthalten viel Stickstoff und andere Nährstoffe – ein idealer Flüssigdünger.

Gemischte Kräuterjauche

Eine Mischung aus unterschiedlichen Kräutern und Wildkräutern unterstützt die Versorgung der Pflanzen mit den verschiedensten Spurenelementen und Mineralstoffen und fördert die Pflanzengesundheit.

Pflanzenstärkungsmittel

Neben der Düngewirkung können Pflanzenauszüge ebenso als Vorbeugung und Schutz vor einigen Pflanzenschädlingen und -Krankheiten eingesetzt werden.

Gärende Pflanzenjauche

Diese wird vorrangig aus Brennnesseln hergestellt. Es handelt sich um eine Jauche, die nur wenige Tage angesetzt war und bei der der Gärungsprozess noch nicht abgeschlossen ist. Sie wird in einem Verhältnis von 1:50 mit Wasser verdünnt und als Schutz gegen Blattläuse, Spinnmilben und zur Pflanzenstärkung gespritzt.

Kräutertee

Viele Kräutertees stellen eine gute Immunstimulanz für den Garten dar. Reste von Kräutertee können daher immer mit ins Gießwasser oder direkt im Garten ausgebracht werden. Ebenso können bestimmte Teeanwendungen wie beispielsweise aus Knoblauch für den Pflanzenschutz eingesetzt werden.

Brühe

Eine Brühe wird durch Kochen von Kräutern in Wasser hergestellt. Ein vorheriges Einweichen in dem noch nicht erhitzten Wasser kann abhängig von den verwendeten Pflanzen sinnvoll sein, da es das Herauslösen der Wirkstoffe aus den Pflanzen fördert. Nach dem Abkühlen kann die Brühe verdünnt verwendet werden.

Kaltauszug

Kaltauszüge werden weder erhitzt noch vergoren. Das zerkleinerte Pflanzenmaterial wird in Wasser eingeweicht und sollte, regelmäßig umgerührt, etwa 2 Tage ziehen. Dann wird es abgeseiht, bevor eine Gärung eintritt, und unverdünnt als Spritzmittel verwendet.

REZEPTE FÜR DIE PFLANZENGESUNDHEIT

Tees, Brühen und Kaltauszüge werden vorrangig zum Schutz vor Krankheiten und Schädlingen eingesetzt. Die bei der Herstellung entstehenden Pflanzenreste können als Mulch verwendet oder kompostiert werden und stärken somit zusätzlich das Bodenleben. Einige Rezepturen werden direkt auf den Boden ausgebracht, z. B. vorbeugend gegen bodenbürtige Pilzkrankheiten.

Knoblauchtee

Knoblauchtee kann bei Mehltau, Grauschimmel, Blattläusen und Milben verwendet werden. Hierfür etwa 100 g Knoblauch zerkleinern, mit kochendem Wasser überbrühen und 10 Minuten ziehen lassen. Danach etwa im Verhältnis 1:7 mit Wasser verdünnen und auf die Pflanzen ausbringen.

Brühe von Ackerschachtelhalm

Ackerschachtelhalm ist kieselsäurehaltig und stärkt dadurch das Pflanzengewebe. Er kann vorbeugend gegen Pilzkrankheiten verwendet werden. Hierfür 1 kg frischen oder 150 g getrockneten Ackerschachtelhalm in 10 l Wasser ansetzen und 24 h ziehen lassen. Anschließend erhitzen und etwa 1 Stunde sanft köcheln lassen. Nach dem Abkühlen und Absieben im Verhältnis 1:5 mit Wasser verdünnen und auf Pflanzen und Boden sprühen. Mehrfach übers Jahr wiederholen und bei akutem Befall mehrere Tage nacheinander spritzen. Im Herbst vorbeugend den Boden behandeln.

Tomatentriebkaltauszug

Etwa zwei Handvoll Geiztriebe und Blätter von Tomaten in 2 l Regenwasser geben und mehrere Stunden ziehen lassen. Den Auszug absieben und unverdünnt auf Kohlpflanzen zum Fernhalten des Kohlweißlings sprühen. Anwendung regelmäßig wiederholen. Gleichzeitig lassen sich auch Ameisen und Erdflöhe durch den Tomatengeruch vertreiben.

Mischkultur und Fruchtfolge

Mischkultur und Fruchtfolge sind wichtige Komponenten im biologisch bewirtschafteten Garten. Sie helfen, einen fruchtbaren Boden und ein gesundes Wachstum unseres Gemüses zu erhalten. Traditionell in kleinbäuerlichen Betrieben und Bauerngärten üblich, ist die Mischkultur in der modernen Landwirtschaft und auch in vielen Gärten verloren gegangen.

GRÜNDE UND NOTWENDIGKEIT

Jede Pflanze, abhängig von ihrer Zugehörigkeit zu einer bestimmten Pflanzenfamilie (siehe unten) und ihren individuellen Eigenschaften, entnimmt dem Boden gewisse Nährstoffe. Gleichzeitig werden über die Wurzeln Stoffe in den Boden abgegeben. Bei Monokulturen, also einem großflächigen Anbau einer einzigen Art über Jahre hinweg auf derselben Fläche, erfolgt eine einseitige Nährstoffverarmung des Bodens. In der industriellen Landwirtschaft wird dieser mit hohen Gaben von synthetischen Düngern entgegengewirkt. Ein gesunder Boden mit ausgewogenen Nährstoffverhältnissen bleibt dabei jedoch nicht erhalten.

Gleichzeitig siedeln sich Schädlinge an, die in immer gleichen Kulturen einen gedeckten Tisch finden. Je größer die Monokultur, umso einfacher und schneller die Ausbreitung der Schädlinge. Eine natürliche Schädlingsbekämpfung findet dagegen in einem Garten oder einer Landschaft mit möglichst vielen verschiedenen Pflanzen statt, in der auch die Nützlinge ihren Lebensraum finden.

Neben der Förderung der Bodenfruchtbarkeit und der Schädlings- und Krankheitsvorbeugung kann eine durchdachte Mischkultur auch der Unterdrückung von Beikräutern dienen, den Boden vor Austrocknung schützen und letztendlich eine schöne Gestaltung des Gemüsegartens ermöglichen.

PFLANZENFAMILIE	VERTRETER
Doldenblütler	Möhre, Pastinake, Petersilie, Fenchel, Dill, ...
Gänsefußgewächse	Spinat, Mangold, Rote Bete, Melde, ...
Hülsenfrüchtler	Acker-, Garten- und Feuerbohnen, Erbsen, Linsen, ...
Korbblütler	Salat, Endivie, Radicchio, Chicorée, Schwarz- und Haferwurzel, ...
Kreuzblütler	Alle Kohlsorten, Radieschen, Rettiche, Mai- und Herbstrübchen, Rucola, ...
Kürbisgewächse	Kürbis, Zucchini, Gurke, Melone, ...
Nachtschattengewächse	Tomate, Paprika, Chili, Aubergine, Kartoffel, ...
Zwiebelgewächse	Küchen- und Frühlingszwiebel, Lauch, Knoblauch, ...

Salat und Lauch ergänzen sich durch ihre unterschiedlichen Wuchsformen und behindern sich nicht im Wachstum.

Salat als Zwischenkultur neben Kohl. Wenn die Kohlpflanzen größer werden, wird der Salat geerntet.

MISCHKULTUR UND FRUCHTFOLGE NACH PFLANZENFAMILIEN

In der Mischkultur werden Vertreter unterschiedlicher Pflanzenfamilien gemeinsam bzw. in Folge gepflanzt. Grundsätzlich sollen Gemüsearten und -sorten aus derselben Pflanzenfamilie nicht zusammen oder nacheinander angebaut werden, da sie oft dieselben Nährstoffbedürfnisse aufweisen und dieselben Schädlinge und Krankheiten anziehen.

Auf S. 63 finden Sie eine Übersicht der für den Gemüsegarten relevanten Pflanzenfamilien mit ihren häufigsten Vertretern.

HINWEISE ZUR BEETPLANUNG

Bei der Planung der Beetbelegung sollte eine Mischkultur unbedingt berücksichtigt werden. Dies bedeutet, dass Gemüsepflanzen einer Sorte in Reihen oder Gruppen zusammen mit Nachbarn gepflanzt werden, die nicht derselben Familie angehören.

Gleichzeitig wird für eine sinnvolle Nutzung der Pflanzfläche in Haupt- und Nebenkulturen sowie in Vor- und Nachkulturen unterschieden. Mit einem durchdachten Einsatz von Haupt-, Neben- und Mischkulturen sowie mit Fruchtfolgen innerhalb derselben Saison lässt sich eine Fläche optimal ausnutzen und die Ernte wesentlich erhöhen.

Haupt- und Nebenkulturen

Hauptkulturen stellen den Teil Ihrer Gemüsepflanzen dar, die von Aussaat bzw. Pflanzung bis zur Ernte einen Hauptteil der Saison benötigen. Typische Vertreter sind z. B. Kopfkohl, Kürbis oder Tomaten.

Nebenkulturen werden mit den Hauptkulturen gesät, oder gepflanzt, benötigen jedoch eine wesentlich kürzere Zeit bis zur Ernte. Sie können geerntet werden, bevor die Hauptkultur den gesamten Platz im Beet benötigt. Beispiele für gute Kombinationen von Haupt- und Nebenkulturen sind:

- Salat und Kopfkohl (und viele andere langsam wachsende Hauptkulturen): Der Salat wird zwischen den Kohl gepflanzt und geerntet, bevor der Kohl den kompletten Platz im Beet benötigt.
- Radieschen und Möhren (oder Pastinaken): Radieschen keimen schnell und sind schon nach vier bis sechs Wochen erntefertig. Möhren keimen und wachsen eher langsam. Zusammen in eine Reihe oder in Reihen eng nebeneinander gesät können die Radieschen geerntet werden, bevor die Möhren überhaupt ihre Wurzel ausbilden. Die Radieschen müssen allerdings vorsichtig aus dem Boden gezogen werden, damit die Möhren nicht mit herauskommen.

Vor- und Nachkulturen

Vor- oder Nachkulturen stellen eine Fruchtfolge innerhalb derselben Saison dar. Hierfür werden schnell zu erntende Gemüse vor bzw. nach den Hauptkulturen angebaut. Dies können sehr frühzeitige Kulturen sein oder auch schnellwüchsige späte Gemüsearten bzw. -sorten für den Überwinterungsanbau. Gute und bewährte Beispiele für optimale Kombinationen von Vor- bzw. Nachkulturen sind die folgenden:

- Spinat vor Kohl (und vielen anderen Hauptkulturen): Spinat ist ein guter Beetvorbereiter und wird frühzeitig geerntet. Kohl für die Herbst- und Winterernte wird in der Folge als Hauptkultur gepflanzt und kann noch mit Salat kombiniert werden.
- Erbsen vor Chinakohl: Erbsen sind ebenfalls ein eher frühes Gemüse und versorgen den Boden für die Folgekultur mit Stickstoff. Hierfür eignen sich z. B. Chinakohl, Pak Choi oder Herbstrübchen, die als Kurztagspflanzen ohnehin frühestens ab Mitte Juli gesät werden.
- Feldsalat nach Tomaten: Hier wird der Platz unter der Hauptkultur für die Aussaat des Feldsalats genutzt. Ab August können die unteren Blätter der Tomaten entfernt und der Feldsalat breitwürfig darunter gesät werden. Witterungsabhängig erfolgt die Ernte des Feldsalats im Spätherbst oder im darauffolgenden Frühling.

Pflanzplanung für Mischkultur und Fruchtfolge

Führen Sie ein Gartentagebuch oder legen einen Pflanzplan an und dokumentieren Sie darüber Ihre Gemüsepflanzungen. So wissen Sie auch in den nächsten Jahren noch exakt, wann und wo Sie welche Gemüse angepflanzt haben.

Mischkulturen

Bei einer idealen Mischkultur werden Gemüse zusammen angebaut, die sich gegenseitig nicht behindern und bestenfalls sogar ergänzen. Hier spielen u. a. Höhen- und Wurzelwachstum, Nährstoffbedarf oder mögliche Schädlinge eine Rolle. Gute Mischkulturen können beispielsweise sein:

- Tomaten (und andere hochwachsende Gemüsearten) mit Neuseeländer Spinat: Die Tomaten wachsen in die Höhe, während der sich reich verzweigende, niederliegende Neuseeländer Spinat den Boden bedeckt und gleichzeitig vor Austrocknung schützt. Ideale Kombination auch für große Pflanzkübel, da sich die Spinattriebe auch außerhalb des Topfes ausbreiten können.
- Stangenbohnen mit Kürbis: Der Kürbis rankt am Boden, während die Stangenbohne in die Höhe wächst. Gleichzeitig versorgt die Bohne den Kürbis mit Stickstoff, den sie aus der Luft bindet und für den Kürbis verfügbar macht. Eine traditionelle und jahrtausendealte Mischkultur aus Mexiko kombiniert dazu noch den Mais, der der Bohne als Rankhilfe dient. Der Kürbis schützt den Boden gleichzeitig vor Austrocknung.
- Tomaten und Lauch: Lauch ist sehr anfällig für die Lauchminierfliege, die ganze Bestände stark schädigen kann. Wird der Lauch jedoch jeweils in kleinen Gruppen mit Tomaten gepflanzt und das Beet mit den Ausgeiztrieben der Tomaten gemulcht, hält der Geruch der Tomaten die Lauchminierfliege oft sehr erfolgreich fern.

- Blumenkohl (und anderer Kopfkohl) mit Tomaten: Werden beide Gemüsearten im Wechsel angebaut, fördert das den Ertrag beider Kulturen. Dies wurde sogar wissenschaftlich nachgewiesen. Der Geruch der Tomaten irritiert wohl außerdem kohlschädigende Insekten.
- Endivie und Grünkohl zusammen mit Radieschen und Feldsalat: Dies ist eine schöne Mischkultur für die Herbsternte und den Anbau in Reihen. Bis Grünkohl und Endivie den vollen Platz benötigen, sind die Radieschen bereits geerntet. Der Feldsalat wird unter den Grünkohl gesät und kann sich im Frühling nach der Ernte des Grünkohls noch gut entwickeln.

Auf eine gute Nachbarschaft

Die genannten Kombinationen sind nur einige Beispiele erfolgreicher Mischkulturen. Das Prinzip heißt: Ausprobieren, beobachten und Erfahrungen sammeln. Schließlich spielen auch Witterung, Saat- bzw. Pflanzzeitpunkt und andere Faktoren für ein gutes Gelingen eine große Rolle.

Kürbisse bilden eine enorme Blattmasse und brauchen dazu eine Menge Nährstoffe in Form von Dünger.

FRUCHTFOLGE UNTER BERÜCKSICHTIGUNG DES NÄHRSTOFFBEDARFS

Für eine gute Fruchtfolge und Anbauplanung ist neben den Pflanzenfamilien der Nährstoffbedarf der jeweiligen Gemüsekulturen zu berücksichtigen. Grundsätzlich werden bei unseren Nutzpflanzen Starkzehrer, Mittelzehrer und Schwachzehrer unterschieden. Dabei ist zu beachten, dass auf wirklich magerem Boden kein Gemüse gut wächst, und ein gewisser Nährstoffgehalt für gute Erträge bei allen Arten, auch den genügsameren, immer notwendig ist.

Starkzehrer

Dazu gehören Gemüse mit einem hohen Nährstoffbedarf, vor allem an Stickstoff. Dies sind u. a. Gemüse wie Kohl, Kürbis, Kartoffeln, Tomaten und Auberginen. Abgelagerter Mist eignet sich besonders gut als Nährstoffquelle.

Bohnen können wie alle Hülsenfrüchte Stickstoff aus der Luft verwerten und brauchen weniger Dünger.

Mittelzehrer

Dazu gehören Gemüse, die mit einem mittleren Nährstoffangebot gut zurechtkommen und auch als Folgekultur nach starkzehrenden Gemüsen angebaut werden können. Neben Gemüsen wie Mangold, Spinat und Salat gehören verschiedene Wurzelgemüse wie Möhre und Pastinake in diese Gruppe. Letztere vertragen ohnehin keine Düngegaben in Form von Mist. Eine regelmäßige Düngung mit gut ausgereiftem Kompost oder Pflanzenjauchen ist dennoch angebracht und unterstützt ein gutes Wachstum.

Schwachzehrer

Dazu gehören Arten wie Bohnen oder Erbsen, die über Knöllchenbakterien in ihren Wurzeln Luftstickstoff binden und so bodenverfügbar machen. Daher sind Bohnen, Erbsen und andere Hülsenfrüchtler auch eine gute Vorkultur für Gemüse mit einem höheren Nährstoffbedarf. Aber auch Radieschen oder Zwiebeln kommen mit weniger Nährstoffen gut zurecht. Eine gelegentliche Düngung z. B. mit Pflanzenjauchen ist auch hier in jedem Fall sinnvoll.

Fruchtfolge und erneute Düngung

Auf einem gut gedüngten und vorbereiteten Boden werden Stark-, Mittel- und Schwachzehrer – unter Berücksichtigung der Pflanzenfamilien – in dieser Reihenfolge angebaut. Danach empfiehlt sich eine Gründüngung bzw. muss das Beet für den nächsten Fruchtwechsel wieder mit nährstoffreichem Dünger angereichert werden. Insgesamt sollten mindestens vier Jahre lang in einem Beet nicht dieselben oder nah verwandten Gemüsepflanzen angebaut werden!

UNTERSTÜTZERPFLANZEN UND HÜBSCHE HELFER

In die Mischkultur einbezogen werden auch Blumen und Kräuter, die günstig für die Fruchtbarkeit und die allgemeine Pflanzengesundheit sind. Vor allem Ringelblumen und Tagetes (oder zumindest eine von beiden) sollte in keinem Gemüsegarten fehlen. Über Wurzelausscheidungen vertreiben diese hübschen Bodenhelferinnen schädliche Wurzelnematoden, die unseren Gemüsepflanzen gerne an die Wurzeln gehen. Der Geruch der Ringelblume wird außerdem von vielen Schadinsekten wie z. B. der Möhrenfliege nicht besonders gemocht.

Eine Mischkultur mit einjährigen Kräutern kann insgesamt bei der Schädlingsabwehr gute Dienste leisten, da die oft stark duftenden ätherischen Öle die Schädlinge irritieren und die Kräuterblüten meist eine gute Nützlingsweide darstellen. Mehrjährige Kräuter können ebenfalls in die Mischkultur einbezogen werden, sollten jedoch als Rand- und Rabattenstauden gepflanzt werden. Lediglich Wermut und Eberrauten sollten nicht in oder am Gemüsebeet ihren Platz finden, da sie andere Nutzpflanzen im Wachstum hemmen können.

Ringelblumen verströmen einen Duft, der Möhrenfliegen und andere Schadinsekten abhält.

Vom Umgang mit ungebetenen Gartengästen

In jedem natürlich bewirtschafteten Garten lebt eine Vielzahl an Pflanzen und Tieren neben und mit unseren Kulturpflanzen. Unsere besondere Aufmerksamkeit erhalten Mitbewohner, die wir aus unterschiedlichen Gründen willkommen heißen. Dazu zählen beispielsweise Schmetterlinge, Igel oder Marienkäfer sowie das eine oder andere wilde Grün, das man essen kann. Neben diesen Sympathieträgern gibt es jedoch Gartengäste, denen wir keinen Unterschlupf gewähren wollen. Dies meist, weil sie unsere Nutzpflanzen schädigen können oder sich als überlebensstarke Konkurrenten im Gemüsebeet ansiedeln. Gegen einen Teil dieser ungebetenen Gäste wird in vielen Gärten geradezu ein Kampf geführt.

DER KAMPF IM GARTEN ODER EIN AGIEREN MIT DER NATUR

Diesen Kampf werden wir allerdings niemals gewinnen, zumindest nicht langfristig und nicht mit vertretbaren Mitteln. Es muss uns klar sein, dass letztendlich die Natur immer die Stärkere sein wird. Daher heißt es auch in diesem Fall, mit der Natur zu agieren für ein friedliches Zusammenleben von Menschen, Tieren und Pflanzen. Wenn wir aufhören, die Natur zu bekämpfen, dürfen wir erleben, wie ein natürliches Miteinander funktionieren kann.

Es gilt das Prinzip, dass kein Lebewesen als minderwertig betrachtet wird. Jedes erfüllt eine Funktion in der Natur, sei es als Nahrungsmittel, Bodenverbesserer, Luftreiniger, Müllabfuhr und vieles mehr.

Umso mehr wir uns in Landwirtschaft und Privatgärten von diesen natürlichen Prinzipien abgewendet und auf Kampf gesetzt haben, desto mehr ist die Natur in Opposition getreten. Untersuchungen zufolge sind durch intensive Monokulturen und den Einsatz von Spritzmitteln Pflanzenkrankheiten und Schädlinge keineswegs minimiert worden. Ganz im Gegenteil treten bestimmte Krankheiten und Schädlinge sogar vermehrt auf. Durch die Spritzungen wurden nicht nur Resistenzen erzeugt, sondern auch die natürlichen Feinde eliminiert.

KONKURRENZ AUF DEM GEMÜSEBEET

Das Jäten und Entfernen von Bei- oder Wildkräutern – landläufig als Unkraut bezeichnet – kann in einem Garten mit großem Aufwand betrieben werden. Dies vor allem dann, wenn blanke Böden laufend gejätet werden müssen. Das Jäten ist in diesem Fall auch notwendig, da die Natur ständig Pionierpflanzen losschickt, die den Boden so schnell wie möglich bedecken und schützen sollen. Somit befindet sich der oder die Gärtner*in immer im Wettlauf mit der natürlichen Besiedelung. Um diesem Wettlauf ein Ende zu setzen, muss der Garten auf die natürlichen Wirkungsweisen umgestellt und der Boden bedeckt werden. Dies geschieht vorrangig durch konsequentes Mulchen (siehe auch S. 59). Ebenso können unsere Gemüsekulturen relativ eng gesät und gepflanzt werden, sodass eine geschlossene Decke entsteht, sobald die Pflanzen dem Jugendstadium entwachsen sind.

Bei der Ernte frei werdende Flächen können gleich wieder besetzt werden. Beachtet man zusätzlich einige andere Dinge, die die Ausbreitung von Beikräutern eindämmen, muss in einem Garten langfristig wenig gejätet werden.

ÜBERSICHT DER GÄNGIGSTEN GARTENBEIKRÄUTER

Löwenzahn

Portulak

Vogelmiere

Ehrenpreis

Gundermann

Zaunwinde

Wegerich

Knoblauchsrauke

Brennnessel

Horn-Sauerklee

Distel

Giersch

Garten-Wolfsmilch

Franzosenkraut

Rispengras

Beikräuter und ihre Aufgaben im Garten

Pionierpflanzen, die den Boden rasch besiedeln und so vor Erosion und Auswaschung schützen, sind schnellwachsend und können im Jahr mehrere Generationen hervorbringen, die wiederum Samen bilden. Viele sind auch relativ kälteunempfindlich, sodass freigeräumte und ungemulchte Beete sogar über die Wintermonate bewachsen werden. Zu diesen schnellen Erstbesiedlern gehören beispielsweise Vogelmiere, Ehrenpreis und Gundermann.

Gleichzeitig fungieren viele Beikräuter als Zeigerpflanzen. Ein erhöhtes Aufkommen von Pflanzen, die ähnliche Bedingungen bevorzugen, kann Aufschluss über bestimmte Bodenverhältnisse geben. Vermehren sich beispielsweise Ampfer und Brennnessel gleichermaßen fett und wüchsig, ist von einem stickstoffreichen oder sogar stickstoffüberdüngten Boden auszugehen. Dagegen zeigt ein Breitwegerich eher verdichtete, lehmige Böden und Staunässe an. Gleichzeitig kann von einer allgemeinen guten Wüchsigkeit der Beikräuter ein

Rückschluss auf die Bodenfruchtbarkeit gezogen werden. So wird sich z. B. Vogelmiere auf einem nährstoffreichen Boden kräftig mit saftig grünen Blättern entwickeln, auf einem mageren Boden dagegen wird sie kleinblättrig und eher gelbgrün bleiben.

Bevor wir also den Wildkräutern – was Beikräuter ja im Ursprung sind – mit der Hacke zu Leibe rücken, lohnt es sich, sie zu beobachten. Und nicht nur das: Viele von ihnen verfügen über gesundheitsfördernde Stoffe und sind in der Medizin seit Langem als Heilpflanzen im Einsatz. So lassen sich Löwenzahn, Spitzwegerich, Gundermann und Brennnessel als Teekräuter oder in Tinkturen und Salben verwenden. Auch für die Pflanzengesundheit werden Brennnessel oder Beinwell in Jauchen und Auszügen erfolgreich verwendet.

Ein Spaziergang durch den Garten kann zudem jeden Salat mit gesunden und aromatischen Wildkräutern aufwerten. Zu den essbaren Wildkräutern, die in fast jedem Garten zu finden sind, zählen beispielsweise Löwenzahn, Spitzwegerich, Gänseblümchen, Vogelmiere oder Knoblauchsrauke.

Unabhängig von einem offensichtlichen Nutzen für den Gärtnernden schaffen Beikräuter gleichzeitig Lebensräume und Nahrung für unzählige andere Gartenlebewesen und Nützlinge. So ist allein die Brennnessel Futterpflanze für viele Schmetterlinge wie das Pfauenauge und den Kleinen Fuchs. Ohne die Brennnessel würden diese Schmetterlinge aussterben, da sie ihre alleinige Nahrungspflanze darstellt.

Geben Sie Wildkräutern einen Platz

Eliminieren Sie also Beikräuter nicht komplett, sondern geben Sie Ihnen die eine oder andere Ecke im Garten, wo sie für die Gemüsekulturen nicht störend sind. Essen Sie, was Sie davon essen können, stellen Sie Jauchen und Kräutertees her und erfreuen Sie sich an der Vielfältigkeit in Ihrem Garten, zu der diese Pflanzen beitragen.

Nützlinge in Zahlen

- Eine **Schwebfliege** legt 500 bis 1000 Eier. Je höher das Nektarangebot, umso mehr Eier werden gelegt. Jede Schwebfliegenlarve frisst innerhalb von acht bis zehn Tagen etwa 700 Blattläuse und andere Insekten.
- Die **Florfliege** ernährt sich ebenfalls von Nektar. Das Weibchen legt dreimal jährlich jeweils 400 bis 500 Eier. Die Larven fressen in ihrer zwei- bis dreiwöchigen Entwicklungszeit bis zu 500 Blattläuse, 10 000 Milben und dazu Weiße Fliegen, Schildläuse und kleine Raupen.
- **Spitzmäuse** fressen täglich Erdraupen, Eulenfalterlarven und andere Insekten in einer Masse, die dem eigenen Körpergewicht entspricht.
- Im Laufe der Aufzucht einer Brut fängt ein **Meisenpärchen** mehr als 10 000 Insekten zur Fütterung des Nachwuchses.
- Die Beute der **Schleiereule** besteht hauptsächlich aus Mäusen, insbesondere Wühlmäusen. Eine drei Wochen alte junge Eule frisst bereits drei bis vier Mäuse am Tag. Zusammen mit der Nahrung der Eltern macht das bei einem durchschnittlichen Nachwuchs von sieben Jungen täglich 36 Mäuse. Schleiereulen sind Kulturfolger und können durch entsprechende Nistkästen angesiedelt werden.

Unabhängig von all den guten Seiten der Wildkräuter können sie sich im Gemüsegarten jedoch auch als so konkurrenzstark erweisen, dass unsere Kulturpflanzen darunter leiden. Daher ist es durchaus sinnvoll, diesen Kräutern im Beet Grenzen zu setzen. Ebenso sind Gräser enorm konkurrenzstark, und Beete, die nicht ausreichend gepflegt werden, können in kurzer Zeit vergrasen. Einfache und effektive Maßnahmen, dem Grenzen zu setzen, sind:

- Beete mulchen, vor allem solche mit Jungpflanzen und viel freiem Boden sowie zwischen frischen Saatreihen.
- Kulturpflanzen so eng pflanzen, dass sie bald das Beet bedecken.
- Rasenkanten abstechen, sodass Gräser nicht ins Beet einwachsen.
- Wege aus Rasen oder Klee regelmäßig mähen, bevor Blüten und Samen gebildet werden.
- Wildkräuter aus Beeten entfernen, bevor sie Samen bilden.
- Samenstände von Beikräutern nicht in den Kompost geben, sie überleben darin und säen sich über den Kompost wieder aus.
- Beikräuter mit Pfahlwurzeln wie Löwenzahn oder Große Klette mit dem Unkrautstecher entfernen.
- Wurzeln von Beikräutern wie Zaunwinde oder Quecke, die sich über unterirdische Ausläufer vermehren, mit der Grabgabel anheben, den Boden lockern und die Rhizome aus der Erde ziehen. Dies regelmäßig wiederholen.

UNGELIEBTE MITESSER UND DIE FÖRDERUNG VON NÜTZLINGEN

Während die pflanzliche Konkurrenz auf dem Gemüsebeet Gärtner*innen zwar auch nicht immer kalt lässt, erhitzen die tierischen Mitesser die Gemüter oft enorm. Was auch daran liegt, dass in vielen Gärten Schädlinge im Vergleich zu Nützlingen in absoluter Übermacht auftreten und man sich hilflos ausgeliefert fühlt. Dabei gibt es ein paar grundsätzlich Maßnahmen, die dem Aufkommen von Schädlingen und Krankheiten bereits vorbeugen sowie das Ansiedeln von Nützlingen und die Schaffung eines biologischen Gleichgewichts unterstützen.

Organisches Material nur oberflächlich einarbeiten

Werden Kompost, Reste von Gründüngung und Beikräutern, abgelagerter Mist und anderes organisches Material auf die Beete ausgebracht, dürfen diese nur oberflächlich eingearbeitet und nicht untergegraben

Meisen gehören zu den effizientesten Blattlausvertilgern. Sie sind in unseren Gärten auf Nistkästen angewiesen.

Eine artenreiche Randbepflanzung des Gemüsegartens bietet Rückzugsflächen für viele Nützlinge.

Eine oberflächliche Mulchschicht gibt ihre Nährstoffe nach und nach an die Pflanzen ab.

Hauskatzen sind oft ausgezeichnete Mäusejäger, die die gefräßigen Nager im Garten dezimieren.

werden. Nur so kann diese Biomasse von den Bodentierchen in der Rotteschicht umgesetzt werden. Untergegrabenes Material dagegen erhöht das Risiko beispielsweise von Larven von Eulenfaltern oder Drahtwürmern. Ebenso können unerwünschte Pilze auftreten, die Pflanzenkrankheiten nach sich ziehen.

Fruchtfolge und Mischkultur betreiben

Monokulturen und der wiederholte Anbau von Pflanzen aus derselben Familie auf derselben Fläche ziehen entsprechende Schädlinge an. Der Kulturwechsel und das Einbeziehen von Ablenkungs- und Bodengesundungspflanzen fördern die Biodiversität auf der Fläche und verhindern ein Überhandnehmen bestimmter Schädlinge. Mehr zu Fruchtfolge und Mischkultur ab S. 63.

Lebensbedingungen von Pflanzen berücksichtigen

Pflanzen, die nicht an unsere Klima-, Licht- und Bodenverhältnisse angepasst sind, sind weniger widerstandsfähig gegenüber Krankheiten und Schädlingen. Das gilt auch für unsere Gemüsepflanzen. Bieten Sie Ihren Kulturen daher die bestmöglichen Bedingungen in Bezug auf Sonne, Bodenfruchtbarkeit und andere individuelle Pflanzenbedürfnisse und verzichten Sie im Zweifelsfall auf die eine oder andere Kultur, deren Bedürfnisse Sie nicht erfüllen können.

Auch warm und geschützt vorgezogene Jungpflanzen sind oft anfällig und wenig widerstandsfähig, da sie durch den Umzug in eine natürlich temperierte Umgebung enormem Stress ausgesetzt sind. Oft werden sie dann im Nu zum Opfer von Fressfeinden. Sie sollten vor dem Auspflanzen unbedingt abgehärtet werden (siehe S. 47).

Wichtig ist auch die passende Sortenwahl. Wählen Sie robuste Sorten und greifen Sie bei Sorten, die regelmäßig unter denselben Schädlingen oder Krankheiten leiden, zu Alternativen.

Reiches Blühangebot für Nützlinge schaffen

Wenn wir von Nützlingen sprechen, ist zu beachten, dass ein Großteil der entsprechenden Insekten nur im Larvenstadium Schädlinge fressen. Ein Beispiel ist die Schwebfliege, deren Larven Unmengen von Blattläusen vertilgen. Das ausgewachsene Tier benötigt jedoch Nektar, um sich zu ernähren und wieder Eier abzulegen. Findet die Schwebfliege nicht genug Nahrung im Garten, wird sie schnell wieder verschwinden. Dieses Prinzip ist auf viele nützliche Insekten übertragbar. Daher sollten in jedem Gemüsegarten in Mischkultur und als Einfassungen ganzjährig nützlingsfördernde Blütenpflanzen integriert werden.

Für Unterschlupf und Überwinterung sorgen

Um Nützlinge dauerhaft im Garten anzusiedeln, benötigen sie neben Nahrung auch einen Unterschlupf und Überwinterungsmöglichkeiten. Das gilt nicht nur für Insekten, sondern auch für Vögel und Säugetiere wie Mauswiesel oder Igel. Unberührte Gartenbereiche, Wildhecken und Totholzhaufen sind ideal.

Haustiere, die im Garten für Ordnung sorgen

Viele Hauskatzen sind exzellente Mäusejäger, die Fraßschäden durch Wühl- oder Hausmäuse am Gemüse reduzieren. Die Hauskatze ersetzt dabei den natürlichen Feind, der in unseren Gärten oft keinen Zutritt mehr findet. Gleiches gilt für die Haltung von Hühnern oder Laufenten, die eine Schneckenpopulation so weit eindämmen, dass die gärtnerische Schneckenvernichtungstour ein Ende haben kann.

HÄUFIGE SCHÄDLINGE IM GEMÜSEGARTEN

Im Folgenden werden die häufigsten Schädlinge im Gemüsegarten vorgestellt und welche – am besten vorbeugenden – Maßnahmen möglich sind. Tatsache ist aber auch, dass so mancher Befall in relativ kurzer Zeit wieder von selbst verschwindet und man der Natur oft einfach ihren Lauf lassen sollte. Beispielsweise können nach einem Wetterwechsel im Frühling vermehrt Blattläuse auftreten, die jedoch, ohne größere Schäden zu hinterlassen, meist wieder verschwinden. Ebenso sind in vielen Gärten Ameisen beheimatet, die aber keinen nennenswerten Schaden anrichten. Lediglich bei extremem Befall und einem zu erwartenden Ernteausfall sollte auf eine möglichst nachhaltige Weise eingegriffen werden.

Als vorbeugende Abwehr gegen viele Gemüseschädlinge hat sich der Einsatz von Kulturschutznetzen bewährt, die nach der Pflanzung über die Pflanzen gespannt werden. Schädlinge wie Kohl- und Möhrenfliege, Lauchminierfliege oder Weiße Fliege können so ihre Eier nicht auf den Gemüsepflanzen ablegen. Bei akutem Befall eignen sich diverse Spritzungen mit biologisch abbaubaren und nützlingsverträglichen Mitteln.

Viele Gärtner*innen haben allerdings mittlerweile insofern mit den Fressfeinden Frieden geschlossen, indem sie ihnen einen Teil der Ernte zugestehen. Wird entsprechend großzügig angebaut, kann genug geerntet werden, ohne dass der Verlust der einen oder anderen Salat- oder Kohlrabipflanze wirklich ins Gewicht fällt.

Blattläuse und Mottenschildläuse

Blattläuse und Schildläuse gehören zu den Pflanzenläusen. Pflanzenläuse ernähren sich von Pflanzensaft, den sie mit ihrem Mundstachel aus den Pflanzen saugen. Im Gemüsegarten treten beispielsweise die Schwarze Bohnenlaus, die Mehlige Kohlblattlaus und als Vertreterin der Mottenschildlaus die Weiße Fliege auf. Letztere ist ein ernstzunehmender Schädling, der vor allem Kohlpflanzen extrem schädigen kann.

Vorbeugende Maßnahmen

- Nützlinge wie Florfliegen, Schwebfliegen, Marienkäfer und Raubwanzen fördern. Florfliegen-, Marienkäfer- und Schwebfliegenlarven ernähren sich hauptsächlich von Pflanzenläusen, Raubwanzen und Florfliegenlarven u. a. von Weißer Fliege.
- Ablenkungspflanzen wie Kapuzinerkresse in Mischkultur pflanzen.
- Kulturschutznetze einsetzen.

Akute Maßnahmen bei Befall

- Läuse mit einem scharfen Wasserstrahl abspritzen.
- Läuse mit der Hand abstreifen.
- Spritzungen mit in Wasser aufgelöster biologisch abbaubarer Schmierseife oder gärender Brennnesseljauche (siehe S. 62)

Spinnmilben

Spinnmilben stechen das Pflanzengewebe an, worauf das Laub vergilbt und vertrocknet. Gleichzeitig werden die Pflanzen häufig auch von einem feinen, weißen Gespinst umhüllt. Im Gemüseanbau treten Spinnmilben meist im Gewächshaus auf und richten dort bei trockenem, heißem Wetter den größten Schaden an.

Vorbeugende Maßnahmen

- Für gute Bewässerung und Luftfeuchtigkeit sorgen.
- Boden mulchen, um die Vermehrung einzudämmen.
- Mischkulturen mit Knoblauch und anderen Zwiebelgewächsen sowie stark duftenden Pflanzen wie Gewürztagetes oder Duftgeranien.
- Nützlinge wie Raubmilben fördern.

Akute Maßnahmen bei Befall

- Befallene Pflanzen mit Wasser abbrausen.
- Erste befallene Pflanzenteile entfernen.
- Raubmilben als Nützling einsetzen.

Gemüsefliegen

Möhren-, Kohl- oder Lauchminierfliegen können große Schäden an Gemüsekulturen anrichten. Die erwachsenen Tiere legen ihre Eier auf die Pflanzen, und die sich daraus entwickelnden Larven fressen Gänge in die Wurzeln bzw. Lauchstangen. Bei einem Kohlfliegenbefall welken die Pflanzen und sterben ab.

Vorbeugende Maßnahmen

- Kulturschutznetze einsetzen.
- Pflanzung in Mischkultur z. B. mit Tomaten, Tomatengeiztriebe auf die zu schützenden Pflanzen legen.
- Bei Lauch befallene Pflanzen entfernen bzw. regelmäßig abschneiden.

Dicke Bohne mit Blattlausbefall

Spinnmilben erkennt man am feinen Gespinst. Die „richtige" Spinne unter dem Blatt hat sich gleich mit eingerichtet.

Akute Maßnahmen bei Befall

- So gut wie unmöglich

Gemüseeulenraupen

Die Raupen der Gemüseeule, einem nachtaktiven Falter, befallen u. a. Gemüsepflanzen wie Kohl, Tomate, Erbse, Salat und Paprika. Bereits an unreifen Tomaten- und Paprikafrüchten können die Raupen erhebliche Fraßschäden anrichten. Andere Eulenfalterraupen fressen die Wurzeln beispielsweise von Kohlpflanzen an, die in der Folge verwelken und absterben.

Vorbeugende Maßnahmen

- Die Raupen gehen auch auf verschiedene andere Pflanzen wie Brennnesseln, Ampfer, Löwenzahn oder Wegerich und können auf diese ausweichen, soweit sie ausreichend vorhanden sind.
- Nützlinge wie Raubwanzen oder Vögel, die die Raupen fressen, fördern.
- Nützlinge wie Fledermäuse, die die Falter fressen, fördern.
- Die überwinternden braunen Raupen bei der Bodenvorbereitung entfernen.

Akute Maßnahmen bei Befall

- Raupen absammeln.
- Welke Pflanzen aus der Erde nehmen und die Raupen entfernen.
- Spritzungen mit verdünntem Neem-Öl
- Im Gewächshaus Einsatz von speziellen Pheromonfallen

Kohlweißling

Die Schmetterlinge des Großen und des Kleinen Kohlweißlings legen ihre Eier an die Unterseite von Kohlblättern ab. Die Raupen können bei hoher Population junge Kohlpflanzen bis auf die Blattadern abfressen und ganze Kohlköpfe extrem schädigen.

Vorbeugende Maßnahmen

- Nützlinge wie Schlupfwespen, Laufkäfer, Vögel und Spinnen fördern.
- Kohl vereinzelt in andere Kulturen pflanzen, um dem Falter das Auffinden zu erschweren.
- Pflanzung in Mischkultur mit Tomaten bzw. Tomatengeiztriebe auf die zu schützenden Pflanzen legen.
- Kulturschutznetze einsetzen.

Akute Maßnahmen bei Befall

- Pflanzen regelmäßig auf Eier oder junge Raupen untersuchen und diese entfernen.

Nematoden, Fadenwürmer

Nematoden sind kleine Würmer, auch Älchen genannt, die nur unter dem Mikroskop zu erkennen sind. Verschiedene Arten sind pflanzenschädigend. Sie ernähren sich von Wurzeln, Blättern, Stängeln und legen ihre Eier im pflanzlichen Gewebe ab. Dadurch entstehen Wurzelschäden, kleine Knoten oder Verdrehungen an Pflanzenteilen, was die Pflanzen verkümmern lässt.

Vorbeugende Maßnahmen

- Bodengesundheit fördern.
- Mulchen fördert die Vermehrung von Pilzen und Bakterien, die sich von Nematoden ernähren.
- Mischkultur mit Ringelblumen und Tagetes.
- Anbaupausen von mindestens vier Jahren bei befallenen Kulturen einhalten.

Akute Maßnahmen bei Befall

- Befallene Pflanzen entfernen.
- Anbaupause mit Bodenkur aus Tagetes und Ringelblumen

Nacktschnecken, wie diese Wegschnecke, sind für viele Gärter*innen ein täglicher Kampf.

Karoffelkäfer und die abgebildeten Larven können in kurzer Zeit ganze Beete kahlfressen.

Erdflöhe

Erdflöhe sind kleine, dunkle, springende Käfer, die bei Radieschen, Rüben, Rucola und anderen Kohlgewächsen kleine, kreisrunde Löcher in die Blätter fressen. Bei einem starken Befall können die Blätter wie perforiert aussehen. Trockenheit fördert den Befall mit Erdflöhen.

Vorbeugende Maßnahmen

- Mulchen und Boden feucht halten.
- Kulturen mit Gesteinsmehl oder Algenkalk bestäuben.
- Junge Pflanzen mit Gartenvlies oder Kulturschutznetzen schützen.
- Pflanzung in Mischkultur z. B. mit Salat, Spinat oder Buschbohnen.

Akute Maßnahmen bei Befall

- Mulchen und Boden feucht halten.
- Kulturen mit Gesteinsmehl oder Algenkalk bestäuben.
- Mit Holunderjauche gießen.

Kartoffelkäfer

Der Kartoffelkäfer ist vorrangig an Kartoffeln anzutreffen, geht jedoch auch an andere Nachtschattengewächse wie beispielsweise Auberginen. Bei einer hohen Population kann der Kartoffelkäfer durch Blattfraß große Schäden anrichten.

Vorbeugende Maßnahmen

- Unbedingt Fruchtfolge einhalten und Nachtschattengewächse nicht zusammenpflanzen.
- Mischkultur beispielsweise mit Puffbohne und Koriander
- Wilde Wirtspflanzen wie den Bittersüßen Nachtschatten entfernen.

Akute Maßnahmen bei Befall

- Larven und Käfer absammeln, dabei die Larven nicht mit denen des blattlausverzehrenden Marienkäfers verwechseln.

Schnecken

Nacktschnecken wie die Rote und Braune Wegschnecke oder die Genetzte Ackerschnecke sind in fast jedem Garten ein Problem und haben so manchem schon die Freude am Gärtnern verleidet. Dennoch können Maßnahmen wie Zerschneiden, Einsalzen oder Vergiften dieser Tiere nicht die Lösung sein.

Vorbeugende Maßnahmen

- Natürliche Fressfeinde wie Lauf- und Moderkäfer, Vögel wie Drosseln oder Elstern, Glühwürmchen, Igel und Amphibien fördern. Hausgeflügel halten.
- Schnecken wie Weinbergschnecken schützen, sie fressen die Eier der Nacktschnecken.
- Nicht abends oder weitflächig gießen.
- Angrenzende Randbereiche mähen bzw. kurz halten, und gleichzeitig abseits Bereiche stehen lassen, die als Unterschlupf und Fressplatz dienen können. Gegebenenfalls können dort auch Gemüsereste ausgebracht werden, die als Ablenkung dienen.
- Trockene Zonen zwischen Gemüsebeeten und Randbereichen einhalten.
- Schneckenzäune und andere Barrieren einrichten.
- Keine Mauern z. B. aus Dachziegeln oder Tuffsteinen im Gemüsegarten errichten, wo Schnecken einen guten Unterschlupf finden.

Akute Maßnahmen bei Befall

- Fallen stellen in Form von Holzbrettern, dickem Karton oder umgedrehten Fruchthälften. Die Schnecken verstecken sich darunter und können regelmäßig abgesammelt werden.
- Schnecken morgens und abends vor allem bei feuchtem Wetter absammeln.

Wühlmause

Vor allem in ländlichen Gärten sind Wühlmäuse häufig und können auch ganze Gemüsepflanzen in ihre Gänge ziehen oder Sellerie und Kürbisse von unten komplett aushöhlen. Im Handel angebotene Wühlmausscheuchen erfüllen selten ihren Zweck und stören durch Vibrationen das gesamte Bodenleben.

Vorbeugende Maßnahmen

- Die natürlichen Fressfeinde fördern. Dies sind Mauswiesel, die in Totholzhaufen Unterschlupf finden, oder Eulen (vor allem Schleiereulen) und Raubvögel, für die man Nistkästen und Sitzstangen anbieten kann. Wühlmäuse sind außerdem das wichtigste Beutetier von Füchsen.
- Bereiche um die Gemüsebeete mähen.
- Wurzelgemüse gegebenenfalls in Hochbeeten mit Wühlmausgitter anbauen.
- Abseits vom Gemüsegarten Topinambur als Ablenkungspflanze anbauen.

Akute Maßnahmen bei Befall

- Lebendfallen aufstellen und gefangene Tiere abgelegen wieder freilassen.
- Gänge und Haufen aufhacken, Holunderjauche in Gänge gießen, gestörte Tiere verlassen den Garten.

Mulch und Schnecken

Viele Gartenbesitzer*innen mulchen nicht, da sie befürchten, Schnecken einen Unterschlupf zu bieten bzw. noch mehr Schnecken in den Garten zu locken. Erfahrungsgemäß treten auf gemulchten Flächen nicht mehr Schnecken auf. Auf ungemulchten Beeten ziehen sich die Tiere in Bodenrisse oder Randbereiche zurück und sind nicht mehr zu finden. Bei einer Mulchschicht siedeln sich unter dieser auch Fressfeinde der Schnecken wie Laufkäfer an, und Amseln suchen im Mulch nach Nahrung. Schnecken, die sich im Mulch verstecken, werden also leichter zu einer Mahlzeit. Ebenso konnte beobachtet werden, dass Schnecken den Mulch als Nahrung annehmen und die Pflänzchen im Beet weniger gefährdet sind als in offenem Boden. Sinnvoll ist es, Grasschnitt vor dem Mulchen antrocknen zu lassen. Feuchter, verdichteter Grasschnitt fault, was dann tatsächlich Schnecken anziehen kann.

PFLANZENKRANKHEITEN VORBEUGEN UND ERKENNEN

Pflanzen können ebenso krank werden wie Tiere oder wir Menschen. Auch bei Pflanzenkrankheiten sind dabei Bakterien, Viren und Pilze im Spiel. Und so wie beim Menschen ein stabiles Immunsystem ausschlaggebend dafür ist, ob er krank wird oder nicht, beeinflussen auch bei Pflanzen verschiedene Bedingungen die Anfälligkeit bzw. Widerstandsfähigkeit.

Gesunde Pflanzen auf einem gesunden Boden

Die wichtigste Rolle spielt dabei der Boden. Viele Pflanzenkrankheiten entstehen hauptsächlich durch unangemessene Anbaubedingungen und ein Ungleichgewicht an Nährstoffen im Boden. Für einen gesunden Boden sind viele Faktoren verantwortlich (siehe ab S. 10), und eine einseitige Düngung kann ein Nährstoffungleichgewicht verschärfen. Außerdem begünstigen fehlende Spurenelemente verschiedene Pflanzenkrankheiten oder können sie sogar verursachen. Spurenelemente wie Bor, Eisen, Kupfer, Mangan, Schwefel, Selen, Silizium oder Zink sind im Boden nur in geringen Mengen enthalten. Dennoch sind sie ausschlaggebend beispielsweise für eine funktionierende Fotosynthese. In der Regel enthält Kompost, der aus unterschiedlichem organischen Material hergestellt wurde, alle für die Pflanzen wichtigen Spurenelemente. Zusätzlich können sie dem Boden in angemessener Dosierung beispielsweise durch Basaltmehl zugeführt werden. Sie sind auch in Algenkalk und Algenmehl enthalten.

Bei Pflanzen wie Tomaten, die für bestimmte Krankheiten anfällig sind, ist eine passende Sortenwahl besonders wichtig.

Überdüngung vermeiden

Wie bei einem Befall mit Schädlingen beeinflussen auch bei Krankheiten Standort, Wärme- und Lichtangebot, Mischkultur und Pflanzenauswahl die Widerstandsfähigkeit der Gewächse. Besonders wichtig ist außerdem, Pflanzen nicht zu überdüngen. Das Gewebe einer mastigen, mit Stickstoff überversorgten Pflanze ist wesentlich anfälliger für das Eindringen von Pilzen und anderen Erregern. Ebenso kann eine Überdüngung mit Phosphor den Stoffwechsel der Pflanzen beeinträchtigen, sodass sie bestimmte Spurenelemente nicht mehr aufnehmen können.

Fruchtfolgeregeln beachten

Als Vorbeugung und besonders nach dem Auftreten von bestimmten Krankheiten ist eine weite Fruchtfolge unbedingt zu beachten, da viele Krankheitserreger im Boden überdauern.

Vorbeugen und Pflanzen stärken

Vorbeugen ist immer die bessere Variante gegenüber der Behandlung bereits aufgetretener Krankheiten. Vorbeugung bedeutet dabei vorrangig eine Stärkung der Kulturpflanzen, um ihre Widerstandsfähigkeit zu erhöhen. Der Garten liefert uns dabei viele Kräuter, Blumen und Gemüsepflanzen zur Herstellung natürlicher Pflanzenstärkungsmittel in Form von Jauchen, Auszügen und Tee (Herstellung und Rezepte siehe S. 62).

Als sehr erfolgreich erwiesen hat sich außerdem die homöopathische Pflanzenpflege. Homöopathie kann Pflanzen stärken und vitalisieren sowie schädliche Einflüsse minimieren. Hierfür gibt es im Handel fertige Präparate in homöopathisch-dynamisierter Form, die u.a. auch Mineralien und Spurenelemente enthalten. Ebenso kann die klassische Homöopathie mit der Verabreichung von Einzelmitteln zur Vorbeugung oder zur konkreten Behandlung von Schadbildern eingesetzt werden. Für die richtige Auswahl der Mittel empfiehlt sich die Anschaffung einschlägiger Literatur (siehe Anhang).

Nicht immer sind Pilzkrankheiten wie dieser Falsche Mehltau an Gurken gleich als solche erkennbar.

PILZE, VIREN UND BAKTERIEN

Die meisten Pflanzenkrankheiten im Gemüsegarten entstehen aufgrund von **Pilzen**, die ins Pflanzengewebe eindringen und die Pflanzen schädigen. Abhängig vom Pilz, von der Witterung und anderen Umgebungsparametern kann ein Befall in kurzer Zeit zu Totalausfällen führen. Bestes Beispiel hierfür ist die Braunfäule an Tomaten. Durch Feuchtigkeit und hohe Temperaturen vermehrt sich der Pilz in einer Geschwindigkeit, dass innerhalb von Tagen ganze Tomatenbestände befallen und braun werden. Ähnlich schnell können sich auch Mehltaupilze vermehren. Sind die Pflanzen einmal befallen, ist es meist zu spät. Abhängig von der Pilzart kann durch Wetteränderung oder Eingriffe lediglich die Entwicklung der Pilze verlangsamt werden oder vorübergehend zum Stillstand kommen. Ein Befall kann durch vorbeugende Maßnahmen und Bodenbehandlung jedoch hinausgezögert werden oder gar nicht bzw. nur in geringem Ausmaß auftreten. Wissenswert ist dabei, dass sich die Pilzsporen zwar im Boden halten können, sich jedoch über die Luft verbreiten, sodass Braunfäule oder Mehltau auch in neu angelegten Gärten auftreten, in denen vorher kein entsprechendes Gemüse angebaut wurde.

Viruserkrankungen zeigen sich oft durch hellere Blattflecken und -verfärbungen.

Viren dringen über Wunden ins Zellgewebe der Pflanzen ein. Sie werden über Läuse, Milben und andere Insekten übertragen und überdauern auch in abge-

Schwarzbraune Blätter und Triebe sind ein Zeichen für den Befall mit Krautfäule.

Die Kraut- und Braunfäule befällt Tomaten und Kartoffeln.

storbenen Pflanzenteilen, im Boden und im Saatgut. Viren sind daran zu erkennen, dass befallene Blätter zunehmend eine gelbe Scheckung aufweisen, teilweise blasig werden und Früchte sich beulig oder verdreht entwickeln bzw. ebenfalls gelbe Flecken zeigen.

Im Gemüsebau treten vor allem das Gurkenmosaik- und Bohnenmosaikvirus auf. Befallene Pflanzen müssen aus dem Beet entfernt und vernichtet werden, um eine Ausbreitung des Virus zu verhindern. Kein Saatgut von befallenen Pflanzen nehmen.

Durch **Bakterien** verursachte Infektionen können in ihrem Schadbild sehr unterschiedlich ausfallen und zeigen sich oft durch wässrig-durchsichtige Blattflecken wie bei der Fettfleckenkrankheit an Bohnen oder andere Verfärbungen. Oft tritt eine sogenannte Nass- oder Weichfäule an den Pflanzen auf, bei der die unteren Bereiche des Stammes oder Stängels weich werden und faulen. Auch hier gilt es, befallene Pflanzen zu entfernen und zu vernichten.

HÄUFIGE KRANKHEITEN IM GEMÜSEGARTEN

Im Folgenden werden die am häufigsten im Gemüsegarten auftretenden Krankheiten sowie geeignete Bekämpfungsmaßnahmen dargestellt, wobei leider oft nur eine Vorbeugung hilft. Virosen und Bakterieninfektionen sind zudem für den Laien häufig schwer zu bestimmen, sodass das Augenmerk auf einen gesunden Boden und Maßnahmen zur Pflanzenstärkung gerichtet werden sollte.

Braunfäule, Kraut- und Knollenfäule

Die Braunfäule oder auch Kraut- und Knollenfäule tritt an Nachtschattengewächsen, vorrangig Kartoffeln und Tomaten, auf. Feuchte Witterungsverhältnisse und starke Taubildung begünstigen die Ausbreitung des Pilzes (siehe auch unter Tomaten, S. 103 ff.). Ein Anbau unter einem Regenschutz, im Folientunnel oder Gewächshaus ist ratsam.

Vorbeugende Maßnahmen

- Widerstandsfähige Sorten pflanzen, vor allem im Freiland.
- Luftiger Standort, weite Pflanzabstände bzw. vor Regen schützen.
- Kartoffeln und Tomaten nicht zusammen anbauen.

Akute Maßnahmen bei Befall

- Bei mäßigem Befall betroffene Blätter und Früchte entfernen.
- Bei starkem Befall grüne und unversehrte Früchte für eine Nachreife vorzeitig ernten.

Echter und Falscher Mehltau

Mehltau tritt häufig an Kürbisgewächsen wie Gurken und Zucchini auf. Der Echte Mehltau zeigt sich an der Blattoberseite und entwickelt sich vor allem bei sonnigem, trockenem Wetter stark. Der Falsche Mehltau dagegen setzt sich an der Blattunterseite fest, wobei an der Oberseite gelbe Flecken sichtbar werden. Feuchtigkeit unterstützt die Ausbreitung dieses Pilzes.

Echter Mehltau an Gurken. Typisch sind die hellen, gräulich-weißen Beläge auf der Blattoberseite.

Vorbeugende Maßnahmen

- Widerstandsfähige Sorten pflanzen.
- Gewächshausgurken ausreichend feucht halten.
- Luftiger Standort

Akute Maßnahmen bei Befall

- Bei mäßigem Befall betroffene Blätter entfernen.
- Alle zwei bis drei Tage mit Wasser im Verhältnis 10 : 1 verdünnte Milch spritzen.

Möhrenschwärze und Schwarzfäule

Die Möhrenschwärze wird vor allem am Laub sichtbar. Bei extremem Befall kann der Pilz das gesamte Laub schwarz färben. Die Möhren bekommen oberflächliche, schwarze Flecken und teilweise bildet sich Schorf. Die Schwarzfäule zeigt ein ähnliches Schadbild, wobei die Wurzeln stärker geschädigt sind und sich die Krankheit auch im Lager weiter ausbreiten kann. Andere Schwärzekrankheiten treten beispielsweise auch bei Rettich und Radieschen auf.

Möhrenschwärze wird von einem Bakterium verursacht und kann in kurzer Zeit die Pflanze, hier ein Sellerie, zum Absterben bringen.

Wurzelverdickungen, wie an dieser Blumenkohljungpflanze, sind ein Symptom der Kohlhernie.

Septoria-Blattflecken an Sellerie.

Vorbeugende Maßnahmen

- Staunässe vermeiden.
- Widerstandsfähige Sorten pflanzen.
- Gesundes Saatgut verwenden.
- Luftiger Standort, weite Reihensaat, nicht zu eng.
- Fruchtfolge beachten (bei Schwarzfäule 8 Jahre).
- Räumlicher Abstand von verschiedenen Möhrenkulturen wie Früh- und Lagermöhren

Akute Maßnahmen bei Befall

- Befallene Pflanzen entfernen.
- Kein Saatgut befallener Pflanzen nehmen.

Kohlhernie

Kohlhernie wird von einem Schleimpilz verursacht, der über die Wurzeln in die Pflanzen eindringt. Sie tritt an Kohl und Rettich auf. Begünstigt wird ein Befall von hohen Temperaturen und gleichzeitiger hoher Bodenfeuchte. Die Pflanzen welken und sterben bei starkem Frühbefall ab. An den Wurzeln finden sich Verdickungen oder knötchenartige Wucherungen.

Vorbeugende Maßnahmen

- Widerstandsfähige Sorten pflanzen.
- Staunässe und verdichtete Böden vermeiden.
- Fruchtfolge beachten (mindestens 8 Jahre).
- Räumlichen Abstand im Anbau zu anderen Kohlgewächsen halten.

Akute Maßnahmen bei Befall

- Befallenen Pflanzen entfernen und vernichten.

Septoria

Septoria ist eine Pilzkrankheit, die an Sellerie und Petersilie auftritt, vor allem bei feuchter, kühler Witterung. Der Pilz kann im Boden überdauern und wird außerdem über das Saatgut übertragen.

Vorbeugende Maßnahmen

- Widerstandsfähige Sorten pflanzen.
- Gesundes Saatgut verwenden.
- Luftiger Standort, am besten nur morgens gießen.

- Fruchtfolgeregeln beachten und die Kulturen in großem Abstand zu befallenen Beeten halten.

Akute Maßnahmen bei Befall

- Bei mäßigem Befall betroffene Blätter entfernen.
- Stark befallene Pflanzen entfernen und entsorgen.

Mosaikvirus

Mosaikviren treten an verschiedenen Gemüsearten auf. Dazu gehören das Gewöhnliche Bohnenmosaikvirus, das Gelbmosaikvirus der Gartenbohne bzw. der Zucchini, das Tabakmosaikvirus, das auch Tomaten befällt, sowie das Gurkenmosaikvirus.

Vorbeugende Maßnahmen

- Da die Viren über Blattläuse übertragen werden: Schädlingskontrolle, Förderung von Nützlingen.
- Gesundes Saatgut verwenden.
- Widerstandsfähige Sorten pflanzen.
- Verdächtige Jungpflanzen entfernen.
- Luftiger Standort

Akute Maßnahmen bei Befall

- Befallende Pflanzen entfernen und vernichten.
- Kein Saatgut von befallenen Pflanzen nehmen.

Fettfleckenkrankheit

Erkrankung an Bohnen, die durch Bakterien verursacht wird. Es bilden sich auf Blättern und Hülsen glasige und erst rundliche Stellen, die bei starkem Befall großflächig zusammenfließen. An infizierten Bohnenkernen treten gräuliche, eingesunkene Flecken auf.

Vorbeugende Maßnahmen

- Widerstandsfähige Sorten pflanzen.
- Gesundes Saatgut verwenden.
- Luftiger Standort

Akute Maßnahmen bei Befall:

- Verdächtige und befallene Pflanzen mit den umstehenden entfernen.
- Keine Samen von befallenen Pflanzen nehmen.

Tomatenblatt mit typischen Symptomen eines Befalls mit dem Tabakmosaikvirus.

Bohnen mit Fettfleckenkrankheit.

Grüne Ernte rund ums Jahr

Die Auswahl der passenden Gemüse in Kombination mit einigen Hilfsmitteln zur Verlängerung der Saison ermöglicht eine ganzjährige Versorgung aus dem Gemüsegarten. Spezielle Gemüse können sogar in der kalten Jahreszeit frisch geerntet werden.

SAISONALE UND REGIONALE ERNÄHRUNG

Voraussetzung für eine ganzjährige Versorgung aus dem Garten ist die Rückkehr zu einer saisonalen Ernährung entsprechend der Region, in der wir leben. Dies bedeutet, Lebensmittel zu konsumieren, die im Wechsel der Jahreszeiten in unseren Breiten angebaut und möglichst ohne zusätzlichen Energieaufwand gedeihen oder gelagert werden können.
Die Realität in unseren Lebensmittelmärkten sieht dabei jedoch ganz anders aus. Ein ganzjähriges Angebot an wärmeliebenden Arten beherrscht die Gemüseabteilungen. Ein Großteil dieser Gemüse stammt nicht aus Deutschland und zudem oft aus energieintensivem Gewächshausanbau. Importware macht derzeit etwa zwei Drittel des in Deutschland konsumierten Gemüses aus, und dies mit steigender Tendenz.

Möglicherweise liegt der Trend zur ganzjährigen Tomate und Gurke u. a. auch daran, dass saisonale und regionale Ernährung als Einschränkung empfunden wird. Tatsächlich unterliegt eine solche Ernährung gewissen Beschränkungen, doch bedeutet sie keinesfalls einen Verzicht auf Vielfalt. Ganz im Gegenteil sogar: Wer isst, was seiner Region jahreszeitlich entspricht, wird sich über das Jahr gesehen vielfältiger ernähren als mit einem ganzjährig einheitlichen Importangebot.

Die Lust am Saisongemüse

Gleichzeitig fördert ein Konsum von regional-saisonalem Gemüse die Freude auf die verschiedenen Jahreszeiten mit ihrem wechselnden Angebot. Bestes Beispiel ist

Inspiration aus der Vergangenheit

Ein grandioses Beispiel für eine nachhaltige regionale Versorgung mit Gemüse sind die Pariser Gemüsegärten. Vor über 150 Jahren wurde rund um Paris für die ganzjährige Versorgung der Stadt Gemüse angebaut. Durch die Nutzung des von städtischen Transportfahrzeugen anfallenden Pferdemists wurde nicht nur die Fruchtbarkeit der Anbauflächen sichergestellt, sondern auch eine immense Wärmewirkung erzielt. In Kombination mit einem geschützten Anbau unter Glasglocken und in Frühbeeten ermöglichte dies die Ernte von Salat im Januar und Gurken im Mai. Ihre Hochzeit hatten die Pariser Gemüsegärten in den Jahren zwischen 1850 und 1900. In der Folgezeit wurden sie nach und nach von der wachsenden Großstadt verdrängt. Dennoch sind sie bis heute ein Beispiel für eine vorbildliche regionale Versorgung und eine nachhaltige Wirtschaftsweise. Auch wenn sich die Pariser Gärten als besonders beispielhaft darstellen, wurde ebenso in königlichen Gärten, Klöstern und kleinbäuerlichen Selbstversorgungsbetrieben mit ähnlichen Mitteln die Versorgung mit Frischgemüse über das Jahr sichergestellt.

hierfür der Spargel. Es ist noch nicht gelungen, Spargel das ganze Jahr über gleichmäßig zu produzieren, und die Spargelzeit ist jährlich ein Genusshöhepunkt in vielen Küchen. Warum also nicht auch andere Gemüsearten als saisonales Highlight erleben?

Saison und Region haben Tradition

Ein Blick in die Vergangenheit zeigt, dass Saison und Region allerorts gelebt wurden. Das Wissen über den Anbau von Wintergemüsen war ebenso lebenswichtig wie das über Konservierungsmethoden und die sachgemäße Lagerung von Obst und Gemüse. Auch verfügten unsere Vorfahren bereits über Methoden der Saisonverlängerung, beispielsweise das Anlegen von Früh- und Mistbeeten mit der Nutzung der damit verbundenen Wärmewirkung.

Eine Abdeckung mit Vlies oder wie hier mit Lochfolie schützt die Gemüsekulturen vor Frösten.

VERLÄNGERUNG DER ERNTESAISON

Aufgrund der klimatischen Verhältnisse in unseren Breiten, die uns oft früh im Herbst schon niedrige Temperaturen oder im Frühling noch späte Fröste bescheren, müssen für eine Ernte in der kühleren Jahreszeit Vorkehrungen für eine Verlängerung der Saison getroffen werden. Dies kann bereits mit einfachen Hilfsmitteln wie Gartenvliesen geschehen oder auf effektivere Weise durch Frühbeete oder Kaltgewächshäuser. Durchschnittlich ist eine Verlängerung der Erntesaison von etwa vier bis sechs Wochen im Herbst und zwei bis vier Wochen im Frühling möglich. In milden Wintern besteht sogar die Möglichkeit einer durchgängigen Ernte von winterharten Gemüsen.

Saisonverlängernde Maßnahmen

- Abdeckung von Herbstkulturen zum Schutz vor ersten Frösten mit **Gartenvlies** bzw. **Lochfolie**. Beides kann einzeln verwendet werden oder auch in Kombination. Zusammen verwendet sorgt das Gartenvlies als untere Schicht für eine Wärmespeicherung, während die Lochfolie zusätzlich vor zu viel Nässe schützt. Das doppelte Ausbringen von Vlies und Folie fördert zudem die Wärmeentwicklung.

Ein Folientunnel kann im Sommer für Gurken und Tomaten, im Winter für Salat und Überwinterungskulturen genutzt werden.

- In gleicher Weise können im Frühling erste Saaten vor Spätfrösten geschützt werden. Durch die erhöhte Temperatur unter Vlies und Folie werden Keimung und Jugendwachstum beschleunigt. Ein kleiner **Folientunnel** mit Drahtbügeln kann zu diesem Zweck ebenfalls zum Einsatz kommen.

- Anbau von Herbst- und Frühlingskulturen im **Frühbeet**. Hier unterstützen der geschlossene Kasten und die Abdeckungen mit Glas oder Hohlkammerplatten die Wärmespeicherung. Die Kulturen sind zudem vor Wind geschützt, was sich auch für wärmebedürftige Gemüse für den Sommeranbau nutzen lässt. Für Hochbeete sind Frühbeetaufsätze im Handel erhältlich oder lassen sich selbst bauen.

- Eine zusätzliche Temperaturerhöhung kann durch das Einbringen von Mist in ein Frühbeet erzielt werden. Für ein **Mistbeet** wird die obere Erdschicht etwa 30 cm abgehoben, frischer Pferdemist eingebracht und mit grobem Material wie Laub oder Stroh abgedeckt. Darüber wird die Erde wieder ausgebracht und mit reifem Kompost ergänzt. Durch den einsetzenden Verrottungsprozess entwickelt sich Wärme, und so wirkt der Pferdemist wie eine Fußbodenheizung. Frühe Kulturen wie Salat oder Kohlrabi profitieren davon enorm. Durch die Abdeckung des Frühbeets bleibt die Wärme im Beet erhalten. Nach Anlage des Mistbeets sollte man bis zur Pflanzung etwa zwei Wochen warten und das Mistbeet zwischendurch lüften.

- Größere **Folienhäuser**, **Tunnel** oder **Kaltgewächshäuser** bieten die besten Voraussetzungen für den Wintergemüseanbau und eine Ernte in der kühlen Jahreszeit. Je größer die geschützte Fläche, umso besser kann die Wärme im Haus oder Tunnel gehalten werden. Da Folien- und Gewächshäuser meist bis in den Herbst hinein mit Tomaten, Paprika und Co. besetzt sind, kann Überwinterungsgemüse auch vorgezogen und gegebenenfalls zwischengetopft werden, bis Platz für die Winterkulturen frei wird.

Kleingewächshaus, hier mit Gurken bepflanzt.

- Um im Winter das zur Verfügung stehende Licht und die Sonneneinstrahlung bestmöglich zu nutzen, ist ein **vollsonniger Standort** der Beete und Folienhäuser notwendig. An warmen Tagen muss regelmäßig gelüftet werden, damit Kondenswasser abziehen kann und es nicht zu Grauschimmel oder anderem Pilzbefall kommt. Gegossen werden muss in der Regel nur sehr mäßig, abhängig von der Witterung kann sogar darauf verzichtet werden. Im Zweifelsfall hilft die Fingerprobe: Solange der Boden sich in einer Tiefe von einigen Zentimetern noch feucht anfühlt, wird nicht gegossen. Wird gegossen, ist es wichtig, die Pflanzen nicht zu benetzen, denn Wasser trocknet in dieser Jahreszeit auf den Pflanzen nur schlecht ab und kann zu Fäulnis führen.

PFLANZENAUSWAHL

Neben Vorkehrungen, um die vorhandene Wärme in der kalten Jahreszeit bestmöglich zu nutzen, ist die passende Arten- und Sortenauswahl ausschlaggebend. Dabei finden sich unter den alten Gemüsearten viele

Langtag- und Kurztagpflanzen

Für die Ernte im Herbst und Winter sowie für den Überwinterungsanbau spielen sogenannte **Langtagpflanzen** eine große Rolle. Dies sind Pflanzen, die erst eine Blüte entwickeln, wenn sie in der Hauptwachstumsperiode einer Tageslichtdauer von mehr als zwölf Stunden ausgesetzt sind. Gemüse wie Spinat, Chinakohl, Asia-Senf und Gartenrauke werden daher entweder sehr früh im Jahr gesät oder erst in der zweiten Jahreshälfte ab Mitte Juli, wenn die Tageslänge wieder abnimmt. Somit wird die gewünschte Blattbildung erreicht, ohne dass die Pflanzen vorzeitig in Blüte gehen. Auch für den Anbau von Baby Leaf für einen mehrmaligen Schnitt in der kalten Jahreszeit ist dies ausschlaggebend. Überwinterte Langtagpflanzen blühen im Frühling mit den länger werdenden Tagen.

Als **Kurztagpflanzen** werden dagegen Pflanzen bezeichnet, die nur blühen, wenn die Lichtdauer gegenüber der Dunkelphase relativ kurz ist. Dies betrifft beispielsweise Gemüsepflanzen wie manche Paprikasorten, die aus dem Raum um den Äquator stammen, an unsere wechselnden Lichtverhältnisse nicht angepasst sind und erst Blüten entwickeln, wenn die Tageslänge wieder deutlich abnimmt.

Vertreter, die über eine gute Frosthärte für eine lange Erntesaison verfügen oder für einen Überwinterungsanbau geeignet sind.

In der Zeit vor dem Anbau in beheizten Gewächshäusern und den Gemüseimporten stellte der Überwinterungsanbau von Gemüse eine wichtige Versorgungsquelle dar. Überwinterungsgemüse wurde entweder im Laufe des Sommers für eine Ernte im Herbst und Winter oder erst im Herbst für eine vorgezogene Ernte im Frühling gesät. Heutzutage ist vor allem der Überwinterungsanbau für die Frühlingsernte aus der Mode gekommen. Doch auch frostharte Gemüse, die über Winter geerntet werden, sind immer seltener im Anbau zu finden. Neben Lagergemüse sind jedoch solche Wintergemüse für die Selbstversorgung aus dem eigenen Garten in der kalten Jahreszeit eine willkommene Ergänzung.

Gemüse für die kalte Jahreszeit

Während wärmeliebenden Gemüsen wie Tomaten, Paprika und Zucchini im Herbst einfach Grenzen gesetzt sind, bieten uns zahlreiche Salate, Wurzel- und Blattgemüse sowie allen voran viele Vertreter der Kohlfamilie ein vielfältiges Angebot an Wintergemüse.

Sortenempfehlungen für die Winterernte und den Überwinterungsanbau sind bei den Gemüseporträts ab S. 90 zu finden.

- **Für die Ernte im Spätherbst und zur Einlagerung, Ernte im Herbst vor den ersten starken Frösten:** Rote Bete, Möhren, Knollensellerie, Winterrettich, Winterrübchen, Lagerkohlrabi, Zichoriensalate, Chinakohl, Kopfkohl, Kürbis
- **Für die Frischernte in Herbst und Winter zur Ernte über den Winter, am besten an frostfreien Tagen:** Grünkohl, Palmkohl, Sibirischer Kohl, Rosenkohl, Winterwirsing, Winterrübchen, Winterlauch, Feldsalat, Möhren, Pastinaken, Winterspinat, Winterportulak, Blattsenf, Topinambur
- **Für die Ernte im Frühjahr des Folgejahres, also frost- und kältetolerante Kulturen, die als Jungpflanzen überwintern und im Frühling eine zeitige Ernte ermöglichen:** Überwinterungssalate, Winterspinat, Winterportulak, Feldsalat, Winter- und Sprossenbrokkoli, Winterblumenkohl, Stängelkohl, Blattsenf, Wintererbsen, Treibmöhren

Porträts

Mangold
Großmutters Sommerspinat

AUF EINEN BLICK

AUSSAAT UND VORANZUCHT April bis Juni	**KEIMDAUER** 10–14 Tage
KEIMTEMPERATUR 15–20 °C	**ERNTE** ab Juni

HERKUNFT UND WISSENSWERTES

Mangold (*Beta vulgaris* ssp. *vulgaris*) gehört wie Spinat und Melde zu den Gänsefußgewächsen (Chenopodiaceae), die sich gerne in den schönsten Farben zeigen. Gut an unser mitteleuropäisches Klima angepasst, war Mangold bis zu Beginn des 20. Jahrhunderts in unseren Breiten ein sehr beliebtes Gemüse, das nach und nach beinahe in Vergessenheit geraten ist.

Hier und da taucht Mangold in Bioläden und auf Wochenmärkten wieder auf. Leider halten sich viele Mangoldsorten nach der Ernte nicht lange, was für die Vermarktung problematisch ist. Für den Anbau im Garten lässt sich das mineralstoffreiche, vielseitige Gemüse jedoch neu entdecken. Ein langer Erntezeitraum bis in den Winter hinein macht Mangold außerdem zu einem interessanten Selbstversorgergemüse.

Für die Kultur lassen sich zwei Varietäten unterscheiden, wobei sich manche Sorten nicht eindeutig zuordnen lassen:

- Stielmangold mit breiten Stielen und Blattrippen und gewellten bis blasigen Blättern
- Blatt- oder Schnittmangold mit dünnen Stielen und feinerem Blatt

ANBAU

Standort

Mangold mag humosen bis lehmigen Boden mit einem guten Wasserhaltevermögen in sonniger Lage. Auf leichten Böden muss gut gegossen und das Beet mit reifem Kompost versorgt werden. Bei wuchtigen Stielmangoldsorten am besten über den Sommer ein- bis zweimal mit Brennnesseljauche nachdüngen. Dank seiner ausgeprägten Kältetoleranz gedeiht Mangold selbst in Höhenlagen gut.

Aussaat und Kultur

Gesät werden kann ab April in Aussaattabletts oder Töpfchen bzw. direkt ins Freiland. Eine frühere Aussaat im Freiland ist zu vermeiden, da vor allem bei roten Stielmangoldsorten bei niedrigen Frühlingstemperaturen Schosser auftreten können. Durch die verfrühte Blütenentwicklung, die sonst erst im zweiten Jahr eintritt, werden kaum noch Blätter gebildet.

Die Samen etwa 1 cm mit Erde bedecken und für die Keimdauer von knapp zwei Wochen gut feucht halten. Frühe Freilandsaaten mit Vlies oder Lochfolie schützen, um höhere Keimtemperaturen zu erzielen. Während Schnittmangold am besten in Reihen gesät wird, muss bei den großen Stielmangoldsorten ein Pflanzabstand von etwa 30 × 30 cm eingehalten werden. Eng gesäter

Mangold blüht im zweiten Standjahr und ist mit seinen je nach Sorte roten, gelben oder weißen Stängeln ein echter Hingucker.

Schnittmangold kann bereits sehr früh geschnitten und als zarter Buttermangold ähnlich Blattspinat verwendet werden.

Im Spätherbst können die Pflanzen mit Vlies oder Folie abgedeckt werden. Die Pflanzen treiben dann im Frühling relativ zeitig wieder aus und können erneut einige Male beerntet werden, bevor sie in Blüte gehen.

ERNTE

Mangold ist bei einer Aussaat im April etwa ab Mitte Juni bis in den Spätherbst erntefähig. Schnittmangold kann schon ab einer Höhe von 8 cm geerntet werden. Dabei werden die ganzen Pflanzen geschnitten, ohne dabei jedoch den Vegetationspunkt zu verletzen, aus dem wieder neue Blätter treiben. Bei Stielmangold hingegen werden die äußeren großen Blätter einzeln mit den Stielen abgeschnitten. Aus dem Herz der Pflanzen wachsen dann laufend neue Blätter nach.

Je nach Größe können Mangoldblätter wie Blattspinat verwendet werden, ebenso können große Blätter für gefüllte Mangoldrollen genutzt werden. Die Stiele des Stielmangolds werden separat als Gemüse oder Gemüsesalat zubereitet.

VERMEHRUNG

Allgemeines

Mangold blüht erst im zweiten Jahr. Dazu können die Pflanzen geschützt im Freiland überwintern. Meist reicht eine Abdeckung mit Vlies. Sicherheitshalber kann darunter aber noch eine Lage Stroh als Isolation ausgebracht werden. Die roten Sorten sind meist kälteempfindlicher und benötigen einen entsprechenden Schutz. Im späten Frühling erscheinen die verzweigten Blütenstände mit unscheinbaren Blüten, die einen vanilleähnlichen Duft verströmen.

Mangold ist ein Fremdbefruchter und Windbestäuber. Daher für sortenreines Saatgut nur eine Sorte auf einmal im Garten blühen lassen. Eine Verkreuzungsgefahr besteht außerdem durch alle Rote-Bete-Sorten, die mit Mangold eng verwandt sind. Etwa 30 Pflanzen sind eine gute Anzahl für einen Vermehrungsbestand. Im ersten Kulturjahr auftretende Blütenschosser sind für die Vermehrung nicht geeignet.

Samenernte

Die Samen werden über den Sommer ausgebildet. Die Pflanzen entwickeln dabei eine stattliche Größe und müssen zusammengebunden und gestützt werden. Bei Samenreife werden die Samenstände durchgängig braun, können aus dem Beet genommen und nachgetrocknet werden. Die Samen, die sich zu mehreren in Samenknäueln befinden, sitzen direkt an den Stielen und können einfach abgestreift werden. Anschließend bläst man sie aus, um unerwünschte Pflanzenteile zu entfernen. Das Saatgut ist mindestens vier Jahre keimfähig.

BUNTE MANGOLDSORTEN FÜR DEN GEMÜSEGARTEN

Mangold zeigt sich im Gemüsebeet so farbenfroh, dass er in jedem Garten eine Zierde ist. Dabei können vor allem die Stiele des imposanten Stielmangolds weiß, grün, gelb, orange, leuchtend rot oder sogar rotviolett gefärbt sein. Auch beim Schnittmangold gibt es Sorten mit unterschiedlicher Färbung von Dunkelgrün bis Gelbgrün. Er ist außerdem ein idealer Ersatz für die Sommermonate, in denen kein Spinat angebaut wird.

'White Silver' / 'Glatter Silber'

Stielmangold mit breiten, silberweißen Stielen und Blattrippen. Die Blätter sind dunkelgrün. Ertragreiche, wuchtige Sorte mit hohem Nährstoffbedarf. Die Stiele können geschnitten wie Kohlrabi gedünstet werden.

'Lucullus'

Eine Sorte mit frischgrünem Blatt, die als Blatt- und Stielmangold verwendet werden kann. Vorzüglicher Geschmack.

'Verde da taglio'

Italienischer Schnittmangold mit leuchtend grünen, glatten, zarten Blättern. Niedrige bis mittlere Wuchshöhe bei früher Ernte.

'Feurio'

Stielmangold mit leuchtend roten Stielen und Blattrippen sowie grünen Blättern. Dekorative rote Sorte mit guter Schossfestigkeit.

'Rainbow'

Bunte Stielmangoldmischung aus vier Sorten in unterschiedlichen Farbnuancen. Wüchsig und wohlschmeckend. Eine ähnliche Mischung ist 'Bright Lights'. Auch hier beeindrucken die leuchtend rot, orange, goldgelb bzw. weiß gefärbten Stiele.

Spinat und historische Spinatgemüse

Allrounder in der Küche

AUF EINEN BLICK

AUSSAAT	**KEIMDAUER**
Sortenabhängig Februar bis Anfang Mai und Mitte Juli bis September	10–14 Tage
KEIMTEMPERATUR	**ERNTE**
12–20 °C	ab 6 Wochen nach der Aussaat

HERKUNFT UND WISSENSWERTES

Der heute übliche Gartenspinat *(Spinacia oleracea)* ist in unseren Breiten nicht beheimatet. Als „Persisches Gemüse" kam der Spinat nach Mitteleuropa. Sein schnelles Wachstum und die frühe Erntezeit, wenn es noch kaum Anderes zu ernten gab, machte Spinat bereits im Mittelalter zu einem beliebten Gemüse. Bald ersetzte er die alten und einheimischen Spinatpflanzen wie die Gartenmelde *(Atriplex hortensis)* oder den Wildspinat Guter Heinrich *(Chenopodium bonus-henricus)*.

Auch andere eingeführte und beliebte Spinatgemüse wie der Spinat-Amaranth Roter Meier *(Amaranthus lividus var. rubrum)* konnten der Konkurrenz des Spinats aus Persien nicht standhalten. So verloren die alten und ehemals geschätzten Spinatgemüse nach und nach an Bedeutung und besetzten im Gemüseanbau nur noch Nischen. Der Gute Heinrich, ein Wildspinat und Kulturfolger, gedeiht immer noch gerne an Wegrändern und an Viehweiden mit stickstoffreichen, jedoch nicht künstlich gedüngten Böden.

Heute erleben die historischen Spinatgemüse in privaten Gemüsegärten eine Renaissance. Vor allem die farbenfrohen Gartenmelden erfreuen sich wieder zunehmender Beliebtheit. Und auch in der Gourmetküche werden die geschmackvollen alten Spinatgemüse wiederentdeckt. Dies zu Recht, denn die historischen Spinatpflanzen verfügen nicht nur über einen intensiveren Geschmack als die modernen Züchtungen, sondern sind auch reich an Vitaminen und Mineralstoffen.

ANBAU

Standort

Alle Spinatgemüse sollten auf einem sonnigen Beet angebaut werden. Besonders wichtig ist ein vollsonniger Standort in der kühleren Jahreshälfte für Herbst-, Winter- und Frühjahrsernten. Spinat und seine Verwandten reichern bei unzureichenden Lichtverhältnissen gerne Nitrat an, das jedoch bei genügend Sonnenlicht schnell zu Aminosäuren und Eiweiß umgebaut wird.

Auf nährstoffreichen, humosen und lehmhaltigen Böden bringen Spinatpflanzen gute Erträge. Dennoch sollte eine Überdüngung, auch hinsichtlich der Nitratanreicherung, vermieden werden. Zudem fördert eine gleichmäßige Wasserversorgung die Blattbildung. Bei Trockenheit und Wärme im Frühling gehen die Pflanzen ansonsten schnell in Blüte.

Aussaat und Kultur Gartenspinat

Spinat gehört zu den Langtagpflanzen, wodurch von Mai bis August bei hohem Tageslichtangebot eine rasche Blütenbildung bei gleichzeitig schwacher Blattentwicklung angeregt wird. Daher wird Spinat so früh wie möglich im Jahr gesät. Im sich schnell erwärmenden Hochbeet unter Vliesabdeckung sind erste Saaten bereits im Februar möglich. Ansonsten wird von März bis maximal Ende April gesät. Eine zweite Saat für die Herbsternte ist ab Mitte Juli möglich. Sortenabhängig kann außerdem bis Ende September für einen Überwinterungsanbau gesät werden. Einige raschwüchsige Spinatsorten lassen sich im geschützten Anbau, wie einem Gewächshaus, und in milden Wintern noch im selben Jahr ernten oder sorgen für eine frühe Ernte im Spätwinter.

Spinat wird nicht vorgezogen, sondern breitwürfig oder in Reihen bei einem Abstand von etwa 15 cm direkt ins Beet gesät. Während raschwüchsige Frühlingssorten für einen baldigen Schnitt nur wenige Zentimeter Abstand in der Reihe benötigen, sollten starkwüchsige Sorten im Abstand von 6 bis 7 cm gesät oder ausgedünnt werden. Als Dunkelkeimer werden Spinatsamen 1 bis 2 cm tief gesät und benötigen witterungsabhängig bis zu zwei Wochen für die Keimung. Spinat keimt zwar bereits ab 5 Grad Celsius, Temperaturen von 15 bis 20 Grad beschleunigen jedoch die Keimung. Daher empfiehlt es sich, frühe Saaten mit einem Gartenvlies abzudecken.

Aufgrund seiner kurzen Entwicklungszeit ist Spinat eine ideale Vor- oder Nachkultur. Spinat kann außerdem als Gründüngung eingesetzt werden, bevor er in Blüte geht. Nicht geerntete Blätter, Stängel und Wurzeln werden oberflächlich in den Boden eingearbeitet oder als Mulchschicht verwendet.

Aussaat und Kultur Gartenmelde

Gartenmelde kann ab April in Reihen mit Abstand von etwa 30 cm, breitwürfig oder in Gruppen zwischen anderen Kulturen direkt ins Freiland gesät werden. In trockenen Jahren gut wässern, da die Blätter sonst zäh werden. Die Gartenmelde ist hochwachsend und viele

Mit ihrem roten oder purpurfarbenen Laub ist die Melde ein Hingucker im Garten.

Der bunte Spinat-Amaranth wird aufgrund seiner Farbe auch Roter Meier genannt.

Sorten werden mit Samenstand über 2 m groß. Das gilt auch für den verwandten Riesengänsefuß oder Baumspinat. Wenn die Pflanzen für die Ernte regelmäßig beschnitten und die Triebspitzen gekappt werden, wachsen die Pflanzen niedriger und buschiger und bilden junge Blätter nach. Im Sommer geht die Melde in Blüte. Für eine laufende Ernte kann im Frühling und Frühsommer alle vier Wochen neu gesät werden.

Aussaat und Kultur Spinat-Amaranth

Amaranth zählt zu den ältesten Kulturpflanzen der Welt. Der aus Süd- und Mittelamerika stammende Spinat-Amaranth ist nicht frosthart und wird erst Anfang Mai ausgesät. Dies am besten in Reihen bei einem Reihenabstand von mindestens 20 cm und etwa 5 cm in der Reihe direkt ins Freiland. Bei guter Nährstoffversorgung können die anfänglich kleinen Pflanzen groß und üppig werden.

Aussaat und Kultur Guter Heinrich

Guter Heinrich ist in der Kultur mehrjährig und kann als Pflanze erworben oder aus Samen gezogen werden. Für die Anzucht werden einige Samen je Töpfchen gesät und leicht mit Erde bedeckt. Die Aussaat erfolgt im zeitigen Frühjahr oder ab August, da niedrige Temperaturen die Keimung auslösen. Guter Heinrich benötigt eine Keimzeit von zwei bis drei Wochen. Bei warmen Temperaturen kann sich die Keimung verzögern. Die Pflanzen bilden über die Jahre große rübenartige Wurzeln aus, die gut Wasser speichern. Selbst in Trockenperioden muss der Dorfgänsefuß daher in der Regel nicht bewässert werden.

ERNTE

Gartenspinat hat eine Kulturdauer von etwa sechs bis acht Wochen bis zur ersten Ernte, Winterkulturen benötigen witterungsabhängig länger. Früher Spinat kann bei einer Blattgröße von etwa 8 cm wie Baby Leaf geschnitten werden. Von starkwüchsigen Sorten werden einzelne Blätter oder ganze Rosetten geerntet. Solange der Vegetationspunkt der Pflanzen nicht verletzt wird, können neue Blätter nachtreiben. Dies lohnt sich vor allem im Überwinterungsanbau. So sind meist mehrere Schnitte bzw. Blatternten möglich, bevor die Pflanzen im Frühling in Blüte gehen.

Auch bei Gartenmelde und Spinat-Amaranth können bereits nach kurzer Kulturdauer die ersten Blätter geerntet werden. Lediglich der mehrjährige Gute Heinrich sollte im ersten Kulturjahr „geschont“ werden, sodass sich kräftige Pflanzen bilden können. Geerntet wird bis zur Bildung der Samenstände, wobei der Gute Heinrich im Laufe der Saison noch einmal durchtreiben kann und eine zweite Blatternte im Sommer möglich ist.

Alle Spinatpflanzen sollten rasch nach der Ernte verarbeitet werden. Kurzfristige Ernteüberschüsse können kurz blanchiert und eingefroren werden. In der Küche sind die verschiedenen Spinatpflanzen vielfältig verwendbar, sei es jung als Salatbeigabe, als Gemüse, für Füllungen oder zu Pasta und in Knödeln.

VERMEHRUNG

Allgemeine Vermehrungskriterien

Gartenspinat, Gartenmelde und einige weitere Spinatpflanzen zählen zu den Gänsefußgewächsen. Nah verwandt ist als Fuchsschwanzgewächs auch der Spinat-Amaranth. Allen ist gemeinsam, dass sie Fremd- und Windbestäuber sind. So können sich verschiedene Gartenspinatsorten oder Gartenmeldesorten untereinander verkreuzen. Daher sollte zum Erhalt der Sortenreinheit zeitgleich nur eine Spinat- oder Meldensorte im Garten vermehrt werden. Bei Spinat lassen sich jedoch zeitlich versetzt z. B. eine Überwinterungskultur und eine Frühlingsaussaat vermehren.

Bei Spinat ist zu beachten, dass er zweihäusig ist. Dies bedeutet, dass es Pflanzen mit männlichen und Pflanzen mit weiblichen Blüten gibt. Bevor die Pflanzen zur Blüte kommen, ist der Unterschied nicht ersichtlich, daher ist es wichtig, in einem großen Bestand zu vermehren, um ausreichend Samenträger zu erhalten. Ein Bestand von 50 bis 100 Pflanzen ist auch im Hausgarten gut möglich und erlaubt eine Auslese auf die kräftigsten Samenträger. Die männlichen Pflanzen werden nach der Bestäubung gelb und sterben ab und die weiblichen Pflanzen bilden die Samen aus.

Samenernte

Während die heute gängigen Spinatsorten in der Regel runde und glatte Samen aufweisen, sind viele ältere Sorten spitz- bzw. scharfsamig. Oft handelt es sich bei diesen älteren Sorten um besonders geschmackvollen Spinat. Jedoch wird die Samenernte durch die spitzen Samen erschwert und in der Züchtung und Sortenentwicklung wurden die rundsamigen Sorten bevorzugt.

Sind die Samen reif, werden auch die weiblichen Pflanzen braun und sterben ab. Die Samenernte von Gartenspinat entspricht etwa der des Mangolds (siehe S. 92). Bei der Samenernte und Reinigung scharfsamiger Spinatsorten am besten Gartenhandschuhe tragen.

Die Samen von Gartenmelde, Spinat-Amaranth und Gutem Heinrich werden in Rispenform gebildet. Auch hier werden die Samenstände bei Samenreife braun und trocken. Vor allem bei Riesengänsefuß und Spinat-Amaranth sollte das Saatgut frühzeitig geerntet werden, da es zum Ausfallen neigt. Unkontrolliertes Aussamen Tausender kleiner Samen kann zu einer regelrechten Plage im Gemüsegarten führen.

Am besten werden die geernteten Samenstände in ein altes Laken o. Ä. eingeschlagen und an einem luftigen Ort nachgetrocknet. Für die Samenernte werden die raschelnd trockenen Samenstände von den Stängeln gestreift und die Samen zwischen den Händen gerieben, um die Hüllblätter der Samen zu entfernen. Hüllblätter und andere Pflanzenteile werden vorsichtig ausgeblasen. Vor allem bei Gartenmelde lösen sich die Samen nur schwer aus den Hüllblättern. Für den Hausgebrauch können die Samen auch in den Hüllblättern bis zur erneuten Aussaat aufbewahrt werden, die Keimfähigkeit wird dadurch nicht beeinträchtigt.

Saatgut von Spinat und den historischen Spinatpflanzen ist etwa drei bis vier Jahre keimfähig. Als ausdauernde Staude kann Guter Heinrich außerdem vegetativ über Stockteilung vermehrt werden.

Herbstspinat zeichnet sich durch dunkle, dicke, beinahe schon sukkulente Blätter und dichte Blattrosetten aus.

HISTORISCHE SPINATSORTEN FÜR DEN BUNTEN GEMÜSEGARTEN

Historische Spinatpflanzen sind im Gemüsegarten nicht nur eine besondere Rarität, sondern auch äußerst dekorativ. Das Farbspektrum der Gartenmelde reicht von Tönen in Grün und Gelbgrün bis Purpurrot und Violett. Auch Spinat-Amaranth setzt mit buntblättrigen Sorten attraktive Akzente. Die großen Samenstände können auch in Blumensträußen verwendet werden.

'Matador'

Bewährte und bekannte Spinatsorte für den Frühjahrs- und Herbstanbau. Dunkelgrüne, große Blätter bei mittelschnellem Wachstum.

'Frühes Riesenblatt'

Schnellwüchsige Spinatsorte mit rundem und weichem Blatt für die allerfrüheste Aussaat ab Februar oder bereits ab Januar unter Glas. Guter und feiner Geschmack. Spitzsamig.

'Erste Ernte'

Besonders winterfeste alte Spinatsorte, die sich für den späten Herbstanbau im Freiland ebenso eignet wie für den Überwinterungsanbau und den sehr frühen Anbau in Frühbeet und Folientunnel. Sehr feiner Geschmack und zartes Blatt. Spitzsamig.

'Winterriesen', 'Verdil'

Eine starkwüchsige Spinatsorte mit großen, kräftigen Blättern bei einem zügigen Wachstum. Für den Herbst- und Überwinterungsanbau geeignet. Auf gute Nährstoffversorgung ist zu achten.

'Rote und grüne Gartenmelde'

Rote bzw. grüne Gartenmelde ist ein Sammelbegriff für rot- oder grünblättrige Sorten, die ohne bekannten Sortennamen im Saatguthandel angeboten werden.

'Gelbe Mondseer Melde'

Lokalsorte aus Oberösterreich rund um den Mondsee. Seit 1995 Erhaltersorte bei Arche Noah und wieder im Handel erhältlich. Aufrechter Wuchs mit großen, manchmal wellig bis blasig aufgetriebenen und gelbgrünen Blättern.

'Magenta Spreen'

Der Riesengänsefuß oder Baumspinat ist ein naher Verwandter der Gartenmelde. Die Sortenbezeichnung der aus Amerika stammenden Pflanzen beruht auf den intensiv magentafarbigen jungen Austrieben. Ergiebige Spinatpflanze und im Gemüsegarten eine der schönsten Pflanzen.

'Roter Maier'

Dunkelroter Spinat-Amaranth mit sehr feinem Spinatgeschmack. Färbt beim Kochen andere Speisezutaten rosa ein. Sehr attraktive Pflanze im Gemüsegarten.

'Guter Heinrich'

Ergiebige und aromatische Spinatpflanze. Ausdauernd und einfach in der Kultur. Als ursprüngliche Wildpflanze wurde der Dorfgänsefuß nicht züchterisch bearbeitet und es sind daher auch keine unterschiedlichen Sorten im Handel erhältlich.

Neuseeländer Spinat

Knackiges Eiskrautgewächs

AUF EINEN BLICK

AUSSAAT	KEIMDAUER
April	2–3 Wochen
KEIMTEMPERATUR	**ERNTE**
20 °C und höher	ab Juli bis zum Frost

HERKUNFT UND WISSENSWERTES

Beheimatet ist der Neuseeländer Spinat (*Tetragonia tetragonioides*) an den Meeresküsten Neuseelands und Australiens. Er ist nicht mit dem normalen Spinat verwandt, sondern gehört zu den Eiskrautgewächsen.

Zuerst wurde Neuseeländer Spinat in Japan und Südamerika als Kulturpflanze eingeführt. Ende des 18. Jahrhunderts gelangte er nach einer Entdeckungsreise in den Südpazifik unter James Cook nach England und wurde dann nach und nach in ganz Europa angebaut. Auch in den USA ist er seit etwa 200 Jahren bekannt. Lange Zeit wurde Neuseeländer Spinat als Sommerspinat für Hausgärten sehr geschätzt. Gewerblich wird er bei uns nicht angebaut, da die geernteten Blätter rasch welken.

ANBAU

Standort

Neuseeländer Spinat gedeiht gut auf salzhaltigen Böden. Allerdings nimmt er auch mit jedem humosen Gartenboden vorlieb. Ein guter Nährstoffgehalt und viel Sonne sind wichtig für ein üppiges Gedeihen.

Aussaat und Kultur

Neuseeländer Spinat ist bei uns in Kultur einjährig und nicht frosthart. Die kantigen Samen benötigen bei Temperaturen um die 20 °C etwa zwei bis drei Wochen zum Aufgehen. Bei niedrigeren Temperaturen kann sich die Keimung auf bis zu sechs Wochen verlängern oder ganz ausbleiben. Aufgrund der langen Keimdauer und einer langsamen Jugendentwicklung empfiehlt sich eine Voranzucht im Haus ab April. Dabei werden zwei bis drei Samen zusammen in Töpfchen mit humoser Erde gesät. Da Neuseeländer Spinat ein ausgesprochener Dunkelkeimer ist, unbedingt mit Erde in dreifacher Samengröße bedecken. Bis zur Keimung gut feucht halten, dies am besten im Kleingewächshaus oder abgedeckt mit Folie. Bei Aussaat direkt ins Freiland ab Ende April die Saaten mit Vlies oder Folie abdecken, um die Wärmewirkung zu erhöhen.

Nach den letzten Frösten Mitte Mai kann ins Freiland gepflanzt werden. Auch ein Platz im Folientunnel ist geeignet, da Neuseeländer Spinat wärmeliebend ist und eine hohe Luftfeuchtigkeit das Wachstum fördert. Bei der Pflanzung die Jungpflanzen in den Töpfchen nicht mehr teilen, jedoch zwischen den Pflanzgruppen einen Abstand von etwa 50 × 50 cm einhalten. Eine Pflanze kann über den Sommer einen Quadratmeter Beet bedecken, und bei guter Nährstoffversorgung reichen bereits wenige Pflanzen aus, um eine wöchentliche Ernte zu ermöglichen.

Solange es keinen extrem kalten Sommer gibt, ist Neuseeländer Spinat relativ anspruchslos, und auch die Schnecken mögen ihn nicht besonders. Er eignet sich zudem gut als Bodendecker, z. B. unter Tomaten, und unterdrückt Beikräuter. Triebe, die im Herbst abfrieren, bleiben als Mulch auf dem Beet.

ERNTE

Neuseeländer Spinat bildet über den Sommer lange, rankende Triebe. Die fleischigen Blätter und Triebspitzen können ab Juli laufend bis zum Frost geerntet werden. Werden die Triebspitzen abgeknipst, bilden die Pflanzen rasch Seitentriebe. Neuseeländer Spinat wird wie Spinat zubereitet und kann blanchiert und eingefroren werden. Junge Blätter bereichern auch Salate.

VERMEHRUNG

Neuseeländer Spinat ist ein Selbstbefruchter und bildet in den Blattachseln Blüten, die große, kantige Samen ausbilden. Die Form der Samen, die wie mit Spitzen oder Hörnern besetzt aussehen, hat dem Neuseeländer Spinat den botanischen Namen *Tetragonia* von „tetragonus“ wie „viereckig“ eingebracht. Die Samen fallen leicht ab, daher frühzeitig ernten, wenn sie braun werden, und dann nachtrocknen. Es können auch die ganzen Pflanzen abgeschnitten, getrocknet und die ausfallenden Samen eingesammelt werden. Abgefallene Samen im Beet säen sich gerne wieder selbst aus. Die Samen sind etwa drei Jahre keimfähig.

SPINATERSATZ FÜR DEN SOMMER

Neuseeländer Spinat ist eine wunderbare Spinatpflanze für den Sommer, wenn der Spinat bereits ausgewachsen ist. Die fleischigen Blätter sind ergiebig und geschmackvoll. Ein interessantes Sommergemüse für jeden Garten. Neuseeländer Spinat wurde züchterisch kaum bearbeitet, daher sind keine unterschiedlichen Sorten im Handel erhältlich. In Saatgutarchiven ist gelegentlich eine rot geränderte Variante zu finden.

Tomate

Liebes- und Paradiesäpfel

AUF EINEN BLICK

VORANZUCHT	KEIMDAUER
Mitte März	etwa 10 Tage
KEIMTEMPERATUR	**PFLANZUNG**
20–25 °C	nach den letzten Frösten, ab Mitte Mai
ERNTE	**ZU BEACHTEN**
je nach Sorte ab Ende Juni bis zum Frost	vor anhaltender Feuchtigkeit schützen

HERKUNFT UND WISSENSWERTES

Es gibt heute deutlich mehr als 2500 bekannte Tomatensorten, von der Wildtomate bis hin zu modernen Züchtungen. Weiterhin soll es mindestens noch einmal so viele Züchtersorten geben, die nie offiziell als Sorte angemeldet wurden. Unterschiedliche Quellen sprechen sogar von insgesamt 8000 bis 10 000 Tomatensorten weltweit. Die größte Vielfalt der in Kultur befindlichen Formen ist in Mittelamerika zu finden, wo Tomaten als „xitomatl" von den Maya und anderen Völkern in der Zeit von etwa 200 v. Chr. bis 700 n. Chr. kultiviert wurden.

Die Tomate kam nach der Entdeckung der Neuen Welt nach Europa. Erste Aufzeichnungen in Form von Holzschnitten sind schon aus der Zeit um 1516 bekannt. Sie wurde in Mitteleuropa jedoch zuerst lediglich als Zierpflanze kultiviert, da man dem Verzehr der Früchte zunächst skeptisch gegenüberstand.

Die Tomate (*Lycopersicon esculentum*) gehört zu den Nachtschattengewächsen, und deren Vertreter können, wie die Kartoffel oder die Tollkirsche, giftige Früchte haben. So sind auch unreife Tomaten aufgrund des enthaltenen Solanins nicht genießbar. Insofern war die Vorsicht gegenüber den Tomatenfrüchten durchaus angebracht. Inzwischen ist bekannt, dass Tomaten einen hohen Gesundheitswert aufweisen. Sie sind reich an Vitaminen wie B1, B2, B6, C und E, Folsäure, Carotin, Mineralstoffen und Fruchtsäuren. Der Inhaltsstoff Lycopin soll das Krebsrisiko verringern.

Heute ist die Tomate weltweit verbreitet und Bestandteil vieler Nationalgerichte. Allein in Italien hat sie sich zu einem der wichtigsten Gemüse entwickelt. Und auch in Deutschland ist die Tomate zum Lieblingsgemüse geworden.

WUCHSFORMEN

Buschtomaten

Buschtomaten sind Tomaten mit begrenztem Wachstum, die meist eine buschige Form entwickeln. Vor allem Wildtomaten können zu großen Büschen werden. Daneben gibt es auch kleinwüchsige Formen wie beispielsweise Ampeltomaten mit überhängendem Wuchs, die sich besonders gut für Balkonkästen, Töpfe und Ampeln eignen.

Stabtomaten

Bei Stabtomaten wächst der Haupttrieb nahezu unbegrenzt. Im Hausgarten erreichen Stabtomaten während der Vegetationsperiode oft über 2 m Höhe. Sorten für den Erwerbsgartenbau im Gewächshaus können oft viele Meter hoch werden.

FRUCHTFORMEN UND -FARBEN

Innerhalb dieser Wuchsformen gibt es eine Vielfalt an Fruchtfarben und -formen. Unterschieden wird dabei in Rundtomaten, Flaschen- und Eiertomaten, Fleischtomaten und Ochsenherzen sowie in die kleineren Kirsch- und Cocktailtomaten. Die Übergänge sind oft fließend und manche Sorten können nicht unbedingt einer dieser Formen zugeordnet werden. Zur allgemeinen Unterscheidung für Samen- und Pflanzenkauf ist diese Einteilung jedoch hilfreich.

Runde Tomaten

Die wohl bekannteste Tomate ist die klassische runde, die bei uns ganzjährig im Lebensmittelhandel über Gemüseimporte und Gewächshausanbau erhältlich ist. Weltweit gesehen macht sie geschätzt knapp ein Viertel des Tomatenanbaus aus. Leider fehlt diesen auf Transport- und Lagerfähigkeit gezüchteten Sorten oft das typische Tomatenaroma, das bei ihren älteren Verwandten deutlich vorhanden ist. Für den Hausgarten können wir jedoch auch für runden Tomaten aus geschmackvollen Sorten in unterschiedlichen Farben auswählen.

Flaschen- und Eiertomaten

Die bekanntesten Vertreter der länglichen Tomaten sind die „San Marzano"-Tomaten, die schon sehr lange in Süditalien kultiviert und verschiedentlich weiter gezüchtet wurden. Eine Zwischenform der runden Tomate und der Flaschentomate stellt die Eiertomate dar. Im Handel ist sie oft unter der Bezeichnung Romatomate zu finden. Beide Typen werden vorrangig als Soßentomaten verwendet, und auch hier sind einige der alten Sorten besonders aromatisch.

Fleischtomaten und Ochsenherzen

Wie der Name vermuten lässt, handelt es sich hierbei um fleischige Tomaten mit wenig Kernen. Die Pflanzen bilden wenige, teils sehr große Tomaten aus. Exemplare mit über 1 kg sind – abhängig von der Sorte – keine Seltenheit. Fleischtomaten sind rund bis plattrund, Ochsenherzen weisen die typische Herzform auf.

Cocktailtomate 'Galinas Sibirian Cherry' mit guter Freilandeignung

Kirsch- und Cocktailtomaten

Hierbei handelt es sich um kleinfrüchtige Sorten, die meist unter der Bezeichnung Cherry- bzw. Kirschtomaten im Handel sind. Die verschiedenen Formen reichen von rund und oval über birnen- bis dattelförmig. Oft punkten diese kleineren Vertreter der Tomatenfamilie mit besonderer Süße. Daher werden sie auch Naschtomaten genannt und erfreuen sich bei Kindern großer Beliebtheit.

Wildtomaten

Wildtomaten sind wenig züchterisch bearbeitete und kleinfrüchtige Sorten, meist sehr robust und gut geeignet für den Freilandanbau. Sie werden ohne oder mit nur wenig Ausgeizen als Buschform gezogen. Verschiedene Wildtomatensorten zeichnen sich durch eine hohe Widerstandsfähigkeit gegenüber Braunfäule aus. Aus diesem Grund stellen Wildtomaten auch eine wichtige genetische Ressource für die Tomatenzüchtung dar.

Orangefarbene Stabtomate 'Auriga'

ANBAU

Standort

Tomaten lieben einen sonnigen und vor Regen geschützten Platz. In ihrer Heimat gedeihen Tomaten auch in trockenen Regionen wie den Küstenwüsten Mittel- und Südamerikas. Daher kommen Tomaten mit Trockenheit wesentlich besser zurecht als mit dauerhafter Feuchtigkeit. Eine Überdachung, ein Platz an der Hauswand oder der Anbau im Gewächshaus, besonders bei empfindlichen Sorten, ist ideal. Im ungeschützten Freiland sollten nur robuste Sorten oder Wildtomaten gepflanzt werden.

Aussaat und Kultur

Die Aussaat erfolgt Anfang bis Mitte März am besten in Aussaatschalen an einem warmen, hellen Platz. Eine frühere Aussaat ist nur empfehlenswert, wenn beste Lichtverhältnisse für die jungen Pflanzen geboten werden können. Eine Abdeckung der Pflanzgefäße mit Klarsichtfolie oder ein Anzuchtgewächshaus für die Fensterbank ist für die Zeit der Keimung günstig. Sind die Keimblätter erschienen, wird die Abdeckung entfernt. Ein so heller Platz wie möglich, bei etwas niedrigeren Temperaturen, ist für die weitere Kultur unbedingt erforderlich. Nach drei bis vier Wochen werden die kleinen Pflänzchen in nährstoffreiche Erde pikiert.

Vor dem Auspflanzen nach den letzten Frösten ab Mitte Mai sollten die jungen Pflanzen schrittweise abgehärtet werden. Dazu kann man sie tagsüber bei guter Witterung nach draußen stellen.

Kraut- und Braunfäule – eine gefürchtete Pilzkankheit bei Tomaten

Ohne Überdachung oder Gewächshaus erweist sich *Phytophthora infestans* in unseren Breiten oft als problematisch. Dieser Pilz löst die Kraut- und Braunfäule aus, die häufigste Krankheit bei Tomaten. Er braucht für seine Entwicklung Feuchtigkeit und Temperaturen um 20 °C. Im Freiland, wenn die Tomaten über längere Zeit anhaltender Feuchtigkeit ausgesetzt sind – dafür reicht manchmal auch schon reichliche Taubildung mit einem langsamen Abtrocknen der Pflanzen – findet der Pilz für seine Vermehrung die idealen Bedingungen. Blätter und Früchte weisen meist ab Mitte Juli bräunliche, später faulende Stellen auf. Gerade in regenreichen Sommern kann die Braunfäule in kurzer Zeit ganze Bestände vernichten. Beachten Sie daher am besten folgende vorbeugende Maßnahmen:

- Sonniger, regenarmer und luftiger Standort, sodass die Pflanzen nach Regen oder starker Taubildung schnell abtrocknen können.
- Großzügige Pflanzabstände einhalten und vor allem Pflanzen mit starker Seitentriebbildung regelmäßig ausgeizen.
- Tomaten nicht von oben über die Blätter und Früchte gießen.
- Tomaten nicht in der Nähe von Kartoffeln anbauen, da diese meist früher von Kraut- und Braunfäule befallen werden und den Pilz übertragen können.
- (Stickstoff-)Überdüngung vermeiden, da das Gewebe von überdüngten Pflanzen anfälliger für Pilzkrankheiten ist.
- Befallene Pflanzenteile und Früchte entfernen und entsorgen, nicht auf den Kompost geben.
- Für einen sicheren Ertrag möglichst unterschiedliche Tomaten und widerstandsfähige Sorten anbauen, da nicht alle Sorten gleichermaßen empfindlich auf den Pilz reagieren.

Tomaten benötigen eine ausgewogene Düngung. Als Starkzehrer sind sie zwar für nährstoffreiche Erde und Düngegaben dankbar, eine Überdüngung mit Stickstoff ist jedoch zu vermeiden. Mit Stickstoff überdüngte Pflanzen bilden viel Blattmasse und wenig Blüten und Früchte. Die Früchte können bei einer Überdüngung außerdem harte, helle Stellen ausbilden.

Am besten die Tomatenpflanzen in Mutterboden oder Gemüseerde mit ausgereiftem Kompost pflanzen und regelmäßig mit einer Kräuterjauche aus Brennnessel und Beinwell versorgen. Brennnessel sorgt für ausreichend Stickstoff und Beinwell beinhaltet das blüten- und fruchtfördernde Kalium.

Sobald die Pflanzen am endgültigen Standort gut eingewurzelt sind, ist nur ein mäßiges Gießen erforderlich. Sie bilden ein tiefes Wurzelwerk, das auch mit vorübergehender Trockenheit zurechtkommt. Tomaten in Töpfen müssen hingegen regelmäßig gegossen werden, da der Wurzelballen nicht austrocknen darf.

Die meisten Tomatensorten benötigen eine Stütze, damit Triebe und Früchte nicht auf dem Boden liegen bzw. bei schwerem Fruchtbehang die Triebe brechen. Für hochwachsende Sorten eignen sich die im Gartenhandel erhältlichen Spiralstäbe, in die der Haupttrieb vorsichtig hineingedreht wird. Dennoch sollten die Triebe zusätzlich mit Bindedraht oder Klammern befestigt werden. Im Gewächshaus und Folientunnel können auch Schnüre zum Einsatz kommen, an denen die Triebe hochgeleitet werden.

Violette Tomaten färben sich auf der Sonnenseite extrem dunkel. Die sonnenabgewandte Seite wird je nach Sorte bei Reife rot oder gelb.

Die 'Rosa Ampeltomate' eignet sich wie andere kleinwüchsige Buschtomaten hervorragend für die Bepflanzung von Kästen und Ampeln.

Tomatenblüten brauchen für eine gute Befruchtung etwas Bewegung, was normalerweise der Wind übernimmt. Im geschützten Anbau kann man die blühenden Pflanzen regelmäßig vorsichtig schütteln.

ERNTE

Tomaten verändern mit der Reife ihre Farbe von grün zur sortentypischen Färbung. Diese kann je nach Sorte rot, orange, gelb, violett bis olivfarben oder grün sein. Bei dunklen Tomaten ist an der sonnenabgewandten Seite in der Regel die Oliv- oder Violettfärbung nicht so stark ausgeprägt, sodass hier eine Veränderung von grün auf rot oder gelb beobachtet werden kann. Am schwierigsten zu beurteilen ist der Reifezeitpunkt bei grünen Tomaten. Hier kann man die Früchte vorsichtig drücken, unreife grüne Tomaten fühlen sich noch hart an.

Kleinfrüchtige Tomaten können meist mit der Hand geerntet werden. Vor allem bei großen Fleischtomaten sollte jedoch der Fruchtstiel mit der Schere abgeschnitten werden, da die Früchte sonst leicht einreißen.

Tomaten sind frostempfindlich und werden bei uns nur einjährig kultiviert. Mit der herbstlichen Kälte und Feuchtigkeit sterben sie ab. Noch grüne und makellose Früchte können zum Nachreifen ins Haus geholt werden. Grüne, unreife Tomaten sollten nur in kleinen Mengen, beispielsweise in Chutneys, verwendet werden, da sie den giftigen Stoff Solanin enthalten. Bei Farbumschlag zur Reife wird dieser Stoff in der Tomate abgebaut, erst dann kann die Frucht bedenkenlos verzehrt werden.

VERMEHRUNG

Tomaten sind eine gut geeignete Gemüseart für den Einstieg in die Samengärtnerei. Da die Samen zusammen mit den Früchten geerntet werden, muss man keine Pflanzen allein für die Samengewinnung anbauen. Zudem ist die Tomate wenig verkreuzungsgefährdet.

Allgemeines

Als Selbstbefruchter (Fremdbefruchtung durch Insekten kommt sehr selten vor) ist es möglich, mehrere Sorten im selben Garten anzubauen, ohne Verkreuzungen befürchten zu müssen. Steht außerdem ein anderes reichhaltiges Blühangebot im Garten zur Verfügung, sind Tomatenblüten für Hummeln und andere Insekten in der Regel nicht die erste Wahl.

Die Vermehrung sollte in Beständen von sechs bis zwölf Pflanzen erfolgen. Ein Bestand in dieser Größe erlaubt es beispielsweise, auf eine gute Krankheitstoleranz zu selektieren und gezielt robuste Pflanzen weiterzuvermehren. Im Einzelfall können jedoch auch von weniger Pflanzen oder Einzelfrüchten Samen genommen werden.

Samenernte

Die Samen werden aus der reifen Tomate geerntet. Samen aus grünen, unreifen Früchten sind in der Regel nicht keimfähig. Die beste Methode, Tomatensamen zu reinigen, ist die Nassvergärung (siehe S. 26). Die Samen sind mindestens fünf Jahre keimfähig.

Die historischen Tomaten der Amish People

Die Amische oder Amish People sind eine Glaubensgemeinschaft, ursprünglich vorwiegend aus dem süddeutschen und Schweizer Raum stammend, die sich 1693 von der Hauptgruppe der Mennoniten abgespalten haben und nach Amerika ausgewandert sind. Dort führen sie auch heute noch ein stark landwirtschaftlich ausgerichtetes, traditionsbezogenes Leben. Die Auswanderer nahmen damals ihr Saatgut mit in die Neue Welt, wo sie es auch heute noch anbauen und vermehren. So gingen neben anderen Gemüsen auch verschiedene Tomatensorten mit den Amish People nach Amerika, blieben dort erhalten und sind zum Teil auch in Europa wieder erhältlich. Dazu gehören beispielsweise 'Amish Salad', 'Amish Paste' und die gelbfrüchtige 'Amish Yellow Giant'.

BUNTE VIELFALT IM TOMATENBEET

Für den Hausgarten steht eine schier unüberschaubare Fülle an verschiedensten alten und samenfesten Sorten zur Verfügung. Die folgenden Sortenempfehlungen stellen nur einen minimalen Ausschnitt der großen Tomatenvielfalt dar. Bei der Auswahl sollten jedoch die Anbaubedingungen berücksichtigt werden, sodass empfindlichere Sorten überdacht oder im Foliengewächshaus kultiviert und nur robuste Sorten ins Freiland gepflanzt werden.

'Aunt Ruby's German Green'

Eine grüne, plattrunde Fleischtomate mit bei Reife gelbem bis lachsfarbenem Einschlag. Geschmacklich vereint sie das mild schmelzende Aroma vieler Fleischtomaten mit einer leichten fruchtigen Säure. In Verkostungen eine der besten Tomaten. Anbau am besten im Gewächshaus oder Folientunnel. Benannt ist sie nach Ruby Arnold aus Greenville, Tennessee, deren Großvater die Tomate aus Deutschland in die USA mitgebracht hatte.

'Auriga'

Sehr schöne Stabtomate mit hochrunden, auch innen intensiv orange gefärbten Früchten mit einem Durchmesser von ca. 5 cm. Robust, mit relativ guter Freilandeignung. Die Früchte sind saftig mit fester Schale und haben einen ganz besonderen aromatischen Tomatengeschmack. Die Pflanzen wachsen zu einer mittleren Höhe und sind auch für die Topfkultur geeignet.

'Black Cherry'

Wuchsfreudige, reich tragende Kirschtomate. Die dunklen, farblich ansprechenden Früchte verfügen über ein sehr würziges Aroma. Regengeschützter Anbau notwendig.

Wildtomate 'Humboldtii', eine widerstandsfähige und freilandtaugliche Sorte.

'Striped Roman' hat ungewöhnlich gefärbte und geformte Früchte mit einem exzellenten Aroma.

'De Berao, rot'

Eine rote Eiertomate mit sehr gutem Ertrag. Die hochwachsenden Pflanzen sind relativ tolerant gegenüber Krautfäule. Platzer um den Stielansatz, die bei Dauerregen auftreten, vernarben meist bei trockener Witterung wieder. Gute Soßen- und Trockentomate, makellose grüne Früchte reifen außerdem im Lager gut nach. Von 'De Berao' gibt es Farbvarianten in Gelb, Braun und Rosa. Eine weitere robuste Züchtung aus 'De Berao' ist 'Quadro'.

'Gelbe Dattelwein'

Enorm ertragreiche, süße, gelbe Cocktailtomate. Die fächerförmigen Rispen tragen viele ovale bis birnenförmige Früchte. Regengeschützter Anbau empfohlen. Vergleichbar ist 'Malschor Isura' aus Russland.

'German Gold'

Attraktive gelbe Fleischtomate mit oranger Flammung. 'German Gold' ist wohl eine alte deutsche Sorte, die mit Auswanderern in die USA kam, dort erhalten geblieben ist und dann sozusagen reimportiert wurde. Die Pflanzen bilden unterschiedlich große Früchte, wobei einzelne Tomaten bis zu 1 kg wiegen können. Sehr feiner fruchtig-aromatischer Geschmack. Gewächshausanbau empfohlen. Eine ähnliche, etwas kleinere Sorte ist 'Ananastomate'.

'Green Zebra'

Die runden, gestreiften Früchte von 'Green Zebra' bleiben im reifen Zustand grün bis grüngelb. Guter, saftiger Geschmack bei relativ dünner, jedoch gut platzfester Schale. 'Green Zebra' ist eine neuere Züchtung des Amerikaners Tom Wagner aus dem Jahr 1983.

'Humboldtii'

Wildtomate mit bis zu 3 cm großen roten, wohlschmeckenden Früchten. Stark wachsend und reich tragend. Die Pflanzen werden zu großen Büschen und sind nicht für das Gewächshaus geeignet. Anzucht am Spalier oder an Gerüsten, nicht ausgeizen. Sehr hohe Widerstandsfähigkeit gegen Krautfäule und lange Ernte bis zum Frost. Beste Wahl für den Freilandanbau. Weitere Wildtomatensorten sind 'Bianca Cherry', 'Rote Murmel', 'Golden Currant'.

'Pendulina'

Gelbe, wohlschmeckende Ampeltomate. Die bei Vollreife dottergelben Früchte mit Spitze haben eine Größe von etwa 2,5 cm im Durchmesser. Eine frühe Sorte mit kurzer Vegetationsperiode. Bei Aussaat Anfang März kann oft schon im Juni geerntet werden. Gut geeignet für Balkonkästen, Ampeln und Töpfe.

Ampeltomaten werden nicht ausgegeizt. Weitere Sorten sind z. B. 'Himbeerrose' oder 'Sub Arctic Cherry'.

'Pink Brandywine'

Historische Fleischtomate mit großen rosa gefärbten Früchten mit einem uneinheitlichen Gewicht bis zu 500 g. Hervorragender mildschmelzender und aromatischer Geschmack. Kultur an warmen, geschützten Plätzen mit Überdachung oder im Gewächshaus. Regelmäßig ausgeizen. Eine ähnliche Sorte ist 'Berner Rosen'.

'Purple Calabash'

Geschmackvolle historische Fleischtomate, die wohl schon im 16. Jahrhundert bekannt war. Große purpur- bis olivfarbene und teils gerippte Früchte an robusten Pflanzen. Eine ähnliche und ebenfalls sehr geschmackvolle Sorte ist 'Cherokee Purple', die außerdem für eine Fleischtomate recht frühreifend ist.

'Ruthje'

Schöne, leuchtend rote Tomate, rund mit leichter Herzform und besonders gutem Geschmack. Die festen Früchte halten sich lange an der Pflanze und sollten erst vollreif geerntet werden. Etwas empfindliche Sorte, daher ist ein geschützter Anbau im Folientunnel oder unter Glas empfehlenswert.

'Striped Roman'

Rote Flaschentomate mit wunderschöner gelber, längsgestreifter Zeichnung. Die festfleischige Frucht mit Spitze kann bis zu 12 cm lang werden. Relativ schmaler und filigraner Wuchs. Tolle Rarität sowohl bezüglich der Streifen und der Fruchtform als auch des Geschmacks.

'Zuckertraube'

Reich tragende rote Cherrytomate mit sehr gutem Geschmack. Die Pflanzen bilden lange Trauben mit kleinen, aromatischen Früchten. Für Gewächshausanbau oder regenarmen Freilandstandort.

Die Vielfalt an Tomatensorten kennt so gut wie keine Grenzen.

Paprika und Chili
Fruchtig süß und feurig scharf

AUF EINEN BLICK

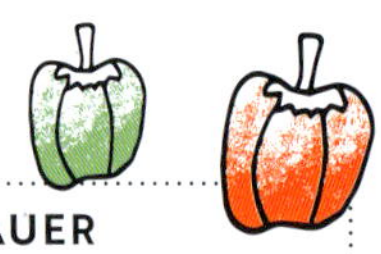

VORANZUCHT	KEIMDAUER
im Laufe des Februars	10–14 Tage
KEIMTEMPERATUR	**PFLANZUNG**
25–28 °C, nicht unter 22 °C	ab Mitte Mai
ERNTE	**ZU BEACHTEN**
je nach Sorte ab Juli bis zum Frost	gute Wasser- und Nährstoffversorgung

HERKUNFT UND WISSENSWERTES

Die verschiedenen Paprika- und Chiliarten (*Capsicum*) gehören zu den Nachtschattengewächsen (Solanaceae) und stammen aus Mittel- und Südamerika, wo sie bereits vor ca. 7000 Jahren als Nahrungs- und Medizinpflanzen genutzt wurden.

Im tropischen Klima ihrer Heimat sind Paprika und Chili mehrjährige Sträucher. Aufgrund ihrer Frostempfindlichkeit werden sie bei uns in der Regel einjährig kultiviert, wobei sich einige Sorten in Topfkultur überwintern lassen.

Schärfegrad von Paprika und Chili

Der Schärfegrad von Paprika und Chili wird in Scoville-Einheiten auf einer Skala angegeben, die 1912 von dem Apotheker Wilbur L. Scoville entwickelt wurde. In Scoville wird ausgedrückt, wie hoch der Verdünnungsgrad mit Wasser sein müsste, um die Schärfe zu neutralisieren. Die Schärfegrade können etwa wie folgt dargestellt werden:

- Mild und süß, keine Schärfe: Schärfegrad 0, 0 Scoville
- Milde bis mittlere Schärfe: Schärfegrad 1–3, bis 1500 Scoville
- Scharf bis sehr scharf: Schärfegrad 4–7, bis 30 000 Scoville
- Extrem scharf: Schärfegrad 8–10, bis 500 000 Scoville

An Chilis mit extremer Schärfe wird weiterhin gezüchtet, und die aktuell schärfsten Sorten der Welt sind wohl 'Bhut Jolokia' und 'Carolina Reeper', letztere mit durchschnittlich etwa 1,5 Millionen Scoville, sowie 'Trinidad Moruga Scorpion' mit 2,09 Millionen und 'Dragons Breath' mit sagenhaften 2,4 Millionen Scoville.

Für die Verarbeitung und die Samenernte von allen scharfen Chilis unbedingt Einweghandschuhe tragen! Chilis ab einem Schärfegrad von 7 oder 8 sind nur als Gewürz und nicht zum Direktverzehr geeignet.

Nach Europa kamen die ersten scharfen Paprika nach der Entdeckung Amerikas mit Kolumbus. In Spanien wurden sie bald in Kultur genommen und verbreiteten sich innerhalb kurzer Zeit als geschätzter „Spanischer Pfeffer" in Europa. Eine Vielzahl regionaler Sorten entstand in der Folge auf fast allen Kontinenten mit heute über 3000 Sorten weltweit.

Während im Lebensmittelhandel meist nur ein einheitliches Angebot aus grünen, gelben und roten Blockpaprika oder roten Spitzpaprika zu finden ist, steht für den Anbau im Hausgarten sowie auf Balkon und Terrasse eine großartige Sortenvielfalt mit unterschiedlichen Größen, Farben, Formen und Schärfegraden zur Verfügung.

Süße Paprika und scharfe Chili

Umgangssprachlich werden bei uns Sorten mit milden, dickfleischigen Früchten als Gemüsepaprika, jene mit dünnwandigen, scharfen Schoten als Chili oder Peperoni bezeichnet. Die Früchte werden Paprika- oder Chilischote genannt, obwohl es sich genau genommen um eine Beere handelt.

Die Schärfe lässt sich anhand einer Skala von 0 bis 10 und 10+, 10++ usw. beschreiben, wobei Schärfegrad 0 für die süßen, milden Paprika ohne Schärfe steht und Schärfegrad 10 extrem scharf bedeutet. Der Stoff, der für die Schärfe sorgt, ist Capsaicin, der bei vielen scharfen Sorten besonders in den Scheidewänden und Kernen enthalten ist.

ANBAU

Standort

Paprika und Chili haben eine relativ lange Kulturdauer und müssen daher im Haus vorgezogen werden, damit die Früchte in unserem Klima ausreifen können. Erst nach den letzten Frösten, Mitte bis Ende Mai, können die Pflanzen ins Freiland gepflanzt werden.
Paprika und Chili benötigen einen vollsonnigen, warmen und geschützten Platz, wobei nicht alle Sorten für den

Anfangs sind die Früchte fast aller Paprika- und Chili-Sorten grün. Sie färben sich erst später sortentypisch um.

Mit einer scharfen Schere werden die Früchte am Stiel von der Pflanze abgeschnitten.

Freilandanbau geeignet sind. Die besonders wärmebedürftigen sollten im Gewächshaus oder Folientunnel kultiviert werden. Die meisten Chili- und die eher kleinfrüchtigen Paprikasorten sind auch für die Kultur im Topf geeignet und gedeihen gut an einem sonnigen Platz auf Balkon und Terrasse.

Aussaat und Kultur

Die Aussaat erfolgt im Laufe des Februars entweder in Aussaatschalen oder bereits in kleinen Töpfchen an einem warmen, hellen Platz. Dabei ist zu beachten, dass Paprika und Chili eine hohe Keimtemperatur von 25–28 °C benötigen. Wenn Samen nicht oder sehr lange nicht keimen, liegt es oft an zu niedrigen Temperaturen unter 20 °C. Eine Fensterbank über einer Heizung ist daher für die Anzucht gut geeignet oder es kann eine Heizmatte für die Gemüseanzucht untergelegt werden. Eine Abdeckung mit Klarsichtfolie ist für die Keimdauer von Vorteil. Auch ein Anzuchtgewächshaus kann hier gute Dienste leisten. Nach der Keimung werden Heizmatte und Abdeckung entfernt. In Aussaatschalen angezogen, werden die kleinen Pflänzchen nach ca. drei Wochen in gute Erde pikiert und an einen sonnigen, hellen Platz bei 20–22 °C gestellt. Vor dem Auspflanzen sollten die Jungpflanzen schrittweise abgehärtet werden. Dazu kann man sie tagsüber bei guter Witterung nach draußen stellen. Volle Sonne ist anfangs zu vermeiden, damit die jungen Blätter keinen Sonnenbrand bekommen. Ein Schutz vor Regen und Nässe ist in den ersten Tagen der Abhärtung ratsam.

Paprika haben einen hohen Nährstoffbedarf, der bereits bei der Anzucht zu berücksichtigen ist, damit sich kräftige Pflanzen entwickeln können. Nach dem Auspflanzen in mit Kompost und Gesteinsmehl vorbereitete Erde fördern regelmäßige Düngegaben etwa alle zwei bis drei Wochen – am besten in Form von Pflanzenjauche (siehe S. 61) – ein gesundes Wachstum und einen reichen Fruchtansatz. Große Gemüsepaprika wie Blockpaprika haben dabei einen höheren Nährstoffbedarf als Chilis mit ihrer meist kürzeren Entwicklungszeit.

Bedenkt man, dass Paprika und Chili aus tropischen Regionen mit regelmäßigen Regenfällen stammen, ist nachzuvollziehen, dass eine ausreichende Wasserversorgung wichtig ist. Ein Gießen über die Blätter schadet dabei nicht, solange die Pflanzen schnell wieder abtrocknen können. Stehen die Pflanzen vor allem in der Zeit der Blütenbildung und des Fruchtansatzes zu trocken, kann der Blütenansatz abfallen, sodass sich keine Früchte entwickeln. Bei Chilis kann Trockenheit im Reifestadium zu einer stärker ausgeprägten Schärfe führen.

Vor allem höher wachsende Sorten und Paprika mit schweren Früchten sollten gestützt werden. Dazu eignen sich z. B. Bambusstäbe, an denen die Pflanzen locker angebunden werden.

In manchen Kulturbeschreibungen wird empfohlen, die erste Knospe, die sogenannte Königsblüte, auszubrechen, damit sich die Pflanzen stärker verzweigen und an Seitentrieben mehr Früchte entwickeln. Die Meinungen hierzu gehen jedoch stark auseinander, und in Vergleichsanbauversuchen hat sich dies vor allem bei Chilis und kleinfrüchtigen Paprika nicht bestätigt.

ERNTE

Paprika und Chili reifen in unterschiedlichen Farbabstufungen. Nach einem Farbwechsel von grün, gelb oder auch violett bzw. braun nach rot bzw. gelb oder orange sind die Früchte reif. Grüne Paprika, auch wenn sie verzehrt werden können, sind immer unreif, und es fehlt ihnen meist das süß-fruchtige Aroma der reifen Frucht. Bei Chili ist die Schärfe bei Vollreife auf dem Höhepunkt. Unreif geerntete Chili verfügen in der Regel über eine geringere Schärfe.

Für die Ernte von Paprika und Chili wird am besten eine Schere verwendet, um Verletzungen an der Pflanze zu vermeiden und ein Brechen der Triebe zu verhindern.

REZEPT

Aroma pur: Paprika-Chili-Dip

2 rote Spitzpaprika
2–4 rote, dickfleischige Chili
3 Knoblauchzehen
1 EL Paprikapulver süß
100 ml Olivenöl
Salz nach Geschmack
1 Prise braunen Zucker

Paprikaschoten und Chili waschen, entkernen und in Stücke schneiden, Knoblauch schälen und klein scheiden. Zusammen mit Paprikapulver, Olivenöl, etwas Salz und Zucker in den Mixer geben und pürieren. Zum Schluss eventuell noch etwas Olivenöl zugeben und mit Salz abschmecken.

Ein herrlich frischer und aromatischer Dip zu Gegrilltem, Ofenkartoffeln oder frischem Brot. Die Schärfe kann durch die Menge und Schärfe der verwendeten Chilis individuell variiert werden.

Sind im Herbst bei Frostgefahr noch viele unreife Früchte an der Pflanze, kann die ganze Pflanze mit Wurzelballen ausgestochen und in einem Eimer an einen hellen Platz mit Temperaturen von 10–15 °C gestellt werden. Die Früchte reifen in der Regel gut nach. Diese Vorgehensweise ist auch sinnvoll, wenn es im Herbst anhaltend nasskalt ist. Denn bei Feuchtigkeit und Temperaturen unter 5 °C fangen die Früchte leicht zu faulen an.

VERMEHRUNG

Paprika und Chili sind für die Vermehrung im Hausgarten gut geeignet. Jedoch muss die Verkreuzungsgefahr der verschiedenen Sorten untereinander beachtet werden, um sortenreines Saatgut zu gewinnen, sonst sind scharfe Paprika die Folge.

Rote Tomatenpaprika

Spitzpaprika 'Macho'

Kulturarten

Insgesamt gibt es etwa 30 Arten in der Gattung *Capsicum*. Die meisten Gemüsepaprika und viele Chili zählen zu *Capsicum annum*. Weitere kultivierte Arten sind *Capsicum fructensens*, *Capsicum chinense*, *Capsicum baccatum* und *Capsicum pubescens*.

Alle diese Kulturarten, mit Ausnahme von *Capsicum pubescens*, können sich untereinander verkreuzen. Dadurch sind zahlreiche Sorten entstanden, die nicht eindeutig einer Art zuzuordnen sind. In der Literatur wird daher teilweise lediglich von Gruppen gesprochen.

Allgemeines

Alle Paprika und Chili sind potenzielle Selbstbefruchter, das heißt, sie benötigen weder Insekten noch Wind für eine Befruchtung. Fremdbefruchtung kommt jedoch durch blütenbesuchende Insekten regelmäßig vor, sodass ohne Isolierung oder großen räumlichen Abstand nur eine Sorte auf einmal sortenrein vermehrt werden kann. Zu bedenken ist dabei auch, dass die Schärfe in der Vererbung in der Regel dominant ist, das heißt, bei der Verkreuzung eines süßen Gemüsepaprikas mit einer scharfen Chilisorte wird die Schärfe mit großer Wahrscheinlichkeit vererbt. Eine gute, süße Sorte kann man sich somit schnell verderben.

Eine Möglichkeit der sortenreinen Vermehrung für den Hausgebrauch ist es, einzelne Knospen oder Triebe vor dem Aufblühen in Vliessäckchen zu hüllen, um eine Bestäubung durch Insekten zu vermeiden. Sobald die Fruchtansätze erscheinen, wird das Vlies wieder abgenommen. Die entsprechenden Früchte oder Triebe sollten mit einem Bändchen gekennzeichnet werden, damit es für die Samengewinnung zu keinen Verwechslungen kommt.

Die Vermehrung sollte in Beständen von mindestens sechs, am besten zehn bis zwölf Pflanzen erfolgen, um die genetische Bandbreite aufrechtzuerhalten und die gesündesten und ertragreichsten Pflanzen auswählen zu können.

Samenernte

Die Samen werden aus der reifen Frucht geerntet. Samen aus grünen, also unreifen Früchten sind in der Regel nicht keimfähig. Die beste Keimrate haben Samen, die man reifen Früchten kurz nach dem Farbumschlag zur endgültigen Reifefarbe entnimmt. Anschließend werden sie auf Papier getrocknet. Saatgut von Paprika und Chili ist mindestens vier Jahre keimfähig.

SORTENVIELFALT PAPRIKA UND CHILI

Bei Paprika und besonders Chili steht uns eine riesige Sortenauswahl mit den unterschiedlichsten Farben, Formen und Aromen zur Verfügung. Allerdings sind für den Hausgarten im mitteleuropäischen Klima vor allem Vertreter von *Capsicum annum* geeignet, da sie die kürzeste Kulturzeit haben und einige Sorten auch gut im Freiland gedeihen.

Gemüsepaprika

'California Wonder'

Typische dickwandige, rote Blockpaprika-Sorte mit mildwürzigem, aromatischem Geschmack. Vermutlich kam sie 1928 in Nordamerika auf den Markt, wobei namensähnliche Sorten bereits früher dokumentiert sind. Eine gute alte Sorte mit reichem Ertrag bei mittelspäter Reife. Wie die meisten großfrüchtigen Gemüsepaprika ist auch 'California Wonder' nur bedingt für den Freilandanbau geeignet. Ähnliche Sorten sind 'Yolo Wonder' und die gelbe 'Golden California Wonder'.

'Corno di Toro Rosso'

'Corno di Toro Rosso', das rote Stierhorn, ist eine Spitzpaprika-Sorte mit langen, mild schmeckenden Früchten. Diese reifen von dunkelgrün nach rot ab. Die hochwachsenden Pflanzen sind bei ausreichend Wärme und guter Nährstoffversorgung sehr ertragreich. Freilandeignung nur in milden Gegenden, ansonsten am besten im Folientunnel oder Gewächshaus kultivieren. Ähnliche Sorten sind 'Corno rosso', 'Cornetto' oder 'Tuba'.

'Macho'

Reich tragende, keilförmige Sorte aus Russland mit Fruchtwänden von ca. 0,5 cm Dicke. Süßer, saftiger und äußerst aromatischer Geschmack. Die Früchte reifen von grün über violett nach dunkelrot ab. Anbau der robusten Sorte im Kaltgewächshaus, Folientunnel oder im vollsonnigen Freiland.

'Neusiedler Ideal'

Frühreifende Blockpaprika-Sorte aus der Gemüsezuchtstation Neusiedl am See in Österreich. Die großen, länglichen Früchte sind eher dünnwandig und reifen rot ab. Im ursprünglichen Erwerbsanbau wurden die voll entwickelten, aber noch grünen Früchte geerntet. Vollreife, rote Paprika kamen eher selten auf den Markt. Dadurch konnte früher im Jahr geliefert werden und die laufende Ernte förderte den weiteren Fruchtansatz für höhere Erträge. Alte, bewährte Hausgartensorte auch für den Freilandanbau. Für Frischverzehr und zum Kochen.

Rote Tomatenpaprika

Als Tomatenpaprika werden rundliche bis flachrunde und gerippte Gemüsepaprika bezeichnet, die in ihrem Erscheinungsbild an Fleischtomaten erinnern. Die Früchte sind dickwandig, saftig und süß. An einem geschützten, warmen Standort sind Tomatenpaprika auch für den Freilandanbau geeignet. Tomatenpaprika sind in unterschiedlichen Sorten erhältlich, z. B. 'Paradeisfrüchtig Frührot', 'Zsuzsanna' oder 'Liebesapfel'.

'Sweet Bite Ophelia'

Hübsche kleine Paprika, die glänzend orange abreifen. Bei Vollreife sind die 6–10 cm langen Früchte wunderbar süß und aromatisch. Ausgesprochen gute Freilandsorte mit buschförmigem Wuchs bis etwa 50 cm Höhe und hohem Fruchtansatz. Langer Erntezeitraum mit guter Nachreife- und Lagerfähigkeit. Auch für Topfkultur geeignet. Eine ähnliche Sorte ist 'Hamik'.

Spitzpaprika 'Sweet Bite Ophelia'

Chili 'Santa Fe Grande'

Chili in unterschiedlichen Schärfegraden

'Habanero'

Diese Sorte von *Capsicum chinensis* gehört mit bis zu 10+ auf der Scoville-Skala zu den schärfsten Chilis überhaupt. Es gibt sie in Rot, Orange und Gelb. Charakteristisch ist ihr etwas knautschiges, trapezförmiges Aussehen. Sie hat eine besonders lange Kulturdauer und ist sehr wärmebedürfig. Ein Anbau im Gewächshaus oder als Topfkultur im warmen Wintergarten ist daher unbedingt zu empfehlen. Auch ein Überwintern der Pflanzen an einem hellen Ort bei etwa 15 °C macht aufgrund der langen Kulturdauer Sinn. Die scharfen Habaneros sind für den Direktverzehr nicht geeignet, sondern werden als Gewürz und zum Aromatisieren von Ölen verwendet. Seit einiger Zeit sind schärfearme Habanero-Neuzüchtungen wie 'NuMex Suave Red' und 'NuMex Suave Orange' erhältlich. Freunde des Habanero-Aromas können dieses nun bei Schärfengraden von 0–3 genießen.

'Hot Banana'

Hübsche Sorte für geschützten Freilandanbau und Topfkultur. Die eher dünnwandigen, 10–15 cm langen Früchte stehen zuerst leicht aufrecht und neigen sich mit zunehmender Größe und Reife. Buschiger Wuchs bis etwa 60 cm Höhe. 'Hot Banana' kann bereits gelb geerntet werden, bevor sie rot abreift. Entfernt man Kerne und Mittelwände, hat sie ein angenehm leicht scharfes Aroma zum Rohgenießen. Mit Kernen und im vollen Reifestadium entwickeln sie einen mittleren Schärfegrad von 3–5.

'Joe's Long Cayenne'

Die Schoten erreichen eine Länge von 25 cm. Die von grün nach rot reifenden Früchte sind dünnwandig mit vielen Kernen und sehr scharf. Gut als Würzchili, zum Trocknen oder zum Einlegen. Schärfegrad 6–8.

'Lemon Drop'

Die scharfe 'Lemon Drop' gehört zur Art *Capsicum baccatum*. Ihren Namen hat sie nicht nur aufgrund ihrer Früchte, die von grün nach zitronengelb reifen.

Der sogenannte Zitronenchili zeichnet sich auch durch ein feines, fruchtiges Aroma aus, das an Zitronen erinnert. Die hochwachsenden, robusten Pflanzen erreichen eine Höhe von bis zu 1,5 m und sind für Freiland- und Topfkultur geeignet. Dabei ist eine Überwinterung im Haus bei Topfkultur möglich. Je Pflanze können oft weit mehr als 100 Chilis geerntet werden. Getrocknete Schoten eignen sich zur Herstellung von gelbem Chilipulver. Schärfegrad 7.

'Santa Fe Grande'

Dickwandiger und saftiger Chili vom Jalapeño-Typ. Guter Geschmack mit fruchtiger Süße und aromatischer Schärfe. Reift von grün über hellgelb nach rot ab. Wuchs kompakt, besser für den Anbau im Folientunnel, geschützt im Freiland und für die Topfkultur geeignet. Früher, reicher Fruchtansatz, Schärfegrad 3–4.

'Sibirische Hauspaprika'

Chilisorte, die gut für die Kultur auf der Fensterbank geeignet ist. Die aus Zentralsibirien stammende Hauspaprika wird dort seit langem für den Anbau im Haus vermehrt. Die kompakten, buschigen Pflanzen werden bis zu 50 cm hoch, sind schnellwüchsig und bilden viele spitzkeglige, aufrecht stehende Früchte. Eine Aussaat im Sommer mit Überwinterung im Haus ermöglicht die Ernte frischer Chilis im Winter. Ganzjährige Kultur an einem sonnigen Fenster möglich. Die kleinen, etwa 3 cm langen Schoten (Schärfegrad 6–7) sind gut zum Trocknen geeignet.

'Tri Fetti'

Chili mit kleinen Früchten von 2–2,5 cm Länge, die von grün über violett nach rot abreifen. Sehr hübsche Pflanzen mit grün-weiß-violett panaschiertem Laub. Die kleinen Früchtchen sind recht scharf und eignen sich zum Aromatisieren von Speisen und für Chili-Öl. Hoher Zierwert aufgrund des bunten Laubs und der farbenfrohen Früchte. Gut geeignet für die vollsonnige Kultur in Töpfen. Schärfegrad 6–7. Ähnlich dekorative Sorten sind 'Variegata' und 'Lila Luzi'.

Chili verkreuzen sich leicht. Auch dadurch ist eine riesige Sortenvielfalt entstanden.

Chili 'Tri Fetti'

Aubergine
Unbekannte Vielfalt

AUF EINEN BLICK

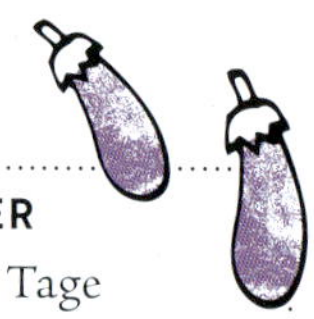

VORANZUCHT	KEIMDAUER
Anfang bis Mitte Februar	etwa 10–14 Tage
KEIMTEMPERATUR	**PFLANZUNG**
25–28 °C	ab Mitte bis Ende Mai
ERNTE	**ZU BEACHTEN**
je nach Sorte ab Juli bis zum Herbst	vollsonniger, besonders warmer Platz notwendig

HERKUNFT UND WISSENSWERTES

Die Aubergine (*Solanum melongena*), auch Melanzani oder Eierfrucht genannt, gehört zu den Nachtschattengewächsen. Allerdings stammt sie nicht aus der Neuen Welt, sondern aus China und dem subtropischen Ostindien, wo Wildformen bereits sehr früh kultiviert wurden. Nach Europa kam die Aubergine erst im 13. Jahrhundert über die Handelsstraßen. Als Nahrungspflanze stand man ihr jedoch sehr skeptisch gegenüber, und sie wurde als „mala insana" (ungesunder Apfel) beschrieben. So sei die Frucht wenig nahrhaft und der Gesundheit nicht zuträglich.

In den südeuropäischen Ländern, vor allem in der Türkei, aber auch in Italien und Griechenland konnte sich die Eierfrucht dennoch etablieren und ist fester Bestandteil der mediterranen Küche geworden. Allein in der Türkei soll es über 200 Rezepte für die Zubereitung von Auberginen geben. Ebenso ist sie nach wie vor in Asien ein hochgeschätztes Gemüse. So heißt es, dass in China eine Frau erst dann heiratsfähig ist, wenn sie mindestens zwölf Auberginengerichte zuzubereiten weiß. Gegenüber Tomaten und Paprika führt die Aubergine nördlich der Alpen jedoch ein Schattendasein. Dies liegt zum einen an der Wärmebedürftigkeit der Pflanzen, die sich im mitteleuropäischen Klima ohne Gewächshaus nur bedingt kultivieren lassen. Zum anderen ist die tatsächlich existierende Sortenvielfalt weitestgehend unbekannt. Dabei gibt es neben den im Handel erhältlichen dunkelvioletten und keulenförmigen Früchten ebenso längliche, runde und eiförmige, grüne, weiße und gestreifte Sorten in den verschiedensten Größen. Dies verdeutlicht auch die Bezeichnung „Eggplant" aus dem englischen Sprachraum, die auf die hellen und eiförmigen Vertreter der Auberginen zurückzuführen ist.

ANBAU

Standort

Geben Sie Auberginen für den Freilandanbau den wärmsten und sonnigsten Platz in Ihrem Garten und wählen Sie robuste, frühreifende Sorten, die unserem mitteleuropäischen Klima „gewachsen" sind. Ein offenes Frühbeet, das Windschutz bietet und Wärme speichert, oder eine Sonnenfalle (siehe S. 41) eignen sich gut für den Anbau. Viele Sorten sollten jedoch nur im Gewächshaus kultiviert werden und auch hier lohnt sich die Auswahl unempfindlicher und früher Sorten.

Aussaat und Kultur

Wie bei Paprika und Chili erfolgt die Aussaat Mitte Februar und auch für Auberginen ist die hohe Keimtemperatur von 25–28 °C zu berücksichtigen. Die weitere Kultur ist vergleichbar mit der von Paprika.

Das Auspflanzen an den endgültigen Standort sollte erst bei stabil warmen Temperaturen erfolgen. Dies ist oft erst Ende Mai der Fall. Setzt nochmals kühlere Witterung ein, sollten die Pflanzen vorübergehend mit Vlies abgedeckt werden. Reifer Kompost und verrotteter bzw. kompostierter Hühnermist unterstützen den Nährstoffbedarf der Auberginen. Außerdem benötigen die Pflanzen regelmäßige und reichliche Wassergaben.

Auberginen wachsen buschig und werden dabei 60 bis über 120 cm hoch. Eine Stütze mit einem stabilen Stab ist anzuraten, damit die oft schweren Früchte die Pflanzen nicht zu Boden ziehen.

ERNTE

Auberginen werden halbreif geerntet, bevor die Samen in den Früchten voll ausgebildet sind. Reife Früchte entwickeln oft Bitterstoffe, und die Kerne werden hart. Halbreife Früchte lassen sich daran erkennen, dass die Frucht nicht mehr ganz fest ist und sich leicht eindrücken lässt. Früchte, die bereits in die Reife übergehen, zeigen einen gelblichen oder gelblich braunen Farbumschlag, und der typische Glanz der Schale wird stumpf. Damit die Pflanzen laufend neue Früchte ausbilden, sollten die Auberginen in einem jungen Stadium regelmäßig geerntet werden. Die Früchte dabei am besten mit einer Schere abschneiden, um eine Verletzung der Pflanze zu vermeiden.

Für die Zubereitung von Auberginen kann man sich an vielen Gerichten der mediterranen Küche orientieren. Zu beachten ist, dass Auberginen nicht oder nur sehr jung und in geringen Mengen roh verzehrt werden sollten.

VERMEHRUNG

Allgemeines

Wie Paprika ist die Aubergine ein potenzieller Selbstbefruchter, weshalb auch Verkreuzungen durch Insekten auftreten können. Daher immer nur eine Auberginen-

Auberginen, hier 'Obsidian', beginnen ab Juli zu blühen. Aus der Nähe betrachtet, wird ihre ganze Schönheit offenbar.

Nicht alle Auberginen sind violett. Es gibt auch weiße oder hellrosa gezeichnete wie diese 'Lao Lavender'.

REZEPT

Der Imam fiel in Ohnmacht

Ein Rezept, angelehnt an eines der vielen türkischen Auberginengerichte, das wohl einst einen Imam so verzückte, dass er allein bei dessen Anblick in Ohnmacht fiel ...

4 kleinere, längliche Auberginen
Salz
Zitronensaft
4 rote Zwiebeln
2 Knoblauchzehen
2 Fleischtomaten
1 Bund glattblättrige Petersilie
1 Zweig Rosmarin
Pfeffer
¼ l Gemüsebrühe
Olivenöl

Auberginen waschen, den Stielansatz knapp abschneiden und die Früchte versetzt schälen, sodass jeweils 1–2 cm der Schale stehen bleiben. Jeweils von einer Seite einen tiefen Schlitz in die Auberginen schneiden.

Auberginen leicht salzen, mit Zitronensaft beträufeln und abdecken. Zwiebeln halbieren und in feine Ringe schneiden, Knoblauch in dünne Scheiben schneiden, Tomaten würfeln, Petersilie und Rosmarinnadeln abzupfen und grob hacken.

Die Gemüse und Kräuter mit Salz und Pfeffer würzen und gut vermengen. Die Auberginen damit füllen und mit der offenen Seite nach oben in eine Schmorpfanne geben.

Mit Gemüsebrühe angießen und mit reichlich Olivenöl beträufeln. Zugedeckt im Ofen etwa 40 min schmoren lassen. Lauwarm als Vorspeise oder kleines Hauptgericht mit Brot servieren.

sorte auf einmal für den Samenbau anpflanzen (siehe auch Vermehrung von Paprika S. 111).

Samenernte

Nur das Saatgut ganz reifer und deutlich verfärbter Früchte ist keimfähig. Das Fruchtfleisch ist in diesem Stadium meist nicht mehr genießbar und schmeckt bitter. Der Reifezustand lässt sich daran erkennen, dass sich die Früchte entsprechend ihrer Farbe im unreifen Zustand wie folgt verfärben: Violette Sorten werden gelblich braun, weiße Sorten vorwiegend gelb und grüne Sorten eher gelbgrün.

Die Samen sind nur mühsam aus dem Fruchtfleisch zu lösen. Daher die Früchte am besten im Haus auf einem sonnigen Fensterbrett möglichst lange lagern. Das Fruchtfleisch wird dann weicher und die Samen lassen sich einfacher herauslösen. Wichtig ist, darauf zu achten, dass die Früchte nicht faulen. Bei Anzeichen von Fäulnis die Samen zügig ernten. Im Anschluss die Samen in einem feinmaschigen Sieb spülen, um Fruchtreste zu entfernen. Auf Papier ausbreiten und trocknen lassen. Die Samen sind mindestens vier Jahre keimfähig.

AUBERGINEN FÜR DEN ANBAU IN UNSEREN BREITEN

Die meisten Auberginensorten sind so wärmebedürftig, dass sie nur bedingt im mitteleuropäischen Klima gedeihen. Selbst im Gewächshaus entwickeln viele Sorten erst sehr spät Früchte, sodass keine nennenswerte Ernte in den warmen Monaten möglich ist. Lediglich einige wenige Sorten sind wirklich für den Freilandanbau geeignet. Um Enttäuschungen zu vermeiden, ist daher die Sortenauswahl besonders wichtig.

'Bambino'

Eine kleinwüchsige Sorte, die sehr viele violette, kleine und fast runde Auberginen ausbildet. Ideal für die Topfkultur auf einem warmen, geschützten Balkon oder der Terrasse.

'Benarys Blaukönigin'

Benarys Blaukönigin ist eine alte Sorte mit länglichen, mittelgroßen, violetten Früchten, die bedingt für das Freiland geeignet ist. An einem warmen, geschützten Standort in milden Lagen entwickeln sich die gedrungen wachsenden Pflanzen robust und tragen reich. In kühleren Lagen im geschützten Anbau kultivieren.

'Dourga'

Eine weiße, lang gestreckte Aubergine für eine zeitige Ernte im geschützten Anbau. Freilandanbau ist nur in besonders milden Lagen zu empfehlen. Die gesunden Pflanzen sind hochwachsend und sehr produktiv und benötigen daher unbedingt eine Stütze. Feiner Geschmack mit einer Note von Pilzaroma.

'Frühviolette'

Mittelgroße, dunkelviolette Aubergine mit gutem Geschmack. Eine der wenigen Sorten, die an einem vollsonnigen, geschützten Standort im Freiland wirklich gut gedeihen. Bei Aussaat Ende Februar und einer guten Nährstoffversorgung ist ein Erntebeginn bereits im Juli möglich. Bis zum Frost können viele Früchte geerntet werden. Robust und gesund. Eine sehr ähnliche, wenn nicht möglicherweise sogar identische Sorte ist 'Tschechische Frühe'. Leider sind Samen meist nur über private Sortenerhalter zu bekommen.

'Obsidian'

Aubergine mit flachrunden, violett glänzenden Früchten. Festes Fruchtfleisch mit frischem Geschmack. Eine Sorte aus Nordchina, die mit dem mitteleuropäischen Klima gut zurechtkommt. Ein warmer, vollsonniger Platz ist dennoch unbedingt notwendig. In kühleren Lagen ist ein geschützter Anbau empfehlenswert.

'Rotonda Bianca Sfumata di Rosa'

Eine italienische Sorte mit wunderschöner, heller, zu rosa verlaufender Zeichnung auf den rundlichen Früchten. Festes Fruchtfleisch, wenig Samen, guter Geschmack. Hochwüchsige, ertragreiche Aubergine für den geschützten Anbau unter Glas und Folie.

Gurke

Kalorienarm und gesund

AUF EINEN BLICK

AUSSAAT	KEIMDAUER
Ende April vorziehen/ Direktsaat Mitte Mai	etwa 6–10 Tage
KEIMTEMPERATUR	**PFLANZUNG**
18–28 °C	ab Mitte bis Ende Mai
ERNTE	**ZU BEACHTEN**
ab Juni/Juli bis zum Herbst	regelmäßige, großzügige Wassergaben

HERKUNFT UND WISSENSWERTES

Gurken (*Cucumis sativus*) gehören zu den Kürbisgewächsen, stammen jedoch nicht wie ihre Verwandten Kürbis und Zucchini aus der Neuen Welt. Es wird davon ausgegangen, dass unsere Kulturgurke auf Wildformen aus Ostindien oder Afrika zurückgeht.

In Indien werden Gurken seit ca. 3000 Jahren genutzt, und es sind dort im Laufe der Zeit unzählige Sorten in verschiedenen Farben und Ausformungen entstanden. Gurken werden dort auch gerne als Kochgemüse verwendet.

In Europa ist die gängige Gurke grün und wird meist als Salat- oder Einlegegurke verwendet. Als Salatgurken werden vorrangig Schlangengurken aus Gewächshausanbau angeboten. Die grüne, gerade Gurke verdanken wir einer EU-Norm, in der bis 2009 festgelegt war, wie krumm eine Gurke sein darf, um überhaupt in den Handel zu kommen. So durfte eine Gurke auf 10 cm Länge maximal 10 mm Krümmung aufweisen. Der Freilandanbau von Gurken beschränkt sich im Erwerbsanbau hauptsächlich auf die jung geernteten Einlegegurken, die als Essig- und Senfgurken konserviert und verkauft werden. In den letzten Jahren sind jedoch vermehrt wieder Feldgurken für den Frischverzehr zu finden, vor allem auf Bauernmärkten oder in Bioläden.

Von der Blüte zum Stiel
Die ursprüngliche Wildgurke hatte bittere Früchte. Im Laufe der Kultivierung wurden die Bitterstoffe jedoch weitestgehend herausgezüchtet. Dennoch sind die Bitterstoffe im Gurkenstiel meist noch enthalten und können in die Frucht wandern, wenn die Pflanzen z. B. durch Trockenheit Stress ausgesetzt sind. Einige alte Gurkensorten tendieren generell dazu, im Stielbereich bitter zu werden. Daher gab es früher auch die Regel, die Gurke von der Blüte zum Stiel zu schälen, um mögliche Bitterstoffe beim Schälen nicht auf die ganze Gurke zu verteilen. Beim Aufschneiden des letzten Drittels hin zum Stielansatz wurde dann probiert, ob sie bitter schmeckte, und der Rest wurde dann gegebenenfalls entsorgt. Bittere Gurken sollten nicht verzehrt werden, da die Bitterstoffe von Kürbisgewächsen nicht gut vertragen werden.

ANBAU

Standort

Gurken sind wärmeliebend und benötigen einen sonnigen und vor Wind geschützten Standort. Im Freiland können Gurkenbeete zwischen etwas höher wachsenden Pflanzen angelegt werden, um diesem Bedürfnis entgegenzukommen. Gleichzeitig ist ein humoser, lockerer Boden wichtig, in den die Gurken leicht einwurzeln können.

Gurken bilden viele lange Ranken. Bei Freilandsorten kann der Anbau kriechend auf dem Boden erfolgen, allerdings muss bei der Pflanzung dann der entsprechende Platz berücksichtigt werden. Gewächshausgurken werden in der Regel an Schnüren hochgeleitet. Schlangengurken entwickeln nur mit ungehindert hängenden Früchten lange und gerade Gurken.

Aussaat und Kultur

Obwohl Gurken rasch keimen und schnellwüchsig sind, sind vor allem die kleinen Sämlinge empfindlich. Säen Sie immer ein paar mehr Gurkensamen, als Sie eigentlich benötigen, da meist nicht alle Sämlinge überleben oder sich kräftig genug entwickeln. Aufgrund der besonders empfindlichen Wurzeln dürfen Gurken nicht pikiert und auch nicht über einen zu langen Zeitraum vorgezogen werden. Durch das relativ schnelle Wachstum reicht eine Aussaat entweder direkt ins Beet Mitte Mai nach den letzten Frösten oder ein Vorziehen von lediglich zwei bis drei Wochen vor dem geplanten Auspflanztermin. Bleiben die Pflanzen zu lange in Töpfen, können sich die Wurzeln nicht mehr weiterentwickeln, die Pflanzen erleiden einen Wachstumsstopp und das Anwurzeln im Beet wird erschwert.

Sollte nach Aussaat oder Auspflanzen kein stabil warmes Wetter folgen, empfiehlt es sich, Freilandgurken vorübergehend mit einem kleinen Folientunnel zu schützen. Bei Temperaturen unter 5 °C können die Gurken absterben. Im Zweifelsfall lieber noch ein paar Tage mit der Aussaat bzw. Pflanzung warten.

Das Beet wird mit großzügigen Gaben reifen Komposts für die nährstoffbedürftigen Gurken vorbereitet. Über die Sommermonate kann vierzehntägig mit Brennnes-

Schlangengurken sind wärmebedürftig und werden am besten im Gewächshaus oder Folientunnel angebaut.

Gewürzgurken wachsen auch frei im Garten. Damit die Früchte nicht faulen, kann der Boden gemulcht werden.

sel- und Beinwelljauche (siehe S. 61) gegossen und so das Wachstum und der Fruchtansatz unterstützt werden. Für einen guten Fruchtansatz und ausgeformte Früchte sind reichliche, regelmäßige Wassergaben unerlässlich. Anhaltende Trockenheit und unregelmäßiges Gießen können zu verkrüppelten Früchten und zur Bildung von Bitterstoffen führen. Dasselbe passiert, wenn man – vor allem an heißen Tagen – mit kaltem Wasser gießt. Am besten Gießwasser aus einer Regentonne verwenden oder die Gießkannen frühzeitig mit Wasser füllen und zur Seite stellen, damit sich das Gießwasser den Tagestemperaturen angleichen kann.

Gurken sind, abgesehen von den parthenokarpen Neuzüchtungen (siehe S. 123), Fremdbestäuber und auf Insekten angewiesen. Vor allem Bienen und Hummeln besuchen gerne die Blüten. Wie auch bei Kürbissen gibt es weibliche und männliche Blüten an einer Pflanze. Letztere dürfen nicht entfernt werden, da sonst die weiblichen Blüten, die bereits einen kleinen Fruchtansatz aufweisen, nicht befruchtet werden können. Oft bilden Gurken anfangs viele männliche Blüten aus. Dann Geduld bewahren, die weiblichen Blüten kommen mit Sicherheit, meist auch in großer Anzahl. Im Gewächshaus oder Folientunnel muss allerdings gewährleistet sein, dass Bestäuberinsekten einfachen Zugang zu den blühenden Gurken haben.

ERNTE

Gurken werden grün und unreif geerntet, bevor die Früchte ihre Samen ausbilden. Zu spät geerntete Früchte verfügen bereits über ein vergrößertes Samengehäuse, die Schale wird fester, und die Gurken können Bitterstoffe enthalten. Wenn das typische Gurkengrün heller oder bereits gelblich wird, ist der ideale Erntezeitraum meist schon überschritten. Vor allem bei hellschaligen Sorten wie 'White Wonder' wird oft zu spät geerntet, da kein Farbumschlag zu beobachten ist. Ausgereifte Gurken eignen sich in der Regel nicht mehr für den Verzehr. Eine Ausnahme stellt die indische Sikkim Gurke dar, die mit dem Ausreifen eine braune, rissige und verkorkte

Schale bilden. Auch aus Russland sind ähnliche, bei Reife braun genetzte Gurken bekannt. Diese Früchte sind auch im Reifestadium noch schmackhaft.

VERMEHRUNG

Allgemeines

Wie auch Kürbis und Zucchini ist die Gurke ein Fremdbefruchter durch Insekten mit weiblichen und männlichen Blüten an einer Pflanze. Daher gelten dieselben Vermehrungskriterien (siehe S. 128).

Samenernte

Nur das Saatgut ausgereifter Gurken ist keimfähig. Gurken werden im Reifeprozess dicker und ihre Farbe schlägt ins Gelbe oder Braune um. Bei vielen Sorten werden die Früchte im Endstadium der Reife weich und die auf dem Boden aufliegende Seite kann aufplatzen. Daher die reifenden Früchte regelmäßig kontrollieren.

Für die Samenernte werden die Gurken längs aufgeschnitten und die Samen mit einem Löffel herausgeschabt. Mittels Nassvergärung (siehe S. 26) werden die Samen gereinigt und dann zügig nachgetrocknet. Gurkensamen sind mindestens vier Jahre keimfähig. Angeblich soll sich ihre Keimfähigkeit sogar nach dem ersten Lagerungsjahr erhöhen.

BEWÄHRTE GURKENSORTEN FÜR FREILAND UND GEWÄCHSHAUS

Für den Hausgarten sind die robusten Freilandsorten besonders interessant. Unter den alten Sorten findet sich dazu eine verlockende Auswahl an geschmackvollen Raritäten. Ebenso können einige samenfeste Neuzüchtungen mit ihren guten Eigenschaften punkten.

'Dekan'

Robuste, kältetolerante Freilandgurke mit kurzen, 10–15 cm langen, walzenförmigen Früchten, die jung geerntet werden. Guter Gurkengeschmack und bitterfrei. Langer Erntezeitraum durch gute Mehltautoleranz. Bringt auch in kühlen Sommern guten Ertrag. Für den Frischverzehr oder als Einlegegurke.

Parthenokarpe Gurkensorten mit rein weiblichen Blüten

Die natürlicherweise einhäusigen Gurken mit männlichen und weiblichen Blüten an derselben Pflanze wurden züchterisch bearbeitet, um die Anzahl weiblicher Blüten und somit den Ertrag zu erhöhen. So gibt es heutzutage neben den ursprünglich männlich und weiblich blühenden Gurkensorten moderne Züchtungen, die überwiegend oder sogar rein weibliche Blüten hervorbringen. Letztere werden als parthenokarpe bzw. jungfernfrüchtige Sorten bezeichnet und bilden ohne Bestäubung kernlose Gurken. Diese können dann natürlich nicht wieder vermehrt werden. Kommt es jedoch zu einer Bestäubung der Blüten solcher Gurkensorten, können sortenuntypische Früchte mit Kernen die Folge sein. Bei den meisten vorrangig weiblich blühenden Gurkensorten handelt es sich um F1-Hybriden.

'Marketmore'

Eine robuste Landsorte mit ursprünglichem Gurkengeschmack, die sich erfolgreich im offenen Frühbeet oder direkt im Freiland anbauen lässt. Früchte mit dunkelgrüner Schale, die erntefähig rund 20 cm lang und 5 cm im Durchmesser sind.

'Vorgebirgstrauben'

Eine Einlegegurke, die ursprünglich aus dem Vorgebirge bei Bonn stammt. Mehrere kleine Gurken wachsen wie Trauben aus einer Blattachsel. Eine ertragreiche Freilandsorte, die über einen längeren Zeitraum laufend geerntet werden kann. Geeignet als Salat- und Naschgurke sowie klein geerntet für die Verarbeitung zu Essiggurken.

Freilandgurke 'Dekan'

Russische Netzgurke 'Kaiser Alexander'

'White Wonder'

Weiße bis cremefarbige Gurke für den Freilandanbau mit walzenförmigen Früchten. Besonders guter und feiner Gurkengeschmack. Alte, bewährte Sorte, die unzählige kleine, weiße Früchte ausbildet. Unbedingt jung bei einer Größe von etwa 10 cm ernten.

'Kaiser Alexander'

Robuste russische Sorte für den Freilandanbau mit kurzen, dicken Früchten. Sie wird jung und grün geerntet oder ausgereift als Gurke für die kurzfristige Lagerung in den Herbst hinein. Die Gurken bilden dann eine feste, rissig-genetzte Schale. Zum Verzehr Schale und Kerngehäuse entfernen. Auch bei Lagerung noch angenehmer, leicht säuerlicher Gurkengeschmack. Hohe Widerstandsfähigkeit gegenüber Mehltau.

'Persika'

Salatgurke mit kurzen bis mittellangen, glattschaligen Früchten. Gut geeignet für den Gewächshausanbau mit Aufleitung der Pflanzen sowie für den Freilandanbau. Kann als Minigurke klein und jung geerntet werden und ist damit auch hervorragend geeignet als Brotzeitgurke.

'Telegraph Improved'

Eine beliebte alte englische Schlangengurke für das Kaltgewächshaus, die auch mit kühleren Nächten und Temperaturschwankungen recht gut zurechtkommt. An Rankgittern oder Schnüren ziehen, damit die Gurken nach unten hängen und gerade wachsen. In sehr milden Lagen ist auch ein Anbau im Freiland möglich.

'Zitronengurke'

Eine runde, hellgelbe Gurke, die möglicherweise schon 1894 in den USA auf den Markt kam. Die Früchte werden hellgrün bis blassgelb bei Zitronengröße geerntet. Das Fruchtfleisch schmeckt dann zart und fein. Bleibt auch bei Trockenperioden bitterfrei. Eine Nasch-, Salat- und Einlegegurke für den geschützten Anbau im Gewächshaus oder im Vlies- oder Folientunnel.

Kürbis und Zucchini

Schwergewichte und Höchsterträge

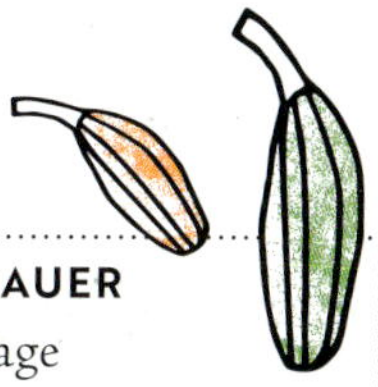

AUF EINEN BLICK

AUSSAAT Mitte April vorziehen	KEIMDAUER 8–12 Tage
KEIMTEMPERATUR etwa 20 °C	PFLANZUNG nach den letzten Frösten, Mitte Mai
ERNTE je nach Sorte ab Juli bis Oktober	ZU BEACHTEN gute Nährstoffversorgung

HERKUNFT UND WISSENSWERTES

Speisekürbisse und Zucchini, wie wir sie heute kennen, sind vom mittleren Nordamerika über Mittelamerika bis in weite Teile Südamerikas beheimatet. In seinen Ursprungsregionen zählt der Kürbis zu den ältesten Nahrungspflanzen. Dabei wurden zuerst vorrangig die Samen genutzt, erst später entstanden aus den bitteren Wildkürbissen Pflanzen mit geringem oder gar keinem Bitterstoffanteil im Kürbisfleisch.

Schon die Seefahrer unter Kolumbus brachten – begeistert von der vielseitigen Frucht – die verschiedensten

Kürbisse mit nach Europa, wo sie bald in den Gärten angebaut wurden. Durch Zufallskreuzungen und später durch gezielte Züchtung entstanden auch hierzulande vielfältige Farben und Fruchtformen. Bis etwa 1900 war die europäische Küche stark von Kürbis geprägt.

Zwischenzeitlich büßten die Kürbisse etwas an Popularität ein, erfreuen sich jedoch seit Ende des letzten Jahrhunderts wieder einer neuen Beliebtheit. Für den Selbstversorgergarten sind Kürbisse ideal, da viele Sorten über eine exzellente Lagerfähigkeit verfügen und den winterlichen Speiseplan bereichern. Außerdem sind die Zubereitungsmöglichkeiten so vielfältig wie bei kaum einem anderen Gemüse.

Zucchini haben sich im selben Zeitraum auch nördlich der Alpen als beliebtes Gartengemüse etabliert. Die Pflanzen sind überaus produktiv, sodass mit wenigen Exemplaren den ganzen Sommer hindurch so viel geerntet werden kann, dass eine Familie mehr als versorgt ist.

Kulturarten in Europa

In unseren Breiten werden vorrangig drei als Speisekürbisse genutzte Kürbisarten angebaut:

Zunächst ist da der Gemüse- oder Gartenkürbis (*Cucurbita pepo*), dessen bekannteste Vertreter die verschiedenen Zucchinisorten sind. Darunter auch die runden Formen und die sogenannten Rondini. Ebenso zählen zu dieser Art Ölkürbisse, Patisson (Ufokürbis), Halloween- und Zierkürbisse.

Die wohl sortenreichste Art stellt der Riesenkürbis (*Cucurbita maxima*) dar, der aufgrund seiner guten Lagerfähigkeit auch Winterkürbis genannt wird. Hokkaido, 'Roter Zentner' und 'Gelber Zentner', 'Bischofsmütze', Buttercup und Hubbard gehören zu dieser Art, um nur einige zu nennen. Der größte Vertreter ist die Sorte 'Atlantic Giant', bei der ein Kürbis ein Gewicht von bis zu 300 kg erreichen kann.

Die dritte und am wärmeliebendste bei uns angebaute Speisekürbisart ist der Moschus- oder Muskatkürbis (*Cucurbita moschata*) mit den beliebten Butternut- und Muscade-de-Provence-Kürbissen. Sie benötigen für eine gute Ernte einen warmen Platz und es sollte auf früh reifende Sorten geachtet werden.

ANBAU

Standort

Kürbisse gehören zu den wärmeliebenden Gemüsepflanzen und zählen außerdem zu den ausgesprochenen Starkzehrern. Ein warmer, sonniger Standort und eine gute Nährstoffversorgung sind für eine erfolgreiche Kultur unbedingt notwendig. Aufgrund ihres hohen Nährstoffbedarfs sind Kürbisse und Zucchini nur bedingt für die Kultur auf Balkon und Terrasse geeignet. Während kleinfrüchtige Sorten und Zucchini in großen Pflanzgefäßen bei guter Nährstoffversorgung angebaut werden können, ist von großen Kürbissorten für die Topfkultur abzuraten.

Bei Kürbissen und Zucchini wird zwischen rankenden und buschig wachsenden Sorten unterschieden. Die meisten Zucchini wachsen in Buschform, die großen Maxima- und Muskatkürbisse beranken dagegen große Flächen. Es ist daher ein Platzbedarf von mindestens einem Quadratmeter, oft auch mehr, je Pflanze vorzusehen. Kürbisse mit kleinen und nicht so schweren Früchten können platzsparend an Rankgittern gezogen werden.

Aussaat und Kultur

Kürbisse vertragen keinen Frost, und schon Temperaturen unter 5 °C können sich schädigend auswirken. Da Kürbisse eine relativ lange Kulturdauer haben, empfiehlt sich eine Voranzucht im Laufe des Aprils. Dabei ist zu beachten, dass Kürbisse sehr empfindliche Wurzeln haben und nicht pikiert werden sollen. Die Voranzucht erfolgt daher in kleinen Töpfchen an einem warmen, hellen Fensterplatz. Eine Temperatur um die 20 °C bei gleichmäßiger Feuchtigkeit ist für die

Keimung ideal. Es werden je Topf zwei Samen gesät. Wenn beide keimen, kann das schwächere Pflänzchen entfernt werden. Bei kleinen Kürbissorten und genügend Platz am endgültigen Standort können auch beide Pflänzchen gezogen und zusammen ausgepflanzt werden. Tagsüber können die Jungpflanzen bei guter Witterung für eine Abhärtung und zur Gewöhnung an die Sonne nach draußen gestellt werden.

Kürbisse haben einen hohen Nährstoffbedarf, der bereits bei der Anzucht zu berücksichtigen ist. So kann direkt in Komposterde gesät werden. Wichtig ist, dass der Kompost vollständig ausgereift ist, dann besteht auch keine Gefahr, dass die jungen Wurzeln verbrennen. Eine nährstoffarme Aussaaterde ist für die Anzucht von Kürbissen nicht geeignet.

Gepflanzt wird nach den letzten Frösten, etwa Mitte Mai, in ein nährstoffreiches Beet, das am besten mit verrottetem Mist oder Mistkompost vorbereitet wurde. Gut geeignet sind auch neu angelegte Hügelbeete. Große Kürbisse wurden traditionell auch auf den Kompost- oder Misthaufen gepflanzt. Dies kann man durchaus machen, jedoch ist zu beachten, dass der Kürbis dem Kompost dann bereits einen großen Teil seiner Nährstoffe entzieht. Frischer Mist ist für die Pflanzung ungeeignet.

Kürbisse und Zucchini bilden einhäusige Blüten, es wachsen also weibliche und männliche Blüten an derselben Pflanze. Werden die männlichen Blüten entfernt – was leider manchmal aus Unwissenheit geschieht –, werden die weiblichen Blüten nicht bestäubt, und es entwickeln sich keine Früchte.

ERNTE

Sortenabhängig haben Kürbisse unterschiedlich lange Reifezeiten. Während Zucchini unreif und schon ab Frühsommer geerntet werden können, benötigen die meisten Kürbisse bis zur vollen Reife durchschnittlich drei Monate. In kalten, nassen Sommern kann sich

Zucchini und Kürbis haben getrenntgeschlechtliche Blüten. Hier eine männliche Blüte ohne Fruchtansatz.

Zuchini und Kürbis sind starkwüchsig und brauchen eine entsprechende Nährstoff- und Wasserversorgung.

die Reife hinauszögern, und besonders wärmeliebende Kürbisse – meist Vertreter der Muskatkürbisse – reifen nicht mehr aus. Für den Anbau vor allem in Gegenden mit rauerem Klima empfiehlt es sich, Sorten mit einer eher kurzen Reifezeit zu wählen.

Zucchini können bis in den Herbst laufend geerntet werden. Die Früchte werden hierfür mit einem scharfen, sauberen Messer am Stielansatz abgeschnitten. Am besten jung ernten, dann sind Zucchini zart und delikat. Außerdem werden durch eine regelmäßige Ernte ständig neue Früchte gebildet. Die reifen Kürbisse werden spätestens vor dem ersten Frost ins Haus geholt. Auch hier wird der Stiel der Früchte am Ansatz zur Ranke abgeschnitten. Kürbisse sollten nicht am Stiel hochgehoben werden, da dieser durch das Gewicht der Früchte ausbrechen kann. Aufgrund der entstandenen Wunde ist der Kürbis dann nicht mehr lange lagerfähig. Für eine Lagerung müssen Kürbisse gut ausgereift sein. Dies kann man am Kürbisstiel erkennen, der mit zunehmender Reife braun und trockener, bei Maximakürbissen auch korkig wird. Bei einigen Kürbissen verändert sich ihre Färbung auch erst mit der Reife, z. B. von grün zu orange oder braun. Die meisten Kürbisse können bis zu einem gewissen Grad nachreifen. Hierfür werden die Früchte an einen warmen, trockenen und am besten sonnigen Platz gelegt, beispielsweise eine sonnige Terrasse an warmen Tagen oder ein Wintergarten. Auch für die weitere Lagerung sollten Kürbisse trocken und nicht zu kalt (10–15 °C) aufbewahrt werden. Sortenabhängig ist eine Lagerung über viele Monate möglich.

VERMEHRUNG

Allgemeines

Kürbisse und Zucchini sind Fremdbefruchter und werden durch Insekten, vor allem Hummeln und Bienen, bestäubt. *Cucurbita pepo*, *Cucurbita maxima* und *Cucurbita moschata* verkreuzen sich untereinander nicht. Jedoch verkreuzen sich die verschiedenen Sorten jeweils innerhalb dieser Kulturarten (siehe Grafik S. 21). Dies bedeutet, dass z. B. eine Zucchinisorte, ein Hokkaido und ein Butternut zusammen angebaut werden können, ohne dass eine Verkreuzung stattfindet. Wird jedoch eine Zucchinisorte zusammen mit einem Zierkürbis angebaut, kann es zu einer Verkreuzung kommen. Die Früchte der Folgegeneration sind dann nicht mehr sortenrein und darüber hinaus können die Früchte durch die Vererbung von Bitterstoffen aus dem Zierkürbis ungenießbar werden. Für eine erfolgreiche Vermehrung ist daher immer das Wissen über die Artenzugehörigkeit Voraussetzung.

Für die Vermehrung im Hausgarten ist der hohe Platzbedarf zu berücksichtigen. Idealerweise sollten sie für die Vermehrung in einem Bestand von mindestens 10–15 Pflanzen angebaut werden.

Während bei ausgereiften Kürbissen die Samenernte zeitgleich mit der Ernte und dem Verzehr der Frucht erfolgt, können von unreif geernteten Zucchini keine keimfähigen Samen gewonnen werden. Wie alle Kürbisse müssen auch Zucchini für die Samenernte ausreifen und können somit nicht wie gewohnt geerntet und verzehrt werden.

Samenernte

Die zumeist großen Samen werden aus der reifen Frucht geerntet. Dazu schneidet man die Früchte vorsichtig auf, um keine Samen zu verletzten, und schabt diese mit einem Löffel aus dem Fruchtfleisch. Samen waschen und vor der endgültigen Aufbewahrung gut durchtrocknen, da es sonst zu Schimmel kommen kann. Hierfür die Samen am besten für einige Wochen in flachen Schalen bei Zimmertemperatur stehen lassen. Das Saatgut ist etwa vier Jahre keimfähig.

SORTENVIELFALT KÜRBIS UND ZUCCHINI

Neben den gängigen, meist orangen Hokkaidokürbissen und grünen Zucchini gibt es unzählige Sorten in den verschiedensten Farben und Formen, die sich auch geschmacklich und in ihren Kocheigenschaften überraschend voneinander unterscheiden. Besonders überzeugen können dabei einige ältere Zucchinisorten mit ihrem sehr guten Geschmack.

Gartenkürbisse, Zucchini und Rondini

'Delicata'

Ein eher kleiner, länglicher, schnell reifender Kürbis mit einem Gewicht von etwa 500 g. Die reifen Früchte sind cremegelb mit dunkelgrünen Streifen. Geschmack und Konsistenz sind nussig-süß und kartoffelig. In den USA sehr beliebt und sehr feiner Kürbis mit mittlerer Lagerfähigkeit. Von 'Delicata' gibt es rankende sowie buschige Wuchsformen.

'Tondo chiaro di Nizza'

Beliebte alte Rondinisorte, auch erhältlich unter der Bezeichnung 'Ronde de Nice'. Wächst rankend mit vielen kleinen, runden, grünen Früchten mit gelbem Fruchtfleisch. Kann grün oder ausgereift zubereitet werden. In reifem Zustand einige Wochen lagerbar.

'Black Beauty'

Ertragreiche Zucchinisorte, die bei regelmäßiger Ernte den ganzen Sommer über dunkelgrüne, schlanke, sehr schmackhafte Früchte bildet. Sie soll eine der weltweit meistverkauften Zucchinisorten sein.

'Costata Romanesco'

Eine alte Zucchinisorte mit allerbestem Geschmack. Die grün gestreiften Früchte mit leichter Rippung sind festfleischig und daher sehr gut für Antipasti und Pfannengemüse geeignet. Große, robuste Pflanzen mit buschiger Wuchsform bei frühem und hohem Ertrag. Die Triebe können über 1 m lang werden. Eine ähnliche Sorte ist 'Cocozelle di Tripolis'.

'Early Prolific Straightneck'

Eine sehr beliebte Zucchini, die wohl 1938 in Amerika auf den Markt gebracht wurde. Leuchtend gelb mit lang gestreckter Keulenform. Kompakt wachsend mit gutem Fruchtansatz. Jung geerntet sehr zart und wohlschmeckend.

Kürbis 'Jarrahdale' und Zucchini 'Costata Romanesco'

Eine besondere Rarität: Kürbis 'Galeux D'Eysines'

Aus der Hokkaido-Verwandtschaft: Kürbis 'Lakota'

Ein erntereifer Winterkürbis der Sorte 'Uchiki Kuri'.

'Serafina'

Eine empfehlenswerte, samenfeste Zucchinineuheit aus der Bio-Züchtung. Kompakt wachsende Pflanzen mit dunkelgrünen, leicht marmorierten Früchten. Guter Geschmack.

Muskatkürbisse

'Angelique'

Kleiner, runder Muskatkürbis mit Früchten von etwa 1 kg. Viel oranges Fruchtfleisch mit kleiner Samenhöhle und fruchtig-aromatischem Geschmack. Ausgezeichneter Speisekürbis, der durch seine Größe auch in unserem Klima gut ausreift.

'Sonca'

Ungarische Butternut-Sorte mit lang gezogener Birnenform. Das saftige Fruchtfleisch ist satt dunkelorange mit feinem Melonengeruch. Die Früchte reifen von dunkelgrün nach gelborange ab. Hervorragender Suppen- und Püreekürbis und auch als Rohkost geeignet. Die 1,5–3 kg schweren, kernarmen Früchte sind ergiebig und gut lagerfähig. Einer der wenigen Muskatkürbisse, der an einem warmen Platz und mit entsprechender Nährstoffversorgung in unseren Breiten relativ sicher ausreift und einen hohen Ertrag bringt.

'Waltham'

Eine Butternut-Sorte ebenfalls mit birnenähnlicher Form. Die handlichen Früchte reifen von hellgrün zu beige bei einem Gewicht von 1,5–2 kg. Oranges Fruchtfleisch. Kerne befinden sich nur im verdickten Teil der Frucht, wodurch die Kürbisse sehr ergiebig sind. Besonders wärmeliebend wie alle Muskatkürbisse und mittelspät reifend.

Maxima- oder Winterkürbisse

'Bischofsmütze'

Seinen Namen erhielt dieser mehrfarbige, rot-weißgrüne Kürbis durch seine charakteristische und dekorative Form. Daher findet er auch oft als Zierkürbis Verwendung. Die Bischofsmütze kann aber auch gegessen werden. Das Fruchtfleisch ist fest und süß.

'Blue Kuri'

Eine sehr beliebte Kürbissorte aus Japan mit graublauen Früchten und einem ähnlichen Aroma wie die orangen Hokkaido-Kürbisse. Daher wird 'Blue Kuri' auch „Blauer Hokkaido" genannt. Das gelborange Fruchtfleisch schmeckt nussig und süß. Die Früchte werden zwischen 1 und 2 kg schwer und sind bis zu sechs Monate lagerfähig. Wie andere Hokkaido-Kürbisse muss 'Blue Kuri' für die Zubereitung in der Küche nicht unbedingt geschält werden.

'Boston Marrow'

Diese Sorte gehört zur Gruppe der Hubbard-Kürbisse, die es in unterschiedlichsten Varianten gibt. 'Boston Marrow' ist dabei eine sehr alte Hubbard-Sorte, die bereits 1831 in den USA auf den Markt gebracht wurde. Möglicherweise hat diese Sorte ihren Ursprung bei den Indianern. Die Frucht ähnelt einer länglichen Birne und ist leuchtend rotorange mit dunkelgelbem, dickem und festem Fruchtfleisch von sehr guter Qualität.

'Orange Banana', 'Pink Jumbo Banana' und 'Blue Banana'

Kürbisse mit walzen- bis bananenförmigen Früchten gibt es in verschiedenen Varianten und Farben. Einige wie 'Pink Jumbo Banana' können sehr groß werden mit einer Länge bis zu 1 m. Allen gemeinsam ist das dicke, dunkelgelb bis orange Fruchtfleisch von ausgezeichnetem Geschmack.

'Uchiki Kuri'

'Uchiki Kuri' ist eine beliebte und bewährte orange Hokkaido-Sorte. Sie stammt von dem japanischen Gemüsezüchter Matsumoto Saichiro und kam 1933 auf den Markt. Weitere orangefarbene, samenfeste Hokkaido-Sorten sind die neueren Züchtungen bzw. Selektionen aus 'Uchiki Kuri' namens 'Solor' und 'Fictor', die sich durch höhere Erträge und bessere Lagerfähigkeit auszeichnen.

'Ungarischer Blauer'

Großer, runder Winterkürbis mit außen hellgrauen bis bläulichen, gerippten Früchten. Das Fruchtfleisch ist gelborange, dickfleischig und von ausgezeichnetem Geschmack. Eignet sich gut als Brat- oder Blechkürbis, da das Fruchtfleisch beim Garen nicht zerfällt. Daher ist auch der Name „Ungarischer Bratkürbis" gebräuchlich. Zeichnet sich zudem durch gute Lagerfähigkeit aus. Eine ähnliche graue Sorte mit exzellentem Kürbisgeschmack ist 'Jarrahdale' mit australischem Ursprung.

'Delicata' ist eine längliche und gestreifte Gartenkürbissorte.

Mais

Uralte Nutzpflanze aus der Neuen Welt

AUF EINEN BLICK

AUSSAAT	**KEIMDAUER**
Vorziehen ab Mitte April, Direktsaat ab Ende April/Anfang Mai	etwa 10–14 Tage
KEIMTEMPERATUR	**PFLANZUNG**
ab 10 °C, schnellere Keimung wenn wärmer	nach den letzten Frösten, ab Mitte Mai
ERNTE	
je nach Sorte ab Juli milchreif, ausgereift ab September	

HERKUNFT UND WISSENSWERTES

Mais *(Zea mays L.)* zählt zu den ältesten Kulturpflanzen. Die Ureinwohner Mexikos nutzten das Getreide bereits vor etwa 7000 Jahren und auch heute noch ist Mais eines der wichtigsten Grundnahrungsmittel in Mittelamerika. In Europa wurde die Pflanze ab dem 16. Jahrhundert zuerst in Spanien angebaut und verbreitete sich in der Folge rund um den Globus.

Heute ist Mais neben Reis und Weizen eines der wichtigsten Getreide. In Europa wird Mais nur zu einem geringen Anteil als Nahrungsmittel genutzt, etwa als

Zuckermais frisch und in Konserven, als Popcorn-Mais oder als Mehl- und Polenta-Mais. Der größte Teil wird wie Soja großflächig als Futtermittel für Nutztiere kultiviert. Neben der Futtermittelproduktion wird Mais unter anderem auch als nachwachsender Rohstoff für die Energiegewinnung in Agro-Gasanlagen verwendet oder als Grundstoff für plastikfreie, biologisch abbaubare Verpackungen.

Mittlerweile kommen für den Maisanbau bis zu 100 % Hybridsorten zum Einsatz. Im Hausgarten lassen sich dagegen alte und bunte Maissorten kultivieren und erhalten. Vor allem der milchreife Zuckermais alter Sorten kann eine Delikatesse darstellen.

Maissorten und ihre Verwendung

Im Zuge der jahrtausendealten Kultur von Mais entstanden unterschiedlichste Sorten für verschiedene Verarbeitungsmethoden. Es wird davon ausgegangen, dass es heute weltweit mehr als 5000 verschiedene Maissorten gibt. Vor allem in Bayern und Tirol wurde Mais bereits sehr früh kultiviert. Diese alten und genetisch wertvollen, aber auch geschmacklich besonderen Speisemaise sind heute höchstens noch in Genbanken zu finden. Ebenso wie diese alten Sorten aus dem Anbau verschwunden sind, ist auch das Wissen über Mais als Nahrungsmittel nahezu vollständig verloren gegangen. Heute sind für die Verwendung in der Küche die folgenden Maistypen relevant:

- **Zuckermais für den milchreifen Verzehr:** Zuckermais, auch Süßmais genannt, wird nur im Stadium der Milchreife geerntet und frisch oder konserviert verwendet. Für die Haltbarmachung werden die Maiskörner oder Kolben vorgegart und eingefroren oder in Gläsern oder Konserven eingemacht. Trocknet das Korn bei Vollreife, verschrumpelt es und wird hart. Eine weitere Verwendung ist dann nur noch bedingt möglich.

- **Trockenmais für Grieß und Mehl:** Zur Maisgrießbzw. Polentaherstellung werden sehr harte Maissorten mit rundem Korn, sogenannte Hartmais- oder Flintsorten, verwendet. Die meisten historischen Maissorten, die in unseren Breiten angebaut wurden, sind Hartmaissorten, die mit unserem Klima und mit kühleren Temperaturen zurechtkamen.

  Für die Mehlherstellung kommen eher Zahnmais- und Weichmais- bzw. Stärkemaissorten zum Einsatz, da sie im getrockneten Zustand etwas weicher sind und leichter vermahlen werden können. Maismehl ist glutenfrei und es fehlt das für das Backen wichtige Klebereiweiß. Die heutigen Hybridsorten sind oft aus Grieß- und Mehlmais gezüchtet. Reiner Hartmais oder Zahnmais ist nur unter den traditionellen und samenfesten Maissorten zu finden.

- **Puffmais:** Puffmais oder Popcorn-Mais ist an seinem eher kleinen und leicht glasigen Korn erkennbar. Beim Erhitzen wird die im Korn enthaltene Stärke nach außen gedrückt und das Korn poppt.

Milpa bezeichnet ein traditionelles Mischkultursystem aus Mais, Kürbis und Bohnen.

Mischkultursystem Milpa

Mais spielt in den Kulturen Mittelamerikas eine wichtige Rolle. Das heilige Buch der Maya beispielsweise besagt, dass die Götter den Menschen aus Mais geschaffen haben. Mais stellt das Herzstück des Mischkultursystems Milpa dar. Meist wird der Mais von Bohnen und Kürbis begleitet, zusammen werden sie die drei himmlischen Schwestern genannt.

Die drei Nutzpflanzen unterstützen sich im Anbau gegenseitig. So dient der Mais der Bohne als Rankhilfe, die Bohne kann mithilfe von Knöllchenbakterien an ihren Wurzeln (wie andere Leguminosen auch) Stickstoff aus der Luft in bodenverfügbaren Stickstoff umwandeln, und der Kürbis bedeckt den Boden und schützt ihn vor Austrocknung, Erosion und übermäßigem Beikrautbewuchs. Durch die Mischkultur wird eine einseitige Ausnutzung des Bodens vermieden, und zusammen mit weiteren Nutzpflanzenarten, Kräutern und Blütenpflanzen bietet die Milpa Lebensraum für Nützlinge. Ähnliche traditionelle Mischkulturen, vorrangig aus Mais und Bohnen, sind auch aus anderen Ländern, wie beispielsweise aus dem Balkan, bekannt.

Das Milpa-System lässt sich auch auf den Hausgarten übertragen. Wichtig ist, die Wachstumseigenschaften von Mais und Bohnen aufeinander abzustimmen. Kleinere Maissorten können zusammen mit Reiserbohnen kultiviert werden. Für hochwachsende Maissorten eignen sich sogenannte Maisbohnen, die wenig Laub entwickeln und über ein begrenztes Wachstum verfügen. Für entsprechende Sorten lohnt es sich in Saatgut-Archiven und Angeboten privater Erhalter zu stöbern.

ANBAU

Standort

Mais ist ein Starkzehrer und benötigt einen nährstoffreichen und möglichst lockeren Boden, am besten in vollsonniger Lage und ohne Staunässe. Das Beet kann bereits im Herbst mit Mistkompost versorgt oder im Frühjahr mit reifem Kompost oder organischem Dünger vorbereitet werden.

AUSSAAT UND KULTUR

Abhängig von der Maissorte und den regionalen klimatischen Bedingungen wird von Ende April bis Mitte Mai direkt ins Freiland gesät. Wichtig für eine zügige Keimung ist, dass sich der Boden vor der Aussaat bereits erwärmen konnte. Mais benötigt für die Keimung eine Temperatur von mindestens 10 °C im Boden. Dies ist erst zu erwarten, wenn die Temperaturen tagsüber konstant um die 15 °C liegen. Bei kalter und nasser Witterung daher mit der Saat noch etwas warten.

Bei sehr kühlem Wetter, bei großwüchsigen Maispflanzen mit langer Kulturdauer und in raueren Regionen empfiehlt sich eine Voranzucht in Töpfchen oder Aussaattabletts. Für die Keimung können die Aussaatgefäße in ein Gewächshaus oder Frühbeet gestellt werden. Nach den letzten Frösten, meist ab Mitte Mai, wird der junge Mais dann an seinen endgültigen Standort gepflanzt. Aussaat und Pflanzung erfolgen am besten blockweise in einem quadratischen oder rechteckigen Beet, damit eine gute Bestäubung und darüber eine gute Kornbildung gewährleistet ist. In Einzelreihen gepflanzter Mais ist oft nicht ausreichend bestäubt, und es werden an den Kolben nur wenige Körner ausgebildet. Abhängig von der Sorte benötigen die Maispflanzen einen Abstand von 30 bis 50 cm.

Ist das Frühjahr regenarm und warm, muss bis zur Keimung und Wurzelbildung bzw. dem Anwachsen der Jungpflanzen gut gewässert werden. Danach ist Mais unkompliziert in der weiteren Kultur und verträgt auch Trockenheit. Dennoch sollte der Boden zwischen den Maisstangen gut gemulcht werden. Dies hält die Feuchtigkeit und unterdrückt Beikräuter. Bei hochwachsenden Maissorten (Höhe bis zu 3 Meter) empfiehlt es sich zudem, die Maisstangen für eine gute Standfestigkeit anzuhäufeln. Vor allem alte Maissorten bilden oft Seitentriebe. Diese sollten vorsichtig ausgebrochen werden.

ERNTE

Die milchreifen Kolben des Zuckermaises können sortenabhängig ab Juli geerntet werden. Die Hüllblätter sind dann in der Regel noch grün, die Seide (siehe auch unter Vermehrung) jedoch bereits braun und trocken. Meist setzt zu diesem Zeitpunkt eine erste Verfärbung vom weißen Korn zur Reifefarbe ein. Um sicherzugehen, dass die Kolben die Genussreife erreicht haben, können die Hüllblätter leicht geöffnet werden.

Mais für Mehl und Grieß muss komplett ausreifen, bis das Korn hart und trocken ist. Die Hüllblätter sind dann ebenfalls trocken und nicht mehr grün. Die Kolben werden entblättert und sollten an einem trockenen Ort noch etwas gelagert werden, bevor das Korn von den Kolben abgestreift und vermahlen werden kann.

Bei der Ernte werden die einzelnen Kolben aus der Blattachsel gedreht, sodass die restliche Pflanze nicht verletzt wird. Dies ist vor allem bei der Ernte der milchreifen Kolben wichtig, sodass sich verbleibende Kolben an der Pflanze weiter entwickeln können.

VERMEHRUNG

Allgemeine Vermehrungskriterien

Mais ist eine getrennt geschlechtliche, einhäusige Pflanze. Das bedeutet, dass sich an einer Pflanze weibliche und männliche Blüten befinden. Die weiblichen Blüten wachsen aus den Blattachseln heraus und entwickeln den sogenannten Maisbart bzw. die Maisseide. Die männlichen Blüten, auch Fahne genannt, wachsen an der Spitze der Maispflanzen. Durch den Wind wird

Der Zuckermais 'Jade Green' wird im milchreifen Stadium geerntet.

der Pollen der männlichen Blüten auf die Seide der weiblichen Blüten übertragen. Jeder Seidenfaden bildet nach der Bestäubung ein Maiskorn. Im Garten kann man die Fahnen in regelmäßigen Abständen leicht schütteln, damit sich der Pollen möglichst gut verteilt. Wichtig ist dabei ein großer Bestand an Maispflanzen, damit der Pollen die weiblichen Blüten möglichst vieler anderer Pflanzen erreicht. 50 Pflanzen sollten für die Vermehrung mindestens angebaut werden.

Samenernte

Das Reifestadium für die Samenernte entspricht der Erntereife von Trockenmais, also wenn die Körner hart und trocken sind. Werden von den Kolben die Hüllblätter entfernt und die Kolben bei Zimmertemperatur einige Zeit nachgetrocknet, lassen sich die einzelnen Körner einfach von den Kolben streifen. Pflanzenreste werden ausgesiebt oder ausgeblasen. Für die Vermehrung Körner von möglichst vielen Einzelpflanzen ernten,

Die Sorte 'Rainbow Inca' wird milchreif als Zuckermais geerntet.

Als Polentamais eignet sich die Sorte 'Tessiner Roter'.

um Inzuchterscheinungen vorzubeugen. Im Zweifelsfall mit Samen derselben Sorte aus anderer Herkunft mischen.

Nixtamalisation: Wie Trockenmais traditionell für die weitere Verarbeitung vorbehandelt wird

Eine der ersten Pflanzen, die aus der Neuen Welt nach Europa kamen, war der Mais. Bereits im 16. Jahrhundert wurde Mais in Spanien großflächig angebaut und ersetzte in einigen Regionen die einheimischen Getreidesorten. In der Folge traten genau in diesen Gegenden extreme Hautausschläge auf. Die Krankheit wurde als Pellagra bezeichnet, und es handelte sich um Symptome einer Mangelernährung. Die Spanier hatten zwar den Mais nach Europa gebracht, jedoch nicht das Wissen um seine Verarbeitung. In Europa wurde der Mais geerntet, getrocknet, zu Mehl vermahlen und zubereitet. Die Azteken, für die Mais eine Hauptnahrungsquelle darstellte, verwendeten den Mais erst nach einer sogenannten Nixtamalisation.

Der Mais wurde hierfür in einer leicht kalkhaltigen, also alkalischen Lösung gekocht und zum Quellen stehen gelassen. Die alkalische Lösung wurde durch Zugabe von Asche aus den Herdfeuern erreicht und sie macht die Inhaltsstoffe des Maises für die menschliche Ernährung besser verfügbar. So nimmt der Kalziumgehalt zu und Vitamine und Proteine können verwertet werden. Zusätzlich bekommt ein aus behandeltem Mais zubereiteter Teig bessere Klebereigenschaften, sodass das Maismehl beispielsweise zu Tortillas verarbeitet werden kann. Bis heute ist der Vorgang der Nixtamalisation in unseren Breiten so gut wie unbekannt, könnte jedoch für die Verarbeitung von alten Mehlmaissorten durchaus interessant sein.

MAIS FÜR DEN HAUSGARTEN

Je nach Gartengröße lassen sich unterschiedliche Maisraritäten im Garten anbauen und erhalten. Die Sortenvielfalt reicht von meterhoch wachsenden Pflanzen, die viel Platz benötigen, bis hin zu Mini-Mais, der auch auf dem Balkon Platz findet. Insgesamt ist darauf zu achten, dass es sich um Maissorten handelt, die an unsere Klima angepasst sind und entsprechend auch in unseren Breiten zur Kornreife gelangen. Für den Verzehr eignen sich am besten Zuckermaissorten.

Dabei ist Mais nicht zwangsläufig gelb. Unter den alten Sorten finden sich unterschiedlichste Farbabstufungen von Weiß über Rot bis Olivgrün oder auch bunte Farbenspiele an einzelnen Kolben.

'Bloody Butcher'

Alte Maissorte von 1845 mit über 3 m hohen Pflanzen. Korn in unterschiedlichen Rottönen. Ernte als süßer und saftiger Zuckermais in der Milchreife. Das ausgereifte Korn wird sehr hart und kann zu Maismehl verarbeitet werden.

'Golden Bantam'

Eine seit 1902 bekannte mittelsüße Zuckermaissorte für die milchreife Ernte. Golden Bantam wurde als samenfeste Maissorte in der Diskussion um genmanipulierten Mais bekannt.

'Jade Green'

Kleinwüchsige Maissorte mit einer Höhe von etwa 1,20 m. Bei Milchreife jadegrüne Verfärbung und in der Ausreife beinahe dunkelblau. Kleine Kolben mit feinem Geschmack, die bei zeitiger Ernte ohne Vorkochen gut zum Grillen geeignet sind. Schnellwüchsig mit früher Reife.

'Rainbow Inca'

Hochwachsender Zuckermais mit großen Kolben. Bunte Sorte mit weißen, dunkelroten und bläulichen Körnern. Sehr guter Geschmack. Besonders in rauen Gegenden Voranzucht empfohlen.

'Stowell's Evergreen'

Zuckermais mit großen Kolben und cremeweißem Korn. Hochwachsende und mittelspäte Sorte. Süß mit dem typischen Geschmack und Biss traditioneller Zuckermaissorten.

'Schwarzer Pop'

Mini-Mais mit einer Höhe von etwa 1,20 m und mittelgroßen Kolben. Milchreif als Gemüsemais zu verwenden, die ausgereiften Körner eignen sich für Popcorn. Frühreifende Sorte.

'Tessiner Roter'

Weich- bzw. Stärkemais mit bis zu 3 m hohen und kräftigen Pflanzen. Die reifen, trockenen Körner sind dunkelrot und oft von einer feinen gelben Maserung durchzogen. Traditionssorte aus dem Tessin. Frühreifende Sorte, die auch geeignet ist für höhere Lagen. Verwendung als Polenta- und Mehlmais.

Da Mais vom Wind bestäubt wird, sind mehrere Pflanzen zur Befruchtung nötig.

Kopf- und Rosenkohl

Die Winterkönige im Gemüsegarten

AUF EINEN BLICK

AUSSAAT	KEIMDAUER
ab Februar bis Mitte Mai	6–10 Tage
KEIMTEMPERATUR	**ERNTE**
15–20 °C	je nach Sorte 60–140 Tage nach Aussaat
ZU BEACHTEN	
Kohlschädlinge	

HERKUNFT UND WISSENSWERTES

Kohl, dessen Blätter einen mehr oder weniger festen Kopf bilden, wird als Kopfkohl bezeichnet. Dazu gehören Weiß- und Rotkohl (*Brassica oleracea* var. *capitata*) sowie Wirsing (*Brassica oleracea* var. *sabauda*). Diese Kohle sind eng mit anderen Kohl-Varietäten wie Grünkohl, Palmkohl, Brokkoli und Blumenkohl sowie Kohlrabi verwandt.

Rosenkohl, der ebenfalls zur nahen Verwandtschaft gehört, ist vermutlich aus Kreuzungen unterschiedlicher Kopfkohle entstanden.

Bereits bei den Römern waren verschiedene Kohlarten sehr beliebt, und vermutlich wurde im Mittelmeerraum beheimateter Kohl von den Römern über die Alpen gebracht, wo er sich langfristig etablierte. Bereits im 16. Jahrhundert wurden die gesundheitlichen Vorzüge des Kohls in Kräuterbüchern beschrieben, und als Sauerkraut konservierter Kohl war für die Seefahrer eine wichtige Vitaminquelle. So war Kopfkohl lange Zeit eines der wichtigsten Gemüse in unseren Breiten. Dies auch aufgrund unserer klimatischen Bedingungen, unter denen Kohl gut gedeiht und gleichzeitig durch Frostbeständigkeit und Lagerfähigkeit ein unentbehrliches Wintergemüse darstellte.

Vitaminbombe Kohl

Heute ist der gesundheitliche Wert von Kohl nachgewiesen, und man weiß, dass z. B. Wirsing mehr Vitamin C enthält als Orangen und eine Portion Weißkohl neben anderen wichtigen Mineralstoffen den Tagesbedarf an Selen deckt. Kohl ist daher vor allem im Winter ein wichtiger Bestandteil gesunder und ausgewogener Ernährung.

Rosenkohl

Rosenkohl mit seinen kleinen Röschen ist aus der Gruppe der Kopfkohle hervorgegangen. Ob es sich tatsächlich um eine Kreuzung aus Brokkoli bzw. einem Blattkohl mit Kopfkohl, möglicherweise Wirsing handelt, lässt sich jedoch nicht mit Sicherheit sagen. In jedem Fall stellt Rosenkohl eine der jüngsten Kohlzüchtungen, aus dem Raum um Brüssel stammend, dar. Diesem „Geburtsort“ verdankt der Rosenkohl auch die lange Zeit geläufige Bezeichnung „Brüsseler Kohl“.

ANBAU

Standort

Kopfkohl benötigt einen humosen und nährstoffreichen Boden mit gutem Wasserhaltevermögen in möglichst sonniger Lage. Auf lehmigen Böden gedeiht Kohl gut. Am besten wird der Boden für die ausgesprochenen Starkzehrer mit verrottetem Mist vorbereitet.

Aussaat und Kultur

Im Anbau unterscheiden sich Weißkohl, Rotkohl und Wirsing nicht wesentlich. Abhängig von der Sorte variieren lediglich die Aussaatzeiten. So werden schnellwüchsige Sorten wie Frühkohl und Sommerwirsing so früh wie möglich gesät. Bis Mitte Mai folgen dann Lagerkohl und winterharte Sorten.

Eine Voranzucht in ausgereiftem Kompost beispielsweise in Aussaattabletts ist empfehlenswert, dabei die Jungpflanzen hell und nicht zu warm stellen. Für Keimung und Anzucht sind Temperaturen zwischen 15 und 20 °C optimal. Wenn die Pflänzchen eine Größe von etwa 8–10 cm erreicht haben, werden sie an ihren endgültigen Platz im Beet gepflanzt. Zu beachten ist dabei, dass alle Kopfkohle viel Platz benötigen. Abhängig von der Sorte muss ein Pflanzabstand von mindestens 40 × 40 cm eingehalten werden. Dabei benötigen frühe Spitzformen etwas weniger Platz als die schweren Herbst- und Lagersorten. Die kleinen Kohlpflanzen können in Mischkultur mit Salat gepflanzt werden. Bis der Kohl den gesamten Platz benötigt, ist der Salat bereits geerntet.

Kopfkohl hat einen hohen Wasserbedarf. Vor allem im Hochsommer, wenn die Köpfe gebildet werden, ist eine ausreichende und gleichmäßige Wasserversorgung besonders wichtig. Bei Trockenperioden gefolgt von hohen Wassergaben können die Köpfe aufplatzen.

In der Kultur ist Rosenkohl mit Kopfkohl für die Herbst- und Winterernte vergleichbar und benötigt ebenfalls fast die gesamte Gartensaison für sein Wachstum. Damit für eine gute Ausbildung der kleinen Röschen viel Kraft zur Verfügung steht, kann im Spätsommer, wenn die untersten Röschen etwa die Größe einer Haselnuss haben, die Spitze der Pflanzen ausgebrochen werden.

'January King' ist eine frostharte Wirsing-Sorte, die den ganzen Winter auf dem Beet bleiben kann.

Kohl sollte am besten vorgezogen werden, dann sind die Jungpflanzen weniger anfällig für Fressschädlinge wie Schnecken.

Eine Überdüngung von Rosenkohl ist zu vermeiden, da sich sonst keine festen, geschlossenen Röschen entwickeln. Durch seine gute Winterhärte kann Rosenkohl auch bei Frost im Beet bleiben und über Winter nach und nach geerntet werden. Rosenkohl ist ein besonders feines Wintergemüse aus der vielfältigen Kohlverwandtschaft.

Leider wird Kohl oft von Schädlingen und Krankheiten heimgesucht. Die Einhaltung einer Fruchtfolge von mindestens vier Jahren und ein Anbau in Mischkultur sind daher besonders wichtig. In Gärten, in denen schon lange Zeit Kohl und andere Kreuzblütler angebaut werden, ist der Schädlingsdruck durch Schadinsekten wie Weiße Fliege oder Kohlfliege oft besonders hoch. Ebenso tritt der Kohlweißling, dessen Raupen in Windeseile ganze Jungpflanzen vertilgen können, fast überall auf. Während die Eier und Raupen des Kohlweißlings abgesammelt werden können, hilft gegen andere Schädlinge meist nur das Abdecken mit einem Gemüsenetz. Außerdem sollte die Ansiedlung von Nützlingen gefördert werden (siehe auch ab S. 71).

ERNTE

Während Sorten wie früher Spitzkohl und erste Wirsingsorten schon ab zehn Wochen nach der Aussaat geerntet werden können, benötigen Herbst- und Winterkohle vier bis fünf Monate für eine abgeschlossene Kopfbildung. Geerntet werden die ganzen Köpfe, wobei der Strunk mit einem scharfen Messer abgeschnitten wird. Eine Ausnahme stellt Butterkohl dar, bei dem aufgrund der lockeren Kopfbildung auch Einzelblätter geerntet werden können.

Nicht frostharte Wintersorten können nach dem Entfernen der großen und lockeren Außenblätter abhängig von der Sorte mehrere Monate gelagert werden. Wichtig ist ein kühler, luftfeuchter Lagerort mit guter Luftzirkulation. Die Köpfe im Lager regelmäßig kontrollieren, damit faulende Exemplare frühzeitig entfernt werden können. Frostharter Kopfkohl, meist Wirsingsorten, und Rosenkohl können den Winter über im Beet bleiben und nach Bedarf geerntet werden. Solche Sorten sind vor allem dann empfehlenswert, wenn keine optimalen Lagermöglichkeiten zur Verfügung stehen.

VERMEHRUNG

Allgemeines

Kohle sind Fremdbefruchter, deren Blüten gerne von vielen Insekten als Nektarquelle angenommen werden. Verschiedene Vertreter der Art *Brassica oleracea* verkreuzen sich untereinander. Dazu gehören alle Kopfkohle, Grün- und Palmkohl, Kohlrabi, Rosenkohl, Brokkoli und Blumenkohl. Daher immer nur eine Sorte auf einmal auf derselben Fläche blühen lassen.

Kopfkohl ist außerdem in der Vermehrung zweijährig, und nicht winterharte Sorten müssen frostfrei mit Strunk und Wurzeln überwintert werden. Dazu sind frostfreie Lagerräume mit einer Temperatur von 1–5 °C und 80–90 % relativer Luftfeuchtigkeit notwendig. Im Lager muss regelmäßig auf Fäulnis kontrolliert werden. Gegebenenfalls müssen nach und nach die Blätter entfernt werden.

Im Frühling, ab Anfang März, werden die Kohlköpfe wieder ins Freiland gepflanzt, wo sie bald in Blüte gehen. Damit die Blütentriebe aus dem Kopf herauswachsen können, muss bei Kopfkohlen mit festen Köpfen vorsichtig weiter entblättert werden und/oder ein Kreuzschnitt am Kopf durchgeführt werden, ohne die Blütentriebe zu verletzen.

Wie bei allen fremdbefruchtenden Gemüsen sind hohe Bestandsgrößen und eine gute Selektion für eine Vermehrung ohne genetische Einengung notwendig. Ein Bestand von 30 Pflanzen zum gemeinsamen Abblühen stellt die Untergrenze dar. Insofern ist Kohl für die Vermehrung im Hausgarten allein aufgrund des Platzbedarfs nicht gut geeignet. Eine Vermehrung in Gemeinschaftsgärten bietet sich dagegen durchaus an. Allerdings ist sie nichts für Anfänger*innen.

Samenernte

Kohlpflanzen bilden Samen in Schoten. Die Samen sind erntereif, wenn sich die Schoten gelbbraun verfärben und die ersten bereits trocken sind. Kulturen, bei denen die Samen nicht vollständig ausgereift sind, können als ganze Pflanzen mit den Wurzeln aus dem Boden genommen werden und zur Nachreife z. B. in einem alten Bettbezug an einem trockenen, luftigen Ort aufgehängt werden. Nach dem vollständigen Trocknen der Samenstände werden die Samen ausgedroschen. Dazu können die Samenstände auf eine Plane gelegt und mit den Füßen ausgetreten oder auf einer weichen Unterlage mit einem Holz gedroschen werden. Schotenreste und Samen durch Sieben und Ausblasen trennen, sodass nur das gereinigte Saatgut übrig bleibt. Das Saatgut ist mindestens vier Jahre keimfähig.

GEMÜSE FÜR SOMMER, HERBST UND WINTER

Bei den zahlreichen Kohlen gibt es schon allein unter den Kopfkohlen die verschiedensten Vertreter. Die Formen reichen von runden und plattrunden Köpfen bis zu den wieder sehr beliebten Spitzkohlen. Das Blatt zeigt sich glatt oder blasig in Farben von graugrün bis dunkelrot oder mit gelbem Herz. Leider sind im Handel fast nur noch F1-Hybride erhältlich. Vor allem beim Jungpflanzenkauf sucht man meist vergeblich nach samenfesten Sorten. Für die eigene Aussaat steht dennoch eine große Auswahl zur Verfügung, die auch geschmacklich überzeugt.

Wirsing

'Butterkohl'

Vermutlich ein Vorläufer des heutigen Wirsings mit lockerem Kopfaufbau. Grün mit oft gelbem Innenblatt. Feiner, milder Geschmack. Für die Sommer- und Herbsternte. Einzelblatternte möglich.

'Eisenkopf'

Schon seit 1897 bekannte Frühsorte mit mittelgroßen, runden Köpfen für die Sommerernte. Hellgrünes, zartes Blatt von bestem Geschmack.

'January King'
Winterharter Wirsing, der im Freiland bleiben kann. Mittelgroße Köpfe mit glattem Blatt und einem violetten Einschlag. Besondere Rarität aus Großbritannien mit allerfeinstem Wirsinggeschmack.

'Smaragd'
Herbstwirsing mit rundem bis querovalem Kopf und dunkelsmaragdgrünem, stark gekraustem Blatt. Gute Lagerfähigkeit, jedoch nicht frosthart. Weiterentwicklung einer alten Wirsingsorte durch die Bio-Züchtung.

'Vorbote 3'
Früher Wirsing für die Ernte im Frühsommer und Sommer. Eher kleine Köpfe mit einem Gewicht von 0,5–1 kg. Hochrunde bis spitze Kopfform. Gekrauste zarte Blätter von mild-aromatischem Geschmack.

Weiß- und Rotkohl

'Filderkraut'
Alte Spitzkohlsorte aus der Region um Filderstadt. Großwüchsig mit festem Kopf. Verwendung traditionell für die Sauerkrautherstellung. Aufgrund des besonders guten Geschmacks auch als Rohkost zu empfehlen.

'Granat'
Zügig wachsender Rotkohl mit guter Lagerfähigkeit. Gesunde, einheitliche Sorte, die auch in Gegenden mit kürzerer Vegetationszeit noch gute Erträge bringt.

'Cuor di Bue'
Frühe historische Spitzkohlsorte aus Frankreich für die Sommer- bis Herbsternte. Hohe, spitz bis hochrund geformte Köpfe mit zartem, hellgrünem Blatt. Für Gemüse und als Rohkostsalat.

'Kalibos'
Als rotes Spitzkraut eine echte Rarität unter den Kopfkohlen. Alte, wahrscheinlich tschechische Sorte. Große und hochwachsende Spätsorte mit hervorragendem Geschmack. Als pinkfarbenes Sauerkraut, Gemüse und Rohkost. Der lange Strunk kann geschält wie Kohlrabi zubereitet werden. Eine ähnliche, vielleicht sogar identische Sorte ist 'Vysocke'.

'Dottenfelder Dauer'
Wüchsige Weißkohlsorte mit mittelgroßen, festen, runden bis hochovalen Köpfen mit guter Lagerfähigkeit. Aromatisch und gut verträglich auch als Rohkost.

Rosenkohl

'Hilds Ideal'
Eine bewährte Sorte mit mittelgroßen, festen, glatten Röschen. Bei einem langen Anbauzeitraum liefert sie sichere, gute Erträge von Herbst bis Winter.

'Rubine'
Alte violettrote Sorte mit eher kleinen bis mittelgroßen Röschen. Langsam wachsend, daher ist eine frühzeitige Aussaat für die Entwicklung der Röschen wichtig. Rarität mit besonders feinem Geschmack.

'Filderkraut' (grün) und Rotkohl 'Vysocke'

Blumenkohl und Brokkoli

Von wegen immer nur weiß und grün

AUF EINEN BLICK

AUSSAAT	KEIMDAUER
Februar bis Mitte Juli	6–10 Tage
KEIMTEMPERATUR	**ERNTE**
15–18 °C	ab 10 Wochen nach der Aussaat
ZU BEACHTEN	
Kohlschädlinge	

HERKUNFT UND WISSENSWERTES

Im Mittelalter wurden vermutlich erste Blumenkohle (*Brassica oleracea* var. *botrytis*) und Brokkoli (*Brassica oleracea* var. *italica*) aus ihrer Ursprungsregion Griechenland nach Italien gebracht. Dort wurden die Neuankömmlinge bald zum beliebten Delikatessgemüse und eroberten in der Folge ganz Europa.

Damals verfügten Blumenkohl und Brokkoli über eher kleine und unregelmäßige Blumen, und der Strunk war wichtiger Erntebestandteil bzw. sogar vorrangig für die Ernte. Einige alte Brokkolisorten weisen immer noch ein starkes Strunkwachstum auf. Der Strunk kann geschält zubereitet werden und ist von delikatem Geschmack. Bekannt waren solche Formen als Sprossenbrokkoli oder Spargelkohl. Die weißen und grünen Blumen, die wir heute kennen, wurden damals von unterschiedlichen violetten Sorten ergänzt. Dabei gab es zwischen Blumenkohl und Brokkoli wohl zahlreiche Übergangssorten. In diesem Zusammenhang ist auch Romanesco zu nennen, ein Blumenkohl-Typ mit gelbgrüner Blume, die aus vielen kleinen, spitzen Röschen zu bestehen scheint.

Heute sind kaum mehr samenfeste Blumenkohl- und Brokkolisorten im Handel zu finden. In der Schweiz und in der Bio-Züchtung werden einige Sorten wieder züchterisch bearbeitet, und es wird versucht, alte Sorten so weiterzuentwickeln, dass sie auch für den Erwerbsanbau interessant und lukrativ sind.

Bei den modernen Brokkoli- und Blumenkohlsorten handelt es sich ausschließlich um Hybridsorten, sogenannte CMS-Hybriden (siehe S. 16). Während 1985 noch zu 90 % samenfeste Sorten gehandelt wurden, waren es bei Blumenkohl 2015 nur noch 20 % und bei Brokkoli sogar nur noch 13 %.

Laut der EU-Freisetzungsrichtlinie des Gentechnikgesetzes gehört die Zellfusion zur Gentechnik. Für CMS-Hybriden wurde jedoch ausdrücklich eine Ausnahme formuliert, da diese Eigenschaft theoretisch auch auf natürlichem Wege gezüchtet werden könnte. Der biodynamische Anbauverband Demeter hat CMS-Hybriden bereits 2005 aus seinem Anbausortiment verbannt. Die Bioverbände fordern seit Langem eine Kennzeichnung von CMS-Hybriden, bislang jedoch ohne Erfolg.

ANBAU

Standort

Die Ansprüche an Standort und Kulturbedingungen sind ähnlich wie bei Kopfkohlen (siehe S. 139). Jedoch sollte eine übermäßige Düngung vermieden werden, da sich eine Überdüngung vor allem bei Blumenkohl in einem faden Kohlgeschmack niederschlagen kann.

Aussaat und Kultur

Neben der Voranzucht in Aussaatschalen können erste Blumenkohl- und Brokkolisätze bereits ins Frühbeet oder Kaltgewächshaus gesät werden, da sie schon bei Temperaturen ab 8 °C keimen. Dabei liegt die ideale Keimtemperatur bei 15–18 °C. Frühe Saaten ab Anfang Februar ermöglichen eine erste Frühsommerernte, und gleichzeitig wird der Schossneigung, die bei länger werdenden Tagen und Hitze auftreten kann, entgegengewirkt. Eine zweite Saat kann je nach Sorte Mitte Juni bis Anfang Juli für die Herbsternte erfolgen.

Einige Sorten eignen sich nur für den Spätanbau und die Herbsternte, während lediglich einige wenige Sorten über eine ausreichende Frosthärte für einen Überwinterungsanbau verfügen. Letztere werden im August in Töpfchen gesät und später im frei werdenden Folienhaus oder Frühbeet überwintert. In milden Gegenden kann auch im Freiland überwintert werden, allerdings dürfen dann keine starken Kahlfröste und schweren Schneelasten auftreten. Ebenso ist auf winterhungrige Mäuse und Kaninchen zu achten.

Wie Kohlrabi kann Brokkoli von der Kohlherzdrehmücke befallen werden, wodurch die Blumenbildung unterbleibt und die Pflanze verkrüppelt. Ebenso können Kohlweißlinge und andere Kohlschädlinge große Schäden anrichten (siehe auch ab S. 73). Bei starkem Schädlingsdruck auf gute Mischkultur und Fruchtfolge achten und gegebenenfalls Gemüseschutznetze verwenden.

Bei Blumenkohl sollten einige Sorten abgedeckt werden, damit die Blume bis zur Ernte ihre weiße Farbe behält. Hierfür werden zwei oder drei Umblätter der Pflanze abgepflückt bzw. umgeknickt und als Sonnenschutz über die Blume gelegt.

ERNTE

Bei Blumenkohl und Brokkoli werden die Blütenknospen, auch Rosen genannt, geerntet. Dabei besteht die weiße Blume des Blumenkohls aus erst halb entwickelten Blütenstandsanlagen, die zu einem festen Kopf verwachsen sind. Verpasst man den richtigen Erntezeitpunkt, dann schießt die Blume, wird bräunlich und es bilden sich hochstrebende Blütentriebe.

Bei Brokkoli erfolgt die Ernte etwas später, wenn die einzelnen Knospen bereits sichtbar und gut ausgebildet sind. Jedoch darf auch hier mit der Ernte nicht zu lange gewartet werden, da die Pflanze sonst zu blühen beginnt. Bei sehr hohen Temperaturen können die Knospen durchtreiben, bevor sie eine kompakte Rose bilden. Sind solche Tendenzen zu erkennen, sollte man lieber früher und in einem kleineren Stadium ernten.

Während bei Blumenkohl bei der Ernte die ganze Pflanze abgeschnitten wird, kann bei Brokkoli lediglich die Hauptrose mit einem Stück Spross entfernt werden. Aus den Seitenachseln treiben dann vor allem bei alten Brokkolisorten laufend neue Rosen. Diese sind zwar kleiner, können dafür im besten Fall aber über die ganze Saison bis zum Frost geerntet werden.

VERMEHRUNG

Blumenkohl und Brokkoli sind im Gegensatz zu vielen ihrer Kohlverwandten einjährig. Damit ein Ausreifen des Saatguts gewährleistet ist, muss für den Samenbau möglichst früh gesät werden. Ausnahmen bilden die Überwinterungskulturen, die zur Jahresmitte gesät werden und im darauffolgenden Frühling in Blüte gehen.

Für die Vermehrung und die Samenernte gilt ansonsten das bei Kopfkohl Beschriebene (siehe auch S. 141). Zu beachten ist, dass sich Blumenkohl und Brokkoli untereinander und mit anderen Vertretern der Art *Brassica oleracea* verkreuzen.

SAMENFESTER BLUMENKOHL UND BROKKOLI FÜR DIE SELBSTVERSORGUNG

Während der Erwerbsanbau mit seinen modernen Sorten auf eine einmalige Ernte mit kurzem Erntezeitraum setzt, sind die Ansprüche für den Hausgarten eher gegenläufig. Eine zeitlich etwas versetzte Erntereife bringt uns ein längeres Erntefenster und die Nachernte von Seitentrieben immer wieder frisches Grün. Ebenso sind die aus der Mode gekommenen Überwinterungskulturen eine wahre Bereicherung für den Hausgarten, können so doch bereits im April frischer Blumenkohl und Brokkoli geerntet werden.

Saatgut von samenfestem Brokkoli und Blumenkohl sollte am besten bei renommierten Saatgutzüchtern und professionell arbeitenden Vermehrern (siehe Bezugsquellen im Anhang) erworben werden, um qualitativ hochwertige Samen und entsprechende Pflanzen zu erhalten.

Bienen lieben die Blüten des Brokkoli und anderer Kohlgemüse.

Blumenkohl hat einen ausladenden Wuchs und braucht eine gleichmäßige Wasser- und Nährstoffversorgung.

Romanesco gehört zu den Blumenkohlsorten.

Cima di Rapa wird in unseren Breiten am besten etwa Mitte August im Frühbeet oder Folientunnel ausgesät. Bei früherer Aussaat schießt der Kohl relativ schnell. Witterungsabhängig können die Triebe mit Knospen und Blättern im Spätherbst oder im frühen Frühjahr geerntet werden. Ein feines Gemüse für die kühlere Jahreszeit, das traditionell mit luftgetrocknetem Speck zubereitet und zu Pasta serviert wird.

Blumenkohl

'Neckarperle'

Eine bewährte Hausgartensorte mit langem Erntefenster. Durch das kräftige Laub wird das Abdecken der weißen Blume erleichtert oder gar überflüssig. Für die Frühsommer- und Herbsternte.

'Odysseus'

Frühe Blumenkohlsorte für den ersten Anbau im Freiland oder im Kaltgewächshaus. Zügiges Wachstum der etwas kleineren, weißen Blume, die eingedeckt werden sollte. Besonders guter Geschmack. Anbau am besten in Sätzen.

'Walcheren Winter'

Eine Überwinterungssorte, die sich durch besondere Winterhärte und Starkwüchsigkeit auszeichnet. Am besten im geschützten Kalthaus oder Frühbeet überwintern. In milden Gegenden kann auch ins Freiland gepflanzt werden. Eine andere Sorte für die Überwinterung ist z. B. der Winterblumenkohl 'Selektion Z'.

'Minaret'

Ein grüngelber Romanesco für die Frühlingsaussaat. Muss nicht abgedeckt werden. Feiner Geschmack. Gegenüber anderen Blumenkohlsorten eher langsam wachsend.

Brokkoli

'Rasmus'

Mittelhoher Brokkoli mit kräftigem Strunk. Feste, feinkörnige und große Blume. Milder, angenehm aromatischer Geschmack. Nach der Ernte der Hauptblume können Seitentriebe wie bei Sprossenbrokkoli beerntet werden. Neuere Sorte aus der Bio-Züchtung.

'Verde Calabrese'

Die Calabrese-Typen waren wohl wegweisend für die Verbreitung von Brokkoli, vor allem in hiesigen Gefilden nördlich der Alpen. Eine traditionelle Sorte, die nach Ernte der Hauptrose bis in den Herbst hinein viele Seitentriebe bildet. Ein ähnlicher Calabrese ist z. B. 'Calabrese natalino'.

'Calinaro'

Eine Weiterentwicklung des Calabrese-Typs mit einer für samenfesten Brokkoli relativ großen, schweren Blume mit dunkelgrünen und etwas groberen Knospen. Für den Herbstanbau bei kurzer Entwicklungszeit und langem Erntefenster.

Sprossenbrokkoli 'Purple Sprouting'

Violett-grüne Wintersorte. Überwinterung am besten im Kaltgewächshaus. Entwickelt nur eine kleine zentrale Rose, dafür aber viele Seitentriebe mit kleinen Röschen von wunderbar zartem, delikatem Geschmack. Laufend ernten, um die Triebbildung anzuregen und die Blüte hinauszuzögern. Eine Sorte, die in Großbritannien noch gerne angebaut wird.

Sprossenbrokkoli kann im Gegensatz zum grünen Kopfbrokkoli über einen Zeitraum von mehreren Monaten beerntet werden. Winterharte Sorten bleiben als Jungpflanzen den ganzen Winter im Gewächshaus oder auf dem Beet und liefern eine Frühlingsernte.

Grün- und Palmkohl

Das ultimative Supergemüse

AUF EINEN BLICK

AUSSAAT	KEIMDAUER
April bis Anfang Juni	6–10 Tage
KEIMTEMPERATUR	**ERNTE**
15–20 °C	je nach Sorte 120–150 Tage nach Aussaat
ZU BEACHTEN	
Kohlschädlinge	

HERKUNFT UND WISSENSWERTES

Blattkohle, die keine Köpfe bilden, sind wohl die ältesten Kulturformen der Kohle. Grün-, Braun- bzw. Federkohl (*Brassica oleracea* var. *sabellica*) sind regionale Bezeichnungen für denselben Typ, eine weitere Form ist der Palmkohl (*Brassica oleracea* var. *palmifolia*). Vor bereits mehr als 2000 Jahren wurden sie historischen Beschreibungen zufolge in Italien und Griechenland angebaut.

Heute erfreut sich Grünkohl vor allem in Norddeutschland nach wie vor großer Beliebtheit. Als traditionelles und frostbeständiges Wintergemüse sind dort unzählige Haus- und Hofsorten entstanden, von denen mittlerweile jedoch viele vom Aussterben bedroht bzw. bereits verschwunden sind. Darunter gibt es grüne und rotbraune Sorten mit unterschiedlichem Höhenwachstum. Den Höhenrekord hält wohl die 'Ostfriesische Palme', die bis zu 1,80 m Höhe erreichen kann. Der verwandte Palmkohl ist dagegen im Mittelmeerraum, vor allem in Italien, ein beliebtes Wintergemüse.

Ein weiterer Blattkohl ist der Sibirische Kohl, über dessen Herkunft wenig bekannt ist und der auch als Russischer Wildkohl oder Russischer Grünkohl bezeichnet wird und als 'Red Russian' im Handel erhältlich ist.

Superfood Grünkohl

Wenn ein Gemüse die Bezeichnung „Superfood" verdient hat, dann ist es Grünkohl. Er ist der Star der Kohlverwandtschaft nicht nur hinsichtlich seines Vitamin- und Mineralstoffgehalts, sondern auch aufgrund der enthaltenen gesundheitsfördernden sekundären Pflanzenstoffe. 100 g Grünkohl enthalten so viel Kalzium wie ein Glas Milch und viel wertvolles pflanzliches Eiweiß, sodass Grünkohl ein ideales Lebensmittel auch für eine vegane Ernährungsweise darstellt.

ANBAU

Standort

Die Ansprüche an Standort und Kulturbedingungen sind ähnlich wie bei anderen Kohltypen (siehe S. 139). Als Starkzehrer benötigt auch Grünkohl einen humosen und nährstoffreichen Platz.

Aussaat und Kultur

Sortenabhängig werden Grün- und Palmkohl von April bis Anfang Juni gesät. Hochwüchsige Sorten haben eine längere Kulturdauer als niedrige und halbhohe Sorten. Die Voranzucht, der weitere Anbau und Schutz vor Kohlschädlingen entsprechen etwa dem bei Kopfkohl Beschriebenen, auch wenn sich Grün- und Palmkohl oft als robuster und weniger anfällig erweisen.

REZEPT

Grünkohl mit getrockneten Tomaten

500 g Grünkohlblätter
1 Handvoll getrocknete Tomaten
Wasser
2 Knoblauchzehen
Olivenöl
Weißwein
Salz
Pfeffer
Gemüsebrühe

Grünkohlblätter waschen, die Mittelrippe entfernen und den Grünkohl in mundgerechte Stücke zupfen. Die getrockneten Tomaten in kleine Stücke schneiden und in etwas Wasser einweichen. Knoblauchzehen in dünne Scheiben schneiden und in Olivenöl in einem flachen Topf oder einer Pfanne mit Deckel andünsten. Bevor der Knoblauch braun wird, mit einem Schuss Weißwein ablöschen und die getrockneten Tomaten samt Einweichwasser dazugeben. Kurz aufkochen lassen, dann den Grünkohl hinzugeben und kräftig mit Salz und Pfeffer würzen. Alles gut durchmischen und bei geschlossenem Deckel ca. 15 min sanft garen, eventuell noch etwas Wasser oder Gemüsebrühe aufgießen. Schmeckt mit Salzkartoffeln und geschmolzener Butter oder zu Pasta mit geriebenem Parmesan und Chili-Öl.

ERNTE

Die frostharten Grünkohlsorten können den Winter über im Beet bleiben und nach und nach beerntet werden. Hochwachsende Sorten mit einem stabilen Pflock stützen, da die großen Pflanzen schwer werden und bei Schneelast umkippen können. Geerntet werden die einzelnen Blätter von unten nach oben ab dem ersten Frost. Die Kälteeinwirkung führt zu einem höheren Zuckergehalt in den Blättern und macht den Grünkohl aromatisch und süßer.

Palmkohl, besonders die mediterranen Sorten, ist meist nicht so frosthart wie Grünkohl. Dafür können die Blätter bereits geerntet und verzehrt werden, bevor sie dem Frost ausgesetzt waren.

Traditionell wird Grünkohl mit Wurst und Speck zubereitet. Dabei passt Grün- und Palmkohl mit den richtigen Rezepten ebenso in die moderne und leichte Gemüseküche. Außerdem kann Grünkohl in Reihensaat als Baby Leaf für den Rohverzehr angebaut werden. Auch eignet sich das Supergemüse als Zutat von Smoothies.

VERMEHRUNG

Die Vermehrung von Grün- und Palmkohl und die Samenernte entsprechen im Großen und Ganzen denen von Kopfkohl (siehe auch S. 141). Bei winterharten Sorten können die Vermehrungskulturen jedoch im Beet bleiben und die Blätter können geerntet werden, solange der Hauptspross nicht abgeschnitten wird. Im Frühling treiben dann aus dem Spross und den Seitenachseln die Blütentriebe. Zu beachten ist, dass sich auch Grün- und Palmkohl mit anderen Vertretern der Art *Brassica oleracea* verkreuzen.

Lediglich der Sibirische Kohl gehört zur Art *Brassica napus*. Hier ist auf Raps aus dem landwirtschaftlichen Anbau zu achten, um Einkreuzungen zu vermeiden. Ebenso würde sich Sibirischer Kohl mit der Kohlrübe verkreuzen.

Insgesamt sind Grün- und Palmkohl eher für die Vermehrung im Hausgarten geeignet als Kopfkohl. Typen, die noch nah an der Wildform sind wie beispielsweise der Sibirische Kohl, benötigen keine so stark ausgeprägte Selektion, können in kleineren Beständen vermehrt werden und säen sich auch selbst wieder aus.

Ausdauernder Wildkohl

Neben den zweijährigen kultivierten Blattkohlen gibt es auch mehrjährige Wildkohle. Diese können wie Stauden im Gemüsegarten angebaut werden. Eine äußerst unkomplizierte Wildkohlform ist der Helgoländer Wildkohl, der mit bis zu 1 m Größe und dem lockeren Wuchs vermutlich die Urform vieler heutiger Kohlsorten darstellt. Er wächst an den Küsten des Atlantiks und kommt in Deutschland auf Helgoland vor. Die Pflanzen lassen sich im Garten als wohlschmeckender und robuster Herbst- und Winterkohl kultivieren. Eine weitere ausdauernd und ursprünglich wildwachsende Art ist Meerkohl (*Crambe maritima*), der ein echtes Gourmetgemüse darstellt. Bereits im Mittelalter wurden die schmackhaften Blattstiele gedünstet verzehrt. Ebenso wurden die jungen Triebe im Frühling für eine frühe und besonders zarte Ernte durch Abdecken gebleicht. Bis zur wunderschönen Blüte des Meerkohls können laufend einzelne Blätter geerntet werden. Meerkohl ist ebenfalls winterhart, sollte in rauen Lagen jedoch etwas geschützt werden.

WINTERGEMÜSE FÜR SELBSTVERSORGER

Grün- und Palmkohl sind besonders gesunde und gleichzeitig unkomplizierte Gemüse für die winterliche Selbstversorgung und sollten daher in keinem Gemüsegarten fehlen.

Einige Vertreter von Grün- und Palmkohl verfügen außerdem über einen hohen Zierwert und sind Schmuckstücke – nicht nur im Gemüsegarten!

'Hoher Roter Krauser'

Grünkohl mit leuchtend rot gefärbtem Blatt und guter Winterhärte. Eine alte, wunderschöne Sorte, die wiederentdeckt aus einem Projekt der Universität Göttingen hervorging. Ziel war u. a., das Sortenspektrum des Grünkohls um Farben, Formen und Geschmacksrichtungen zu erweitern.

'Halbhoher Grüner Krauser'

Gängige, ertragreiche Grünkohlsorte mit fein gekrausten, grünen Blättern, von der auch oft Jungpflanzen im Handel erhältlich sind. Wird 60–90 cm hoch und ist winterhart.

'Lerchenzungen'

Mittelhoher Grünkohl mit fein gekrausten und länglich-schmalen Blättern. Frostharte Spezialität aus Norddeutschland mit feinem Geschmack.

'Ostfriesische Palme'

Hochwachsender Grünkohl bis 1,80 m Höhe. Dennoch relativ standfest und absolut winterhart. Traditionssorte aus Norddeutschland mit grob gefiedertem, grünem Blatt.

'Nero di Toscana'

Palmkohl von mittelhohem Wuchs mit langen, blasigen, blaugrünen Blättern. Nicht frostharte Schönheit aus Italien, die auch als Schwarzkohl angeboten wird. Milderer Geschmack als Grünkohl. Eine ähnliche Sorte ist 'Negro Romano'.

Sibirischer Kohl 'Red Russian'

Winterharter Palmkohl mit grün-violetten Stängeln und Blättern. Mit seiner Farbe und der gefiederten Blattform eine Zierde im Gemüsebeet. Feiner, milder Geschmack. Vermutlich handelt es sich um eine kultivierte Wildform.

Rot- bzw. violettblättrige Sorte des Grünkohls

Sibirischer Kohl hat ein weiches und stark gezähntes Blatt.

Kohlrabi
Die Schnellwüchsigen

AUF EINEN BLICK

AUSSAAT	KEIMDAUER
Februar bis Mitte Juli	6–10 Tage
KEIMTEMPERATUR	**ERNTE**
15–18 °C	ab 10 Wochen nach der Aussaat
ZU BEACHTEN	
Kohlschädlinge	

HERKUNFT UND WISSENSWERTES

Vermutlich geht Kohlrabi (*Brassica oleracea* var. *gongylodes*) auf eine Kohlwildform im heutigen Italien zurück. Es handelte sich dabei wohl um einen Blattkohl mit deutlich verdicktem Stamm. Kohlrabi, wie wir ihn heute kennen, ist wesentlich jüngeren Ursprungs und wurde intensiv züchterisch bearbeitet. Kohlrabi ist ein wichtiges und beliebtes Gemüse im deutschsprachigen Raum. In den USA, wo Kohl derzeit allgemein einen Boom erlebt und Kohlrabi als altes deutsches Gemüse bei Sortensammlern zu finden ist, könnte Kohlrabi zum neuen Trendsetter werden.

Gegenüber anderen Vertretern der Kohlfamile ist Kohlrabi schnellwachsend, und erste Saaten können als Frühlings- und Frühsommergemüse geerntet werden.

ANBAU

Standort

Die Ansprüche an Standort und Kulturbedingungen ähneln denen des Kopfkohls, wobei Kohlrabi aufgrund seiner kurzen Kulturdauer auch mit weniger gut gedüngtem Boden zurechtkommt.

Aussaat und Kultur

Kohlrabi ist eine tolle Vor-, Zwischen- und Nachkultur. Erste Saaten können bereits im Februar ausgebracht und im Frühbeet oder Folienhaus gepflanzt werden. Weitere Aussaaten folgen in Sätzen bis Mitte Juli. Kohlrabi lässt sich gut in Mischkultur anbauen. Wie bei anderen Kohlen hat sich auch hier die Kombination mit Salat gut bewährt. Wichtig ist, Kohlrabi nicht zu tief zu setzen, da sich sonst keine schöne Knolle bildet. Vor allem niemals tiefer pflanzen, als er bei der Anzucht stand, da dies Wachstumsstockungen verursachen kann. Ansonsten entsprechen Voranzucht, Keimzeit und Keimtemperatur sowie die Kulturansprüche etwa denen des Kopfkohls (siehe S. 139).

Für den Anbau stehen sowohl Frühsorten als auch zart bleibende Sommer- und Herbstsorten zur Verfügung. Dabei kann man zwischen grün- oder blauschaligen runden und plattrunden Sorten wählen.

Kohlrabi kann von der Kohlherzdrehmücke befallen werden, was ein frühes Aufplatzen der Knollen nach sich zieht. Auch hier erweist sich ein Gemüseschutznetz als beste Abwehrmaßnahme. Platzen dennoch Knollen auf, kann Trockenheit gefolgt von starken Wassergaben die Ursache sein. Jungpflanzen von Sommersaaten sind außerdem regelmäßig auf Kohlweißlingbefall zu kontrollieren, da die kleinen Pflänzchen von den Raupen schnell zerfressen werden können. Eier und Raupen können gegebenenfalls abgesammelt werden.

Der schnellwüchsige Kohlrabi ist eine ideale Kultur als Lückenfüller – hier zwischen Zucchini und Bohnen.

Typisches Schadbild durch den Fraß von Kohlweißlingsraupen. So kurz vor der Ernte sind keine Maßnahmen mehr notwendig.

ERNTE

Kohlrabi wird im Ganzen geerntet, wobei der Wurzelstrunk abgeschnitten wird. Kohlrabi am besten jung ernten, wenn die Knolle die sortentypische Größe und Form erreicht hat. Zu diesem Zeitpunkt ist Kohlrabi zart und von bestem Geschmack. Bei späterer Ernte beginnen die Knollen, unförmig und holzig zu werden. Bei Frühsorten kann witterungsabhängig nach zehn bis 15 Wochen geerntet werden. Große Herbstsorten benötigen einige Wochen länger. Sorten wie 'Superschmelz' können für den Winterverzehr eingelagert werden. Hierfür vor dem ersten Frost die ganze Knolle mit Wurzel aus dem Boden nehmen und in feuchtem Sand an einem kühlen, luftfeuchten Ort einlagern.

Die Knollen sind mindestens bis Weihnachten lagerfähig, ohne hart und holzig zu werden. Kohlrabi kann auch geschnitten, blanchiert und eingefroren werden.

Weiße Kohlrabisorte

VERMEHRUNG

Vermehrung und Samenernte entsprechen dem bei Kopfkohl Beschriebenen (siehe S. 141). Zu beachten ist, dass sich auch Kohlrabi mit anderen Kohlen der Art *Brassica oleracea* verkreuzen.

IDEALER LÜCKENFÜLLER IN DER MISCHKULTUR

Kohlrabi verträgt sich erfahrungsgemäß gut mit vielen anderen Gemüsearten. So lässt sich Kohlrabi gut in die Mischkultur integrieren und kann frei werdende Plätze im Gemüsebeet einnehmen.

'Azur Star'

Eine frühe, schöne, blaue Sorte. Für den ersten Anbau im Frühbeet und unter Folie, aber später auch für das Freiland. Bis Ende Juli für die Herbsternte säen. Leicht plattrunde, zarte Knolle mit feinem Geschmack.

'Blauer Speck'

Alte blaue Züchtung, die immer wieder weiterentwickelt wurde und aus der neue Sorten gezüchtet wurden. Kohlrabi mit großen, violettblauen, zarten Knollen. Geeignet für den Früh- und Spätanbau.

'Superschmelz'

Besonders zarter, weißer bis hellgrüner Riesenkohlrabi mit aromatischem Geschmack. Eher langsames Wachstum bei guter Schossfestigkeit. Bei Aussaat Anfang Juni werden bis zum Herbst ca. 1–1,5 kg schwere Knollen mit guter Lagerfähigkeit gebildet. Höchstgewichte bis 8 kg sollen möglich sein, ohne holzig zu werden.

'Weißer Delikatess'

Mittelfrühe Traditionssorte für den frühen Freiland- und Sommeranbau. Weißgrüne, runde bis plattrunde Knollen mit zartem, angenehmem Geschmack. Nicht zu spät ernten, sonst neigen die Knollen dazu, holzig zu werden.

Asia-Salat und Asia-Blattsenf

Gesundes Gemüse für Rohkost und Wok

AUF EINEN BLICK

AUSSAAT	KEIMDAUER
ab Anfang Juli	4–10 Tage
KEIMTEMPERATUR	**ERNTE**
15–18 °C	ab 8 Wochen nach der Aussaat, Asia-Senf schon ab 4–6 Wochen
ZU BEACHTEN	
regelmäßige, großzügige Wassergaben	

HERKUNFT UND WISSENSWERTES

Asia-Salate und Asia-Blattsenf stammen aus China und Japan, wo sie eine lange Tradition genießen. Sie sind den Kohlgewächsen zugehörig, und es gibt eine Reihe unterschiedlicher Züchtungen. Der bei uns bekannteste Asia-Salat oder Asia-Kohl ist Chinakohl (*Brassica rapa subsp. Pekinensis*), der aus einer Kreuzung eines Senfkohls und einer Speiserübe entstanden sein soll und vermutlich bereits vor 1500 Jahren in einigen Regionen Chinas kultiviert wurde. In der europäischen Küche wird er erst seit Anfang des 20. Jahrhunderts verwendet.

Grünblättriger Pak Choi mit der typischen Blattrosette

Mizuna, mit den hübschen, stark gefiederten Blättern, kann für Salate, oder, kurz gedünstet, für Wok-Gerichte verwendet werden.

Dem Chinakohl nah verwandt ist Pak Choi (*Brassica rapa chinensis*), der sich in Asien größter Beliebtheit erfreut. Gegenüber dem Chinakohl, der feste Köpfe bildet, sind bei dem kleineren Pak Choi die Blätter mit ihren breiten Blattrippen an Stielen angeordnet und bilden einen eher lockeren Kopfaufbau. Verschiedene andere Asia-Salate, wie beispielsweise Mizuna (*Brassica rapa var. nipposinica*), verfügen über einen lockeren Blattaufbau und bilden keine Köpfe.

Weitere Verwandte sind verschiedene Sorten von Asia-Blattsenf (*Brassica juncea*), die als Asia-Salat, Asia-Senfkohl oder Asia-Greens geführt werden. Auch sie bilden in der Regel keine Köpfe. Es werden einzelne Blätter und junge Rosetten geerntet oder in Reihe gesät und als Baby Leaf jung geschnitten (siehe auch S. 161).

In unseren Breiten lange Zeit wenig bekannt, erobert Asia-Kohl nach und nach die Hausgärten, und im Handel sind mittlerweile die unterschiedlichsten Sorten erhältlich. Allen gemeinsam ist, dass sie durch die enthaltenen gesunden Senföle für viele Menschen verträglicher sind als herkömmlicher Kohl.

ANBAU

Standort

Eine sonnige bis halbschattige Lage mit humosem, nährstoffreichem Boden kommt dem stark zehrenden Chinakohl entgegen. Mit reifem Kompost versorgt, kann Chinakohl in seiner kurzen Wachstumszeit von gut 12 Wochen feste und schwere Köpfe bilden. Er stellt ebenso wie Pak Choi und andere Asia-Salate eine gute Nachkultur z. B. für Erbsen oder Ackerbohnen dar.

Aussaat und Kultur

Alle Vertreter des Asia-Kohls zählen zu den sogenannten Langtagpflanzen. Sie beginnen zu blühen, wenn die tägliche Lichtdauer etwa 14 Stunden und mehr erreicht. Bei weniger Lichtstunden stellt sich dagegen ein üppiges Blattwachstum ein, und die Blüten werden spät oder erst im zweiten Kulturjahr gebildet. Daher werden Chinakohl, Pak Choi und Co. erst in der zweiten Jahreshälfte gesät. Chinakohl ab Anfang Juli, bei Pak Choi mit seiner kürzeren Entwicklungsdauer ist Ende Juli ausreichend. Voranzucht, Keimzeit und Keimtemperatur sowie die Kulturansprüche entsprechen etwa dem Kopfkohl (siehe S. 139).

Asia-Salat und Blattsenf für Baby Leaf können sogar im September noch gesät werden. Für eine Ernte in den Winter hinein stehen verschiedene frostharte Sorten zur Verfügung. Bei geschützter Kultur beispielsweise im Kaltgewächshaus kann oft bis Weihnachten geerntet werden. Bei Überwinterung im Freiland sind die Pflanzen vor Kahlfrost zu schützen. Im Frühling ist dann meist noch einmal ein Schnitt möglich, bevor die Pflanzen in Blüte gehen. Einige wenige Sorten können auch sehr früh im Jahr gesät werden. In warmen Frühjahrsmonaten mit viel Sonne schossen die Pflanzen jedoch leicht.

ERNTE

Bei Chinakohl und Pak Choi werden die ganzen Köpfe geerntet. Erntefähig sind sie acht bis zwölf Wochen nach der Aussaat. Asia-Salate können schon früher geschnitten werden. Wird der Vegetationspunkt der Pflanzen nicht verletzt oder werden nur einzelne Blätter geerntet, sind mehrere Schnitte möglich.

Asia-Salate sollten möglichst zeitnah nach der Ernte verzehrt werden. Lediglich Chinakohl kann sortenabhängig eingelagert werden. Bei niedrigen Temperaturen und hoher Luftfeuchtigkeit in Kisten mit Stroh eingeschlagen, kann Chinakohl bis in den Februar halten. Die äußeren Blätter werden braun und „verschließen" den Kopf. Werden diese entfernt, überraschen die frischen, knackigen Blätter im Inneren.

Alle Asia-Kohle lassen sich roh für Salatmischungen verwenden oder als Gemüse, z. B. im Wok, zubereiten. Auch als Beigabe zu Smoothies sind viele Sorten ideal.

VERMEHRUNG

Chinakohl ist in der Vermehrung zweijährig und muss frostfrei überwintert werden. Allerdings gestaltet sich ein Anwachsen der überwinterten Pflanzen oft als äußerst schwierig. In milden Gegenden kann auch einjährig vermehrt werden, wenn sehr früh gesät wird. Eine Selektion auf eine gute Kopfbildung ist dann leider nicht möglich.

Pak Choi und andere Asia-Salate wie Mizuna sowie verschiedene Sorten Asia-Blattsenf werden ebenfalls zweijährig vermehrt. Sie lassen sich jedoch im Beet mit Winterschutz oder im Kaltgewächshaus überwintern, und ein ausreichender Pflanzenbestand ist meist auch in kleinen Gärten zu erreichen. In rauen Lagen ist sogar eine kühle Topfkultur der Pflanzen möglich.

Chinakohl, Pak Choi und einige Asia-Salate können sich mit anderen Vertretern der Art *Brassica rapa* verkreuzen. Dazu gehören beispielsweise Mai- und Herbstrübchen. Ebenso verkreuzen sich unterschiedliche Blattsenf-Sorten und Brauner Senf (*Brassica juncea*) untereinander. Weitere Vermehrungskriterien und die Samenernte entsprechen denen des Kopfkohls (siehe S. 141).

FRISCHES GRÜN FÜR HERBST UND WINTER

Durch den Anbau in der zweiten Jahreshälfte bereichern frisch geerntete Asia-Salate unseren Speisezettel in der kalten Jahreszeit. Vor allem für die Kultur als Baby Leaf steht eine breite Palette an farblich und geschmacklich unterschiedlichen samenfesten Sorten zur Verfügung. Bei Chinakohl und Pak Choi dominieren F1-Hybriden den Samenhandel. Vor allem bei Chinakohl sind aktuell nur noch sehr wenige samenfeste Sorten erhältlich.

'Bloody Mary'

Dunkelroter Asia-Blattsenf mit angenehmer senfähnlicher Schärfe. Gute Winterhärte. Eine ähnliche Sorte mit hellerem Blatt ist der starkwüchsige 'Red Giant'.

'Grün im Schnee'
Wüchsiger und frostfester Blattsenf mit charakteristischem, senfscharfem Geschmack. Geerntet werden einzelne Blätter oder ganze Pflanzen.

'Mizuna'
Grünes, stark gefiedertes Blatt mit mildem Kohlgeschmack mit leichter Schärfe. Einzelblatternte oder aufgrund der dichten Blattrosette auch Ernte ganzer Pflanzen. Farbige Sorten sind 'Mizuna Red' und 'Mizuna Red Streaks'.

'Tatsoi'
Asia-Salat mit rundlichen grünen Blättern, die eine schöne Rosette bilden. Milder Geschmack und sehr gute Frosthärte. Wird auch Mini-Pak-Choi genannt.

'Chinakohl Auslese Sativa'
Kompakter Chinakohl mit schönen, festen Köpfen. Feiner und milder Geschmack. Für Herbsternte und Lagerung.

'Granat'
Chinakohl mit hohen, schlanken und nicht ganz geschlossenen Köpfen. Besonders gut zum Dünsten beispielsweise für Wok-Gerichte geeignet. Nicht lagerfähig.

'Taisai'
Pak Choi mit graugrünen fleischigen Blättern und breiten weißen Rippen. Bildet für Pak Choi relativ große Köpfe.

'Amur'
Hübscher rotblättriger Pak Choi, der sich gut für Baby Leaf und mehrmaligen Schnitt eignet. Eine frühe Frühlingsaussaat ist möglich.

Rübstiel, Namenia
Bekannt auch als Stielmus, da die Stiele traditionell als Gemüse zubereitet wurden. Unter der Bezeichnung Namenia heute wieder beliebt. Spätsommer- und Frühjahrsaussaat möglich.

Asia-Senf 'Bloody Mary' ist mit seinem dunklen Laub eine Zierde im Gemüsegarten – und später auf dem Teller.

'Tatsoi', ebenfalls eine Asia-Senf-Sorte, hat dunkle, grüne Blätter. Schon sechs Wochen nach der Aussaat kann geerntet werden.

Gartensalat

Von Butterköpfen, Wundern und Forellen

AUF EINEN BLICK

AUSSAAT	KEIMDAUER
ab Februar, weitere Saaten in regelmäßigen Sätzen das Jahr hindurch	6–10 Tage
KEIMTEMPERATUR	**ERNTE**
ab 12–16 °C Lichtkeimer!	je nach Sorte & Witterung 8–12 Wochen nach der Aussaat

HERKUNFT UND WISSENSWERTES

Salat ist rund um das Mittelmeer beheimatet und wurde schon sehr früh in Kultur genommen. Vermutlich ist unser heutiger Kultursalat aus wildem Lattich entstanden, wobei die kopfbildenden Salate erst ein Züchtungsergebnis von vor etwa 200 Jahren sind. Heutzutage sind Salate vor allem in Europa und Nordamerika fester Bestandteil unserer Ernährung. Gleichzeitig sind sie gut an unser gemäßigtes Klima angepasst und lassen sich relativ einfach kultivieren. Entsprechend ist in unseren Breiten eine vielfältige Palette an verschiedensten Salatsorten entstanden.

Bei Kopfsalat werden die ganzen Köpfe geerntet.

Pflücksalate haben einen lockeren Wuchs, und es können auch einzelne Blätter geerntet werden.

Die erste Beschränkung dieser Sortenvielfalt entstand durch die Sortenbereinigung ab 1934, die u. a. die restlose Beseitigung aller für die Landeskultur wertlosen Sorten zum Ziel hatte. (Die Sortenbereinigung betraf übrigens nicht nur Salat, sondern auch andere Gemüsearten.)

Von 212 Salatsorten, die in Deutschland im Handel gewesen waren und geprüft wurden, blieben bis 1942 nur 30 „vermehrungswürdige" Sorten übrig. Dieses Sortiment wurde auch nach dem Zweiten Weltkrieg vorerst beibehalten und hat sich nur langsam wieder etwas vergrößert. Gleichzeitig sind jedoch viele Salate als lokale Haus- und Hofsorten erhalten geblieben.

Kulturformen des Gartensalats

Gartensalat (*Lactuca sativa*) gehört zur Familie der Korbblütler (*Asteraceae*). Landläufig werden jedoch auch Vertreter anderer Familien bzw. Gattungen als Salat bezeichnet. So gehört beispielsweise Feldsalat zu den Baldriangewächsen, während Endivien zur Gattung *Cichorium* zählen (siehe ab S. 165). Innerhalb der Gartensalate werden folgende Wuchsformen unterschieden:

Kopfsalat: Zu den Kopfsalaten zählen die weichen Buttersalate, Bataviasalate sowie Eissalate. Die alten Kopfsalatsorten überzeugen oft mit einem besonders weichen oder knackigen Blatt und gutem Geschmack. Der erste eigene Buttersalat ist im Frühling die Freude eines jeden Gartenbesitzers.

Pflück- und Schnittsalate: Dies sind Salate mit wenig Kopfbildung und lockerem Wuchs. Es können ganze Köpfe (Schnittsalat) oder auch (über einen längeren Zeitraum) einzelne Blätter (Pflücksalat) geerntet werden. Bekannte Vertreter sind Eichblattsalat und Lollosalate. Schnitt- und Pflücksalate sind gut für die Kultur als Baby Leaf geeignet.

Romana- oder Bindesalat: Romanasalate bilden meist länglich hohe, mehr oder weniger geschlossene Köpfe

Der Anbau von Salat als Baby Leaf

Mit dem Anbau als Baby Leaf lassen sich frühe Ernten ebenso wie Ernten in den Winter hinein ermöglichen. Geeignet für den Anbau als Baby Leaf sind alle Gartensalate und insbesondere die bunte Palette von Asia-Salat und Asia-Blattsenf (siehe S. 155). Baby Leaf wird entweder direkt in Reihen gesät oder in Aussaattabletts mit jeweils mehreren Samen vorgezogen. Letztere werden ca. zwei Wochen nach der Keimung im Abstand von etwa 5 cm ausgepflanzt. Geerntet wird bei einer Blattgröße von durchschnittlich 7–9 cm. Dabei wird immer oberhalb des Vegetationspunktes, also dem Herz der Pflanze, geschnitten, damit die Salate nachtreiben können. In der Regel sind drei bis fünf Schnitte je Kultur möglich. Wer gleichzeitig verschiedenfarbige Sorten und die geschmacksintensiven Asia-Senfe anbaut, kann bunte, aromatische und gesunde Salatmischungen zubereiten. Baby Leaf kann auch in Kästen und Töpfe gezogen werden und in kleinen Gärten die Flächennutzung erhöhen.

und sind gut für die Sommerkultur geeignet. Traditionell im Mittelmeerraum angebaut, wird Romanasalat dort in der Küche auch – gedünstet – als Kochsalat verwendet.

Spargelsalat: Hier handelt es sich um einen Salat, der ursprünglich aus dem asiatischen Raum stammt. Es werden nicht vorrangig die Blätter zubereitet, sondern die dicken Stängel. Die Stängel lassen sich auch in Salz einlegen und so bis in den Winter hinein auf Vorrat halten.

Grasse-Typen: Hierbei handelt es sich um kleine, kompakte Salatköpfe mit eng aneinander liegenden zungenförmigen, spitz zulaufenden Blättern, die einen besonders feinen Geschmack aufweisen.

Salate für die Überwinterung

In der Zeit vor den heutigen Gemüseimporten und dem Anbau in beheizten Gewächshäusern war ein Überwinterungsanbau von Salaten üblich. Besonders kältetolerante Salate wurden sortenabhängig ab Mitte August bis Mitte September gesät und überwinterten als Jungpflanzen. Gepflanzt wurde ins Frühbeet ebenso wie ins Freiland. Sobald im Frühling Licht und Wärme einsetzten, entwickelten sich die kleinen Salatrosetten zügig zu erntefähigen Salaten. Viele dieser alten Überwinterungssorten und ihr Anbau sind in Vergessenheit geraten. Für den Hausgarten und die energieneutrale Selbstversorgung können sie jedoch wiederentdeckt und genutzt werden.

ANBAU

Standort

Salate sind nicht nur einfach zu kultivierende Gemüse, sondern auch ideale Mischkulturpartner, als Vor-, Neben- oder Nachkultur. Ein humoser mit Kompost vorbereiteter Boden in sonniger Lage sorgt bei den unkomplizierten Pflanzen für gutes Wachstum. Vor allem bei Sommerkulturen ist auf ausreichende Feuchtigkeit zu achten, da Trockenheit neben hohen Temperaturen die Blütenbildung und somit das Schossen fördert.

Aussaat und Kultur

Für den Anbau der verschiedenen Salate ist auf eine der Jahreszeit angepasste Sortenwahl zu achten. Frühlingssalate, meist die weichen Kopfsalate, sollten schon früh gesät werden und können dann ab Februar ins Gewächshaus oder Frühbeet, ab März ins Freiland gepflanzt werden. Viele der frühen Sorten sind auch für die Herbsternte mit einer Aussaat ab Ende Juli gut geeignet. Für den Sommeranbau eignen sich Romana- und Pflücksalate besser als die hitzeempfindlichen Kopfsalate. Frostunempfindliche Sorten für die Überwinterung werden bei Kopfsalaten Anfang September gesät. Die Aussaat von Pflück- und Schnittsalat für Baby Leaf für die späte Herbsternte ist um diese Zeit ebenfalls möglich.

'Rehzunge' ist mit seinem kompaktem Wuchs ideal für kleine Gärten und Balkonkultur geeignet.

Bei der alten bayerischen Salatsorte 'Altöttinger Großkopfada' können einzelne Blätter wie bei Pflücksalat geerntet werden.

Ein Vorziehen z. B. in Aussaattabletts ist ratsam, da größere Pflänzchen nicht mehr so schneckengefährdet sind wie die kleinen Keimlinge. Lediglich bei Schnittsalat, der in Reihe gesät wird, ist ein Vorziehen wenig praktikabel.

Gartensalat ist ein Lichtkeimer und darf nicht bzw. nur sehr, sehr dünn mit Erde bedeckt werden. Am besten die Samen in Aussaatschalen oder Aussaattabletts auf die Erde streuen, leicht andrücken und mit einem Blumensprüher gut befeuchten. Um ein Austrocknen zu verhindern, kann bis zur Keimung mit einer durchsichtigen Plastikfolie abgedeckt werden.

Wichtig ist ein heller, nicht zu warmer Standort. Salat keimt am besten bei Temperaturen zwischen 12 und 16 °C. Bei anhaltend hohen Temperaturen kann es passieren, dass die Samen überliegen und nicht aufgehen. In diesem Fall können die Aussaatgefäße nachts in den Keller oder den Kühlschrank gestellt werden, um die notwendigen tieferen Temperaturen zu erreichen.

Werden die Salate in Aussaatschalen angezogen, sollte spätestens nach dem Erscheinen des zweiten echten Laubblatts pikiert werden.

ERNTE

Salate können nach acht bis zwölf Wochen geerntet werden, dabei spielt jedoch nicht nur die Sorte eine Rolle, sondern auch die vorherrschenden Temperaturen und die Wasserversorgung sind wichtig. Große kopfbildende Salate wie Romana- und Bataviasalate haben eine längere Kulturdauer als beispielsweise Pflücksalate. Letztere punkten auch mit einem längeren Erntezeitraum, da man bei ihnen einzelne Blätter und nicht einen ganzen Kopf am Stück erntet.

Für eine rasche Ernte bietet sich außerdem der Anbau von Schnittsalaten und die Kultur von Baby Leaf an (siehe Kasten oben).

VERMEHRUNG

Gartensalate sind strenge Selbstbefruchter und mit einem einjährigen Samenbau gut für die Vermehrung im Hausgarten geeignet.

Allgemeines

Bei Gartensalaten können verschiedene Sorten für die Vermehrung gleichzeitig im selben Garten angebaut werden. Verkreuzungen der verschiedenen Sorten kommen nur äußerst selten durch den Besuch von Schwebfliegen vor. Der Anbau für den Samenbau unterscheidet sich nicht von dem für den Verzehr. Allerdings müssen auch Sommersorten für eine Saatguternte früh gesät werden, damit ein Ausreifen der Samen noch in der warmen Jahreszeit möglich ist. Lediglich Salatsorten für den Überwinterungsanbau werden erst im Herbst gesät. Die Blütenbildung setzt dann bereits im späten Frühling ein.

Aus einem größeren Bestand werden einige der schönsten und größten sowie der am spätesten schossenden Pflanzen mit ausgeprägten Sorteneigenschaften als Samenträger ausgewählt. Keinesfalls frühe Schosser vermehren, dies würde eine Auslese auf frühes Schossen darstellen.

Samenernte

Die schossenden Salate müssen aufgestängelt werden, das heißt, am schossenden Stiel werden laufend vorsichtig die Blätter entfernt, um eine Stielfäule zu vermeiden. Zusätzlich ist eine Stütze notwendig, damit die Pflanzen nicht umknicken oder entwurzeln. Bei hoher Feuchtigkeit und niedrigen Temperaturen neigen die Samenstände zu Schimmelbefall. In nassen Sommern die Vermehrungskulturen gegebenenfalls überdachen. Vor dem Aufschossen können die ausgewählten Samenträger auch in den geschützten Anbau umgepflanzt werden.

Das Abreifen des Saatguts erfolgt über einen längeren Zeitraum, da laufend neue Blüten gebildet werden. Die Samen sind etwa zwölf bis 24 Tage nach der Blüte reif. Als Test für die Saatgutreife können die Samenkapseln vorsichtig zwischen Daumen und Zeigefinger gerieben werden. Reife Samen lösen sich dabei leicht heraus. Um ein Ausfallen der bereits reifen Samen zu vermeiden, sollte das Saatgut in mehreren Sätzen geerntet werden. Hierfür werden bereits ausgereifte Teile der Blütenstände vorsichtig abgeschnitten und z. B. in einem Stoffsack gesammelt. Oder es erfolgt eine mehrmalige Zupfernte, bei der die reifen Samenkapseln durch Reiben zwischen Daumen und Zeigefinger oder den flachen Händen aufgebrochen und die Samen in einem Gefäß aufgefangen werden.

Für die Reinigung der Samen werden die groben Pflanzenteile entfernt und Reste der Samenkapseln etc. durch vorsichtiges Aussieben und Ausblasen entfernt. Das Saatgut ist mindestens drei Jahre keimfähig.

SALATERNTE ÜBER DAS GANZE JAHR

Salat hat seinen festen Platz in unseren Gemüsegärten und ist oft das erste frisch geerntete Grün. Bei einem geschickt gestaffelten Anbau der verschiedenen Sorten und regelmäßigen Nachsaaten kann fast das ganze Jahr über frischer Salat geerntet werden. Voraussetzung ist die jahreszeitlich passende Sortenwahl und ein Winterschutz für die kalte Jahreszeit. Neben den handelsüblichen Kopf-, Eichblatt- und Lollosalaten steht uns für den Hausgarten eine große Anzahl an geschmacklich hervorragenden Sorten zur Verfügung.

'Grazer Krauthäuptel'

Ein bekannter und beliebter Bataviasalat mit hellgrünen, knackigen Blättern und leicht roter Randung. Entwickelt mittelgroße bis große, sehr feste Köpfe und schmeckt ausgezeichnet frisch und aromatisch. Anbau von Frühjahr bis Herbst.

'Till'

Ein gut schossfester Eichblattsalat für den Anbau von Frühjahr bis Herbst. Ebenso geeignet für den frühen Anbau unter Glas oder Folie. Bildet mittelgroße, feste, hellgrüne Rosetten mit originellen Blattzipfeln. Ein fein schmeckender, knackiger Salat.

'Maikönig'

Buttersalat mit festen, hellgrünen, zarten Köpfen. Eine frühe, frostunempfindliche Freiland- und Treibsorte. Auch für den Herbst- sowie für den Überwinterungsanbau geeignet.

'Wunder der vier Jahreszeiten'

Mittelgroßer Buttersalat, der bereits um 1880 in einem Preisverzeichnis erwähnt wurde. Schöne feste Köpfe mit hellgrünem Innenblatt und roten Blatträndern. Für Frühjahrs- und Herbstanbau.

'Neusiedler Gelber Winter'

Eine späte, winterharte Lokalsorte aus Österreich. Mittelgroße Köpfe mit zartem, hellgrünem Blatt. Kopfsalat für den Überwinterungsanbau. Andere Kopfsalatsorten für die Überwinterung sind 'Winterbutterkopf', 'Winterkönig', 'Zimska Salata Zupanja' oder 'Brauner Winter'.

'Wunder von Stuttgart'

Ein traditioneller Sommersalat mit zarten, großen, gelbgrünen Köpfen. Besonders gut für den Sommeranbau mit Ernte im Herbst geeignet. Bewährte Hausgärtnersorte.

'Rehzunge'

Schnittsalat vom Grasse-Typ. Kompakt wachsende, robuste Frühlings- und Herbstsorte für den Freilandanbau. Die kleinen, hübschen Köpfe bilden erstaunlich viel Grünmasse an den fest zusammenstehenden Blättern. Feiner Geschmack. Aufgrund des kompakten Wachstums für kleine Gärten bestens geeignet. Ähnliche oder dieselbe Sorte ist 'Lion's Tongue'.

'Forellenschluss'

Eine alte Romanasorte mit hellgrünen, ungleichmäßig rot gesprenkelten Blättern. Bildet hohe, leicht geschlossene Köpfe. Knackig und süß-aromatisch, geschmacklich einer der besten Salate. Für den Freilandanbau im Frühling am besten geeignet. Eine ähnliche, ebenfalls historische Sorte ist 'Kaiser Selbstschluss' mit grünem Blatt ohne Sprenkel.

'Grazer Krauthäuptel' gehört zu den Bataviasalaten und bildet große, feste Köpfe aus.

'Valmaine'

Aufrecht wachsender grüner Romanasalat mit knackigen, länglichen Blättern ohne geschlossenen Kopf. Die robuste, gesunde Sorte eignet sich für Frühsommer- und Herbstanbau. Ähnliche Sorten sind 'Wiener Maidivi' oder 'Fetter Römer' mit rotbraun überhauchtem Blatt.

'Chinesische Keule'

Ostasiatischer Spargelsalat, bei dem die Stängel entblättert, geschält, gedünstet und als spargelähnliches Gemüse verzehrt werden. Aussaat ab März und Ernte kurz vor der Ausbildung der Blütenknospen.

Endivie und Zichoriensalat

Knackige Salate für Herbst und Winter

AUF EINEN BLICK

AUSSAAT	KEIMDAUER
ab Mai (Sommerendivie), ab Juli Herbst- und Wintersorten	10–14 Tage
KEIMTEMPERATUR	**ERNTE**
ab 12–20 °C	ab 10 Wochen nach der Aussaat
ZU BEACHTEN	
regelmäßige, großzügige Wassergaben	

HERKUNFT UND WISSENSWERTES

Endivien (*Cichorium endivia*) und andere Zichoriensalate (*Cichorium intybus*) sind eng mit der wild wachsenden Wegwarte verwandt, die schon bei den Germanen als Heilpflanze galt. Wie bei der Wildpflanze sind in den Salaten auch heute noch Bitterstoffe in unterschiedlicher Stärke vorhanden.

Neuere Züchtungen sind meist weniger bitter als ältere Sorten, obwohl die Bitterstoffe als verdauungsfördernd gelten, die Darmzellen stärken und die Abwehr von Schadstoffen unterstützen.

Wie der Gartensalat sind auch Endivien im Mittelmeergebiet beheimatet, andere Zichorien auch in Vorderasien und Nordafrika. Während in früheren Zeiten der Wurzel das Hauptaugenmerk galt und diese auch als Kaffeeersatz diente, konzentrierte sich die neuere Züchtung auf das Blatt. So hat sich die Endivie zur zweitwichtigsten Salatpflanze in Europa entwickelt.

Von Endivien gibt es zwei verschiedene kopfbildende Varietäten, und zwar den breitblättrigen Escariol und den Frisée mit krausen, geschlitzten Blättern. Schnittendivien bilden dagegen lockere und aufrechtstehende Blätter. Bei Zichoriensalaten unterscheidet man Zuckerhut, Chicorée, Radicchio und Catalogna. Letzterer ist eine Schnittzichorie, bei der die Blätter einzeln geerntet werden und die in Italien sehr beliebt ist.

Endivien und Zichoriensalate verfügen über eine unterschiedliche Winterhärte, sind jedoch gleichermaßen gut für die Kultur in unseren Breiten geeignet. Sortenabhängig lassen sie sich bis in den Winter hinein ernten oder für die Frühlingsernte überwintern.

ANBAU

Standort

Die meisten Endivien und Zichoriensalate sind gute Nachkulturen, die ab Juli gepflanzt werden. Abhängig von der Vorkultur sollte das Beet reichlich mit reifem Kompost versorgt werden.

Aussaat und Kultur

Endivien und Zichoriensalate werden sortenabhängig frühestens ab Mai (Sommerendivie), die meisten Sorten jedoch erst ab Juni bis August gesät. Sie sind Langtagpflanzen mit Keimtemperaturen über 20 °C, die durch Kälteimpulse zur Blütenbildung angeregt werden.

Zu früh gesäte Pflanzen und solche, die niedrigen Temperaturen ausgesetzt waren, werden daher frühzeitig schossen. Bei der Jungpflanzenaufzucht sollten die Temperaturen nicht unter 12 °C sinken.

Der unterirdische Garten: Chicoréetreiberei

Chicorée wird im Mai bis spätestens Juni im Garten gesät, damit sich die Wurzeln bzw. Rüben bis zum Herbst gut entwickeln können. Dafür benötigen die Pflanzen genügend Platz, weshalb sie als Jungpflanzen auf einen Abstand von mindestens 10 cm in Reihen von 30 cm Abstand vereinzelt werden. Der Boden sollte nicht stark gedüngt sein. Im Herbst werden die Wurzeln mit der Grabgabel vorsichtig ausgegraben und die Blätter bis auf einen Strunk von etwa 2 cm abgeschnitten. Die Rüben sollten zu diesem Zeitpunkt bereits 18 bis 20 Wochen gewachsen sein und einen Durchmesser von rund 3–6 cm aufweisen. Sie werden dann eng nebeneinander in mindestens 40 cm hohe, lichtundurchlässige Gefäße mit Wasserablauf gesetzt (es eignen sich z. B. alte Eimer oder Pflanzkisten aus Holz), in die zuvor eine etwa 10 cm hoch Schicht nährstoffreiche Erde eingefüllt wurde. Nach den Rüben noch einmal Erde nachfüllen und dann alles großzügig mit Wasser angießen. Anschließend mit einem Deckel oder Mulchfolie abdecken, damit kein Licht an die Pflanzen kommt. Innerhalb der nächsten drei bis vier Wochen entwickeln sich die typischen gelb-weißen Triebe, die als Chicorée bekannt sind und dann abgeschnitten werden können. Die Wurzeln treiben nach der Ernte wieder neu aus, wenn die Blätter nicht zu tief geschnitten wurden. Für eine erfolgreiche Chicoréetreiberei sind Temperaturen von etwa 12–16 °C notwendig.

Ein Vorziehen in Aussaattabletts ist daher ratsam, so lässt sich bei Bedarf auch die Temperatur einfacher regulieren. Als Dunkelkeimer werden die Samen mit einer etwa 0,5 cm dicken Schicht Erde bedeckt und feucht gehalten. Werden die Pflanzen in Aussaatschalen gezogen, wird nach dem Erscheinen des zweiten echten Laubblatts pikiert.

ERNTE

Geerntet werden die Bittersalate, sobald sie die sortentypische Kopfgröße erreicht haben. Bei Endivien ist dies nach etwa zehn Wochen der Fall, der große Zuckerhut dagegen benötigt mindestens zwölf Wochen. Schnittendivien und Baby Leaf-Saaten können mehrmals geschnitten werden.

Die meisten Endivien und Zichoriensalate vertragen einige Minusgrade und können bis in den Herbst hinein im Beet bleiben. Eine Vliesabdeckung gibt zusätzlich etwas Schutz und erleichtert das Ernten, wenn die Pflanzen mit Schnee bedeckt sind.

Vor dem „richtigen" Wintereinbruch mit dauerhaftem Frost sollten Endivien, Zuckerhut und Radicchio jedoch eingelagert werden. Hierfür werden die Pflanzen komplett mit der Wurzel aus der Erde genommen und in feuchtem Sand oder Erde eingeschlagen. Kühle Keller mit hoher Luftfeuchte oder ein Frühbeet sind als Lagerort am besten geeignet. In einem Frühbeet wird zusätzlich mit Stroh abgedeckt.

Radicchio, hier eine rundköpfige Form, braucht relativ viel Platz im Beet – also bei der Pflanzung nicht zu dicht setzen.

VERMEHRUNG

Wer Endivien und Zichoriensalate für die Vermehrung im Garten blühen lässt, darf sich auf die schönen, strahlend blauen Blüten freuen, wie wir sie von der Wegwarte kennen. Zudem lieben Bienen und Hummeln die nektarreiche Blütenpracht.

Allgemeines

Endivien und Zichoriensalate sind Fremdbefruchter und werden von Insekten bestäubt. Sie verkreuzen sich innerhalb einer Art. Daher im Garten nur eine Sorte auf einmal blühen lassen. Bei Endivien besteht zudem Verkreuzungsgefahr mit der wild wachsenden Wegwarte. Zichoriengewächse sind in der Vermehrung zweijährig. Dies bedeutet, dass die Pflanzen für die Blüte im zweiten Jahr überwintert werden müssen. Abhängig von der Sorte müssen die Samenträger hierfür ausgegraben und an einem frostfreien Ort gelagert werden. Dies gelingt meist nur in Sand eingeschlagen in kühlen und gut durchlüfteten Kellern oder im frostfreien Gewächshaus. Für die Fremdbefruchter ist ein Bestand von mindestens 15 bis 20 Pflanzen für die Vermehrung notwendig. Die Samenträger werden aus den schönsten und sortentypischsten Pflanzen ausgewählt.

Samenernte

Blühende Zichorien müssen wie Salat aufgestängelt und gestützt werden. Das Abreifen des Saatguts erfolgt über einen längeren Zeitraum, da immer wieder Blüten gebildet werden. Es empfiehlt sich jedoch, mit der Ernte nicht zu lange zu warten, da die erste Blütenphase die vitalsten Samen hervorbringt. Wird zu lange gewartet, kann die Samenernte durch Vögel wie den Distelfink oder vor allem in feuchten Sommern durch Pilzbefall verloren gehen. Daher am besten nach dem Braunwerden der ersten Samenansätze eine Zupfernte durchführen, die mehrmals wiederholt werden kann. Eine andere Möglichkeit ist es, die kompletten Pflanzen aus dem Beet zu nehmen, in einen alten Bettbezug einzuschlagen und an einem luftigen Ort nachtrocknen zu lassen.

Für Drusch und Reinigung werden die Samenstände mit einem Stück Holz oder einem Nudelholz ausgewalkt, damit sich die Samen lösen. Danach grobe Pflanzenteile heraussammeln und Reste der Samenkapseln etc. durch vorsichtiges Aussieben und Ausblasen entfernen. Das Saatgut ist mindestens vier Jahre keimfähig.

GESUNDE BITTERSTOFFE FÜR DEN WINTER

Endivien und Zichoriensalate sind tolle grüne Begleiter für die kalte Jahreszeit, wenn für andere Salate die Saison bereits beendet ist.

Endivien

'Diva'

Eine frühe, dicht gefüllte, selbstbleichende Endivie. Aufrechter Wuchs, dadurch auch widerstandsfähig gegen Vergilben und Fäule.

'Wallone'

Gekrauste Frisée-Endivie. Robuste, wüchsige Sorte für den Freilandanbau im Herbst. Bewährt auch bei feuchter Witterung und verträgt erste Fröste. Kann auch als Baby Leaf gezogen werden (siehe S. 161).

'Grüner Escariol'

Späte, robuste, lagerfähige Endivie. Köpfe mit festem Herz und breiten, schalenförmigen Blättern. Geeignet für den Herbstanbau im Freiland oder später im kalten Folien- oder Gewächshaus.

Zichoriensalate

'Palla Rossa'

Bewährter Radicchio mit typischen, runden Köpfen und leuchtend rotem Blatt mit weißer Äderung. Für die Ernte im Spätherbst und für den Einschlag.

'Rosso die Treviso'

Eine weitere rotblättrige Sorte mit breiten, weißen Blattrippen mit länglich-hohen Köpfen.

'Variegata di Castelfranco'

Wunderschöne Radicchio-Spezialität aus Italien mit hellen Blättern mit roten Sprenkeln. Robuste Sorte für die Sommeraussaat.

'Aurelia'

Kompakt-buschige Catalogna-Sorte ohne die sonst typische Kopfbildung. Schnellwachsend bis zu einer Höhe von 60 cm. Die leicht bitteren Blätter können einzeln oder als Rosette geerntet und sowohl gekocht als auch roh als Salat zubereitet werden. Andere Schnittzichorien, auch Sorten mit rot gefärbten Blättern, sind über den italienischen Samenhandel zu finden.

Zuckerhut

Bildet große, schwere, meist spitz zulaufende oder hochrunde Köpfe. Ein Wintersalat, der leichten Frost verträgt. Mit der Wurzel eingeschlagen bis Februar lagerfähig.

Chicorée

Leider sind nur noch sehr wenige samenfeste Chicoréesorten im Handel erhältlich. Zu empfehlen sind eigentlich nur zwei: die alte Sorte 'Di Bruxelles' und die Neuzüchtung 'Macun'.

Rapunzel, Rauke, Postelein und Co.

Salat ist nicht gleich Salat

AUF EINEN BLICK

AUSSAAT	**KEIMDAUER**
März bis April und August bis September	6–10 Tage
KEIMTEMPERATUR	**ERNTE**
ab 15–20 °C	je nach Art und Witterung 4–12 Wochen nach der Aussaat
ZU BEACHTEN	
regelmäßige, großzügige Wassergaben	

HERKUNFT UND WISSENSWERTES

Neben Gartensalat, Endivie und Zichoriensalat gibt es eine Reihe von unterschiedlichen Blattgemüsen, die landläufig ebenfalls als Salat bezeichnet werden, obwohl sie zu anderen Pflanzenfamilien gehören. Oft handelt es sich dabei um kultivierte Wildgemüse, die vor einem gezielten Anbau schon lange als Frischgemüse gesammelt wurden.

Zusammen mit dem einen oder anderen Salat lassen sich daraus bunte, abwechslungsreiche Salatvariationen zubereiten.

Rucola kann mehrjährig kultiviert werden und benötigt, genau wie andere mediterrane Kräuter, einen eher Stickstoffarmen Standort.

Tellerkraut mit den namensgebenden Blättern, in deren Mitte die kleinen Blütenstände erscheinen.

Einen besonderen Stellenwert haben einige dieser Gemüse wegen ihrer Kältetoleranz. So werden Feldsalat, Gartenrauke und Postelein für die Ernte in der kalten Jahreszeit oder für die erste Frühlingsernte angebaut. Unbedingt erwähnenswert ist bei diesen Salatgemüsen außerdem ihr Gehalt an Vitaminen und Mineralstoffen, der den von herkömmlichen Salaten oft um ein Vielfaches übersteigt.

Gemüsepflanzen für Salat und Rohkost

Bekanntester Vertreter winterlicher Salatpflanzen ist **Feldsalat** (*Valerianella locusta*), auch Rapunzel, Acker-, Vogerl- oder Nüsslisalat genannt. Er ist nicht mit Gartensalat verwandt, sondern gehört zur Familie der Baldriangewächse. Etwas irreführend ist dabei die Bezeichnung Rapunzelsalat, denn das echte Rapunzel ist eine Glockenblume, nämlich die Rapunzel-Glockenblume (*Campanula rapunculus*), die ebenfalls eine lange Tradition als Blattgemüse aufweist. Feldsalat ist mit seinem hohen Carotin- und Vitamin-C-Gehalt sowie optimal verfügbarem Eisen und anderen Mineralstoffen eine ideale Ergänzung zu den herkömmlichen Wintersalaten.

Die Garten- oder **Salatrauke** (*Eruca sativa*) und **Rucola** (*Diplotaxis tenuifolia*) zählen ebenfalls zu den beliebtesten Salatgemüsen. Vor allem die Vorliebe für die italienische Küche haben beide unter ihrem italienischen Namen Rucola bekannt gemacht. Kreuzungen beider Arten verbinden das herbere Aroma und die gebuchtete Blattform der Wilden Rauke mit der Raschwüchsigkeit der Gartenrauke. Der besonders hohe Senfölgehalt sowie die enthaltenen Mineralstoffe und Vitamine machen die Rauke zu einem idealen Salatbegleiter.

Das **Tellerkraut** (*Montia perfoliata*), besser als Winterportulak oder Winterpostelein bekannt, ist ein Portulakgewächs. Es eignet sich für den Überwinterungsanbau und passt mit seinen fleischigen Blättern und seiner leicht säuerlichen Note vorzüglich in gemischte Wintersalate. Die Blätter enthalten Vitamin C, Magnesium, Kalzium und Eisen, speichern aber wenig

Microgreens für die Winterernte im Haus
Gartenrauke, Asia-Salate und andere Blattgemüse sowie Radieschen und Erbsen eignen sich für eine Anzucht im Haus zur Ernte als sogenannte Microgreens. Die Anzucht gelingt problemlos auf einer hellen, nicht zu warmen Fensterbank. Die Samen werden dicht in Schalen ausgesät, feucht gehalten und können etwa zwei Wochen nach der Keimung geschnitten werden. Besonders im Winter können Microgreens fehlendes Grün und Vitamine aus dem Garten ersetzen.

Nitrat, was bei anderen Salatpflanzen an lichtarmen Tagen ein Nachteil sein kann. Ab April beginnt Winterportulak zu blühen. Die dekorativen weißen Blüten, die direkt an den Blättern sitzen, können mit den Blättern zusammen geerntet und gegessen werden.

Ebenso für die Versorgung in der kalten Jahreszeit zu empfehlen sind die bei den Kohlen beschriebenen Asia-Salate (siehe S. 155).

ANBAU

Standort

Ein möglichst sonniger Standort im winterlichen Garten fördert das Wachstum, und die Pflanzen speichern weniger Nitrat. Ebenso kann geschützt im Frühbeet oder Folientunnel angebaut werden, jedoch sind auch hier ausreichende Sonnenstunden wichtig. So sollten die sonnigsten Beete in der tiefstehenden Wintersonne ausgewählt werden. Ansonsten haben die genannten Salatgemüse eher einen geringen Anspruch an den Standort. Eine Vorbereitung der Beete mit Kompost unterstützt jedoch eine reiche Blattbildung. Neben dem Anbau im Gartenbeet ist eine Kultur in Pflanzgefäßen wie Töpfen oder Kästen auf Balkon oder Terrasse ebenfalls möglich.

Aussaat und Kultur

Diese Salatgemüse sind ideale Vor- bzw. Nachkulturen. So erfolgt der Anbau in der Regel im Frühling, sobald der Boden frostfrei ist oder von Anfang August bis Ende September. Feldsalat und Winterportulak sind außerdem mit keinem anderen Kulturgemüse verwandt und können somit die Fruchtfolge sinnvoll ergänzen. Lediglich bei Rucola und Rauke muss aufgrund der engen Kohlverwandtschaft eine mindestens vierjährige Fruchtfolge eingehalten werden.

Am besten wird direkt ins Beet oder Pflanzgefäß in Reihen gesät, eine breitwürfige Aussaat ist jedoch auch möglich. Sollten ab August die geplanten Beetflächen noch nicht frei sein, ist ein Vorziehen z. B. in Aussaattabletts oder kleinen Töpfchen sinnvoll. Je Aussaateinheit werden mehrere Samen gesät und dünn mit Erde bedeckt. Ein heller Standort ist wichtig und bei Sommersaaten können die Aussaatgefäße ins Freiland gestellt werden. Ohne die jungen Pflänzchen weiter zu vereinzeln, wird in einem Abstand von etwa 10 × 10 cm ausgepflanzt.

Aussaatzeiten

Feldsalat: Eine Aussaat Anfang bis Mitte August ermöglicht abhängig von der Witterung eine Ernte im Spätherbst und eine zweite Ernte im Frühling, wenn das Herz der Pflanzen nicht abgeschnitten wurde. Spätere Saaten können in der Regel erst im Frühling geerntet werden. Eine parallele Aussaat im Freiland und im geschützten Anbau ermöglicht einen erweiterten Erntezeitraum, da die Pflanzen im geschützten Anbau früher erntefähig sind.

Gartenrauke, Salatrauke: Die Gartenrauke wird entweder sehr früh im Jahr gesät, sobald der Boden frostfrei ist, oder für die Herbst- und Winterernte ab August. Zwar kann Gartenrauke auch in Sätzen von vier bis sechs Wochen über die gesamte Saison gesät werden, jedoch gehen Sommersaaten bei hohen Temperaturen und Trockenheit schnell in Blüte, und es können nur wenige Blätter geerntet werden.

Feldsalat versamt sich leicht und kann dadurch dauerhaft im Garten angesiedelt werden.

Im späten Frühjahr blüht die Gartenrauke und bildet in der Folge Samen, die für die Selbstversorgung geerntet werden können.

Winterportulak: Aussaat Ende August bis Anfang September. Zu frühe Saaten gehen noch im selben Jahr in Blüte und können nicht überwintert werden. Eine spätere Aussaat im Herbst für eine reine Frühlingsernte ist ebenfalls möglich.

ERNTE

Gartenrauke kann nach vier bis sechs Wochen bereits geschnitten werden. Feldsalat und Winterportulak sind witterungsabhängig noch im Herbst nach acht bis zwölf Wochen oder im darauffolgenden Frühling erntereif. Besonders milde Winter erlauben sogar eine durchgängige Winterernte. Bei allen sind in der Regel mehrere Schnitte möglich, solange der Vegetationspunkt der Pflanzen nicht verletzt wird.

VERMEHRUNG

Durch die geringe Verkreuzungsgefahr und die Überwinterung im Gemüsebeet sind diese Arten ideal für die Vermehrung im Garten. Es kann einfach Saatgut für den Eigenbedarf gewonnen werden. Samenstände von Feldsalat oder Winterportulak können außerdem als Mulch unter anderen, hochwachsenden Kulturen wie Grünkohl verwendet werden und säen sich somit ohne Aufwand wieder aus. Ein Vereinzeln kann aufgrund der entstehenden Aussaatdichte dann jedoch notwendig sein.

Allgemeines

Feldsalat, Gartenrauke und Winterportulak haben im Gemüsegarten keine Verwandten, mit denen sie sich verkreuzen könnten. Daher dürfen sie nach der Ernte ohne weitere Maßnahmen in Blüte gehen. Die kräftigsten und schönsten Pflanzen werden dabei als Samenträger markiert.

Samenernte

Die einzelnen Feldsalat- und Winterportulakpflanzen blühen nicht alle gleichzeitig ab bzw. bilden nach und nach Blüten und Samenstände. Daher sollten sie für

Feldsalat keimt nur bei Temperaturen unter 20 °C, wird also nur im Frühjahr oder Herbst gesät.

die Samenernte sorgfältig beobachtet werden. Sobald die ersten Samenstände trocken und braun werden, nimmt man am besten die ganzen Pflanzen aus dem Beet, legt sie in Stoffsäckchen und trocknet sie an einem luftigen Ort nach. Wird mit der Ernte zu lange gewartet, fallen viele Samen bereits vorab aus. Ebenso können die Samen schon durch die Berührung bei der Ernte ausfallen, daher am besten Tücher unterlegen, mit denen die Samen aufgefangen werden. Nach der Trocknung Samenstände ausklopfen und reinigen.

Die Samenernte von Gartenrauke und Rucola entspricht der anderer Kohlgewächse (siehe S. 141). Das Saatgut von Feldsalat, Rauke und Winterportulak ist mindestens vier Jahre keimfähig.

WILDES SALATGEMÜSE

Rucola, Gartenrauke und Winterportulak sind nur wenig züchterisch bearbeitet und noch nahe an der Wildform. Daher stehen auch keine unterschiedlichen Sorten zur Verfügung.

Lediglich Feldsalat bietet eine Sortenvielfalt mit unterschiedlich großen Blattrosetten und leicht verschiedenen Blattformen. Züchtungsziel sind heute vor allem Ertrag und Widerstandsfähigkeit gegenüber Mehltau.

'Elan'

Raschwüchsiger Feldsalat mit glänzenden, dunkelgrünen, ovalen Blättern. Ertragssicher und bewährt für den Anbau im Freiland und auch unter Glas durch gute Mehltauresistenz.

'Verte à coeur plein'

Feldsalatsorte mit dunkelgrünem, kurzovalem Blatt. Gut geeignet zur Überwinterung im Freiland. Dabei gesund, widerstandsfähig und geschmackvoll.

'Vit'

Dunkelgrüner, rundblättriger Feldsalat mit raschem Wachstum. Bestens geeignet für den Herbst- und geschützten Winteranbau durch gute Toleranz gegenüber Falschem Mehltau, der gerne unter Glas auftritt.

Möhre

Lieblingswurzel gestern wie heute

AUF EINEN BLICK

AUSSAAT	KEIMDAUER
ab März bis Ende Juni	bis zu 3 Wochen
KEIMTEMPERATUR	**ERNTE**
ca. 18 °C	je nach Sorte 12 Wochen bis zu 5 Monate nach der Aussaat

HERKUNFT UND WISSENSWERTES

Möhrenwildformen gibt es in verschiedenen Farben, und sie stammen, wie angenommen wird, aus unterschiedlichen Gebieten von Europa bis Zentralasien. So finden sich im Mittelmeergebiet weiße Wildformen, während im Nahen Osten solche mit gelben und violetten Rüben wachsen. Die ältesten Belege für eine Nutzung von wilden und kultivierten Möhren sind aus dem antiken Griechenland und Rom überliefert.

Viele Kulturformen und auch die heute bei uns verbreiteten beliebten orangen Möhren sind aus Kreuzungen entstanden. Letztere gehen auf die 'Lange Orange Holländer Karotte' zurück, die erste orange Möhre, die im 17. Jahrhundert gezüchtet und Wilhelm von Oranien gewidmet wurde – Orange ist die Farbe des späteren niederländischen Königshauses.

Die orange Möhre hat nach und nach die früheren andersfarbigen Formen ersetzt. So gab es z. B. in Süddeutschland umgangssprachlich die „Gelbe Ruam (Rübe)", wobei aktuell keine alte gelbe bayerische Möhrensorte mehr bekannt ist. Weiße und violette Sorten werden vereinzelt noch in der Schweiz und in Spanien angebaut. Das Schweizer Bio-Saatgutunternehmen Sativa betreibt für zwei alte Regionalsorten Erhaltungszucht. Bei den modernen violetten Möhren, die teils auch als sogenannte Urmöhren gehandelt und fälschlicherweise als alte Sorten wahrgenommen werden, handelt es sich bis auf wenige Ausnahmen um F1-Hybriden.

Neben der Tomate ist die Möhre das beliebteste Gemüse der Deutschen. Dabei genießt sie eine lange Tradition in Garten und Küche. Aufgrund ihrer gesunden Inhaltsstoffe ist sie ein wichtiger Bestandteil der Babyernährung. Bei den Hausgärtner*innen ebenfalls hochgeschätzt, mag sie jedoch oft nicht so recht gedeihen. Mit den richtigen Kulturbedingungen lässt sich im Garten jedoch durchaus eine nennenswerte Ernte erzielen. Dies schon deshalb, da die Möhre mit unseren Klimabedingungen bestens zurechtkommt.

ANBAU

Standort

Möhren benötigen einen lockeren, humosen Gartenboden, der nicht frisch gedüngt sein darf. Zu hohe und frische Düngegaben führen leicht zu Wurzelkrankheiten. Auf schweren Böden ist der Anbau eher schwierig. Hier muss das Beet am besten mit Sand aufbereitet werden. Eine gute Alternative ist der Anbau im Hochbeet. Wenn dieses ein Mäusegitter hat (siehe S. 41), bietet es neben einem lockeren Pflanzsubstrat auch Schutz vor Wühlmäusen, die sich leider nur zu gerne an den süßen Wurzeln bedienen. Ebenso ist auf die konsequente Einhaltung einer Fruchtfolge von mehreren Jahren im selben Beet zu achten. Ein Anbau in Mischkultur kann den Schädlingsbefall deutlich minimieren.

Aussaat und Kultur

Frühe Sorten können bereits im März gesät werden, sobald der Boden frostfrei ist. Ein mit Folie abgedecktes Hochbeet oder ein Frühbeet sind für erste Saaten gut geeignet. Späte Sorten für die Lagerung werden erst im Mai gesät. Ebenso später gesät werden einige alte farbige Sorten, da sie bei zu früher Saat zu einjährigen Schossern neigen. Eine Aussaat ist bis Ende Juni möglich.

Möhren keimen bereits bei Temperaturen ab etwa 6 °C. Höhere Temperaturen beschleunigen jedoch die Keimung. Ideal sind Temperaturen um 18 °C, während bei über 25 °C die Keimung aussetzen kann. Bei späten Saaten im Frühsommer ist dies zu berücksichtigen. Im Zweifelsfall lieber eine etwas kühlere Witterungsphase für die Aussaat wählen.

Möhren werden am besten in Reihen mit einem Abstand von 20–30 cm gesät. In den Reihen wird nach der Keimung auf einen Abstand von 5 cm ausgedünnt, sodass jede Möhre genügend Platz erhält.

Eine breitwürfige Saat ist zwar möglich, erschwert jedoch das Jäten erheblich. Möhren keimen sehr langsam und auch die Jugendentwicklung geht relativ zögerlich voran. Daher ist es wichtig, das Saatbeet von konkurrenzstarken Beikräutern frei zu halten. In der Keimphase ist außerdem auf ausreichende Feuchtigkeit zu achten.

Eine Mischkultur mit Radieschen erhöht die Ausnutzung der Anbaufläche, und die Radieschen mit ihrer raschen Keimzeit und Entwicklung markieren die Saatreihen bis zum Auflaufen der Möhren.

Bunte Möhrenvielfalt: Das weiße 'Küttiger Rüebl' und die dunkelrote 'Purple Dragon'

Große Möhren werden zuerst geerntet, die kleinen daneben kommen ein paar Wochen später an die Reihe.

Ein häufig auftretender Schädling ist die Möhrenfliege. Ihre Maden fressen sich in die Wurzeln und hinterlassen unschöne Gänge in den Möhren.

Die oft empfohlene Mischkultur mit Zwiebelgewächsen, insbesondere Lauch, bringt in der Regel nicht den gewünschten Erfolg. Allerdings soll durch eine Untersaat von Erdklee (*Trifolium subterraneum*) der Befall beinahe vollständig verhindert werden. Ansonsten kann mit Gemüseschutznetzen die Eiablage der Möhrenfliege verhindert werden. Ebenso werden späte Junisaaten oft nicht mehr befallen.

ERNTE

Für die Ernte werden die Möhren einzeln aus dem Beet gezogen. Ihr Durchmesser ist meist gut zu erkennen, da ihre Schultern in der Regel zu sehen sind. Größere Exemplare werden zuerst geerntet, wodurch kleinere benachbarte dann mehr Platz für ihre weitere Entwicklung bekommen. So kann sich die Ernte über einen längeren Zeitraum erstrecken. Bei frühen Sätzen, die bereits jung und zart für Sommergemüse geerntet werden, beginnt die Ernte frühestens 12 Wochen nach der Aussaat. Große Lagermöhren benötigen vier bis fünf Monate bis zur Ernte.

Lagerung und Überwinterung

Möhren sind relativ gut winterhart und verfügen über eine hervorragende Lagerfähigkeit. Bei Temperaturen um die 5 °C in feuchtem Sand gelagert, können sie den ganzen Winter hindurch aufbewahrt werden. Dabei sind die Wurzeln regelmäßig auf Faulstellen zu kontrollieren und gegebenenfalls aus dem Lager zu nehmen und zu verarbeiten.

Wer über keine passenden Lagermöglichkeiten verfügt, kann die Möhren auch im Beet lassen. Mit Stroh versorgt und mit einem Vlies abgedeckt, bleibt der Boden in der Regel frostfrei, und die Möhren können nach und nach – bei frostfreiem Wetter – über den Winter geerntet werden.

Unverkennbar zeigen die Blüten- und Samenstände die Zugehörigkeit der Möhren zu den Doldenblütlern.

VERMEHRUNG

Allgemeines

Möhren sind wie alle Doldenblütler Fremdbefruchter. Sie sind weitgehend selbststeril, und die Befruchtung erfolgt durch verschiedene Insekten wie Schwebfliegen. Einige Sorten verkreuzen sich untereinander, weshalb immer nur eine für die Samengewinnung angebaut wird. Außerdem auf Wilde Möhren achten, die sich in Kulturmöhren einkreuzen.

Die Vermehrung sollte nur in größeren Beständen ab 50 bis 100 Pflanzen erfolgen. Bei einer Vermehrung von Einzelpflanzen bzw. wenigen Pflanzen kann kein hochwertiges, fertiles Saatgut gewonnen werden. Gleichzeitig sollte gut selektiert werden, vor allem auf eine einheitliche und gerade Wurzelbildung und den sortentypischen aromatischen oder süßen Geschmack. Bei Möhren ist eine strenge Selektion besonders wichtig, da sie schnell zur Bildung von mehreren Wurzelteilen (Beinigkeit) oder zu bitterem bzw. seifigem Geschmack tendieren.

Die Möhre blüht im zweiten Kulturjahr und wird für den Samenbau wie für den Verzehr überwintert. Eine Selektion kann im Herbst oder im Frühjahr vor dem erneuten Einpflanzen erfolgen. Bei Möhren, die im Beet bleiben, selektiert man im Frühling. Es werden dann alle Pflanzen aus dem Beet genommen, ausgelesen und die besten Exemplare wieder eingepflanzt. Schosser, die bereits im ersten Jahr in Blüte gehen, dürfen nicht vermehrt werden.

Samenernte

Möhren bilden hohe Blütentriebe, die zusammengebunden und gestützt werden müssen. Geerntet werden die reifen, braunen Samen. Wie bei vielen Doldenblütlern liefern die Blüten der Hauptdolde das beste Saatgut. Möhrensamen reifen über einen längeren Zeitraum ab, daher sollte in mehreren Sätzen geerntet werden. Das Saatgut kann, von den Dolden gezupft oder in ganzen Trieben geerntet, auf einer weichen Unterlage gedroschen werden. Danach wird mittels Sieben und Ausblasen gereinigt. Die Samen verfügen über Wimpern, über die sie aneinanderhaften. Für den Hausgarten können die Wimpern an den Samen verbleiben, oder sie werden nur sehr vorsichtig in einem Stoffsäckchen abgerieben. Zu starkes Abreiben kann die Samen verletzen und die Keimfähigkeit beeinträchtigen. Das Saatgut ist zwei bis drei Jahre keimfähig.

BUNTE MISCHUNG FÜR DEN HAUSGARTEN

Viele alte und bunte Sorten sind nur noch über Saatgutarchive erhältlich, dennoch gibt es auch im Handel eine tolle Auswahl an samenfesten und auch an farbigen Sorten. Experimentierfreudige Gärtner*innen können sich eine Mischung bunter Möhren anbauen und zusammen abblühen lassen. So lässt sich Saatgut einer bunten Hausmischung für den Eigenbedarf erzeugen.

'Gniff'

Diese alte und eher langsam wachsende Lagersorte aus dem Tessin ist außen violett und innen weiß. Die dekorative Farbe verwäscht leider etwas beim Kochen.

Möhre 'San Valerio', auch als 'St. Valery' im Handel

Alte und bunte Möhrensorten: orangefarbene 'Nantaise', gelborangefarbene 'Gelbe Pfälzer' und violette 'Zanahoria Morada'

'Jaune de Doubs'

Gelbe historische Möhre aus Frankreich mit grünen Schultern. Süßer, aromatischer Geschmack bei guter Lagerfähigkeit. Eher langsam wachsend, deshalb ausreichend früh säen.

'Küttiger Rüebli'

Alte und robuste Schweizer Lagersorte aus dem Aargauer Dorf Küttigen. Weiße, etwas kürzere und oben breite Möhren. Sollte früh und nicht zu dicht gesät werden.

'Nantaise'

Leuchtend orange Sorte mit gutem, süßem Geschmack. Geeignet für den Frühanbau sowie für den späten Anbau zur Einlagerung. Nantaise-Möhren gibt es in verschiedenen Züchtungsstufen, eine neuere Züchtung aus 'Nantaise' ist 'Milan'.

'Pariser Markt'

Eine sehr frühe Sorte mit kleinen, runden, orangen Wurzeln. Knackig und sehr süß. Aufgrund ihrer Form und Größe auch geeignet zum Anbau auf schwereren Böden sowie in Pflanzgefäßen für Balkon und Terrasse.

'Purple Dragon'

Eine der seltenen wirklich kräftig lilafarbenen Möhren mit orangem Herz. Süßer, würziger Geschmack. Auch für den Frühanbau ab März geeignet. Eine ähnliche Sorte ist die samenfeste Neuzüchtung 'Cosmic Purple'.

'Rodelika'

Orangefarbenene Sorte mit besonders kräftigem und süß-aromatischem Geschmack. Lange, glattschalige Möhre, die sich gut zum Lagern eignet.

'Rote Riesen'

Große Herbst- und Lagermöhre. Sehr gute Haltbarkeit und süßer Geschmack. Eine weitere Möhre vom Typ Rote Riesen ist 'Riesen von Colmar' mit besonders intensivem Möhrenaroma.

Pastinake

Ein altes und einheimisches Wurzelgemüse

AUF EINEN BLICK

AUSSAAT	KEIMDAUER
März bis Anfang Juni	bis zu 3 Wochen
KEIMTEMPERATUR	**ERNTE**
15–20 °C	Spätsommer, Herbst und Winter

HERKUNFT UND WISSENSWERTES

Die Pastinake (*Pastinaca sativa*) dürfte eine der in Mitteleuropa am längsten verwendeten Gemüsepflanzen sein. Die wilde Pastinake ist in ganz Europa und Asien beheimatet. Vermutlich wurde durch gezielte Auslese auf eine verstärkte Wurzelbildung die Wildform zum Kulturgemüse.

Lange Zeit war die Pastinake ein wichtiges Wurzelgemüse für die winterliche Versorgung von Mensch und Tier. Durch die Einführung der Kartoffel und die neu gezüchteten orangefarbene Möhren wurde die Pastinake jedoch fast völlig verdrängt. Seit etwa 100 Jahren wurde sie nicht mehr als marktrelevantes Kulturgemüse angebaut. Daher ist für die Pastinake auch keine Sortenzulassung notwendig, und ihr Saatgut kann frei in Verkehr gebracht werden.

Im Hausgarten und in Biobetrieben erlebt die Pastinake derzeit eine Renaissance. Ihr unkomplizierter Anbau und ihre Frosthärte machen sie zu einem interessanten Wintergemüse für eine saisonale Ernährung. Auch hinsichtlich ihres gesundheitlichen Werts kann sich die Pastinake sehen lassen. So ist beispielsweise ihr Gehalt an Kalium und Vitamin C wesentlich höher als bei der allseits beliebten Möhre.

Geschmacklich kann die Pastinake dabei auf jeden Fall mit anderen Wurzeln mithalten. In Butter gebratene Pastinakenscheiben lassen sich durchaus als Delikatesse bezeichnen.

Zum Verwechseln ähnlich: Wurzelpetersilie

Auf den ersten Blick beinahe mit der Pastinake zu verwechseln ist die Wurzelpetersilie. Bei genauem Hinsehen ist jedoch zu erkennen, dass die Rübe der Wurzelpetersilie schlanker und spitzer geformt ist. Die Pastinakenwurzel ist außerdem weicher als die der Wurzelpetersilie. Spätestens am Aroma ist die Wurzelpetersilie dann aber eindeutig als Petersilie zu erkennen. Wie aus der Pastinake lassen sich aus Wurzelpetersilie delikate Gemüse oder feine Suppen zubereiten. Auch in Standortansprüchen, Kultur und Saatgutgewinnung sind die beiden cremefarbenen Wurzeln vergleichbar. Allerdings sollte Wurzelpetersilie bis spätestens Ende April gesät werden, damit sie bis zum Herbst erntefähige Wurzeln ausbildet. In Maßen kann auch das Kraut der Wurzelpetersilie wie das der herkömmlichen Blattpetersilie geerntet werden.

ANBAU

Standort

Pastinaken benötigen für die Ausbildung ihrer großen Wurzeln einen möglichst tiefgründigen und gut aufgelockerten, aber kräftigen Boden. Wird auf einem mit reifem Kompost vorbereiteten Beet gesät, benötigt die Pastinake bis zur Ernte keine weiteren Düngegaben. Für den Anbau in Pflanzgefäßen ist sie nur bedingt geeignet. Pflanztröge oder Kisten sollten mindestens 60 cm hoch sein, damit die Wurzelbildung nicht beeinträchtigt wird.

Aussaat und Kultur

Die kälteunempfindliche Pastinake kann gesät werden, sobald der Boden frostfrei ist. Für die winterliche Versorgung ist eine Aussaat im Mai bis Anfang Juni jedoch ausreichend. Gesät wird etwa 1 cm tief in Reihen mit einem Reihenabstand von 30–40 cm. In der Reihe werden die kleinen Pflanzen auf 5–10 cm ausgedünnt. Ein Vorziehen ist nicht zu empfehlen, da die geringe Höhe der Aussaatschalen und Töpfchen bereits in ganz jungem Stadium die Ausbildung einer geraden Wurzel beeinträchtigt.

Pastinaken haben eine lange Keimdauer von bis zu drei Wochen. In dieser Zeit das Beet unbedingt gut feucht halten. Um die Reihen zu markieren, können Radieschen mit in die Reihe gesät werden. Diese sind geerntet, bevor die Pastinake den gesamten Platz benötigt. Außerdem ist es wichtig, frisches Saatgut zu verwenden. Bereits im zweiten Jahr nimmt die Keimfähigkeit von Pastinakensamen um ca. 50 % ab.

ERNTE

Pastinaken, die sehr früh gesät werden, können bereits im Sommer geerntet werden. Ansonsten beginnt die Ernte Anfang Oktober. Bis eine erntefähige Wurzel ausgebildet ist, dauert es fünf bis sechs Monate. Die Pastinake ist frosthart und kann über Winter im Beet bleiben. Die Pflanzen am besten mit Stroh schützen und mit einem Vlies abdecken, dann kann den Winter über nach und nach geerntet werden. Diese Vorgehensweise ist einer Einlagerung vorzuziehen, da Pastinaken nur bei niedrigen Temperaturen und hoher Luftfeuchtigkeit über einen längeren Zeitraum gelagert werden können. Ansonsten werden die Wurzeln schnell weich und schrumpelig. Zu beachten ist, dass die Pastinake bei zunehmender Kälte und bei Frost süßer wird. Für die Ernte werden die Wurzeln am Laub aus dem Boden gezogen. Für große Wurzeln eine Grabgabel zur Hilfe nehmen und die Wurzeln vorsichtig lockern, ohne sie zu verletzen. Sicherheitshalber Handschuhe tragen, da das Laub einiger Sorten durch enthaltene Cumarinverbindungen Hautirritationen auslösen kann. Für den Verzehr der Wurzeln spielt dies jedoch keine Rolle.

VERMEHRUNG

Allgemeines

Vermehrung und Samenernte entsprechen etwa dem bei der Möhre Beschriebenen (siehe S. 177). Zu beachten ist, dass blühende Pastinaken 2 m hoch werden können und entsprechend Platz benötigen. Wie bei der Möhre ist auf eine gute Geschmacksselektion zu achten, um keine bitteren Wurzeln zu vermehren. Weiterhin besteht bei der Pastinake die Gefahr einer Einkreuzung durch wilde Pastinaken.

ALTE UND NEUE SORTEN

Viele alte Sorten dürften verschwunden sein, da sie zu lange nicht mehr in den Anbau kamen. Darunter gab es wohl auch rundliche Sorten sowie sehr große, die vorrangig als Viehfutter verwendet wurden. Die heute erhältlichen Sorten stellen eine überschaubare Auswahl dar, die sich in Form und Größe der Wurzeln etwas unterscheiden und auf Süße und gutes Aroma ausgelesen wurden.

'Aromata'

Diese Sorte wurde durch intensive Auslese aus einer Genbankherkunft weiterentwickelt. Die schlanken, butterfarbenen Wurzeln zeichnen sich durch Süße und ausgeprägtes Aroma aus. Auch für die Verwertung als Rohkost geeignet.

'Halblange Weiße'

Bewährte, wohlschmeckende Sorte mit sehr einheitlicher, keilförmiger Wurzel. Besonders gut für die Überwinterung im Beet geeignet.

'Tender and True'

Alte englische Sorte mit feinem, süßem Geschmack. Robust, auch für schwere Böden geeignet.

Pastinaken haben grobgefiederte, große, lange Blätter – im Gegensatz zur ähnlichen Petersilienwurzel mit ihrem feinen Laub.

Rote Bete

Alte Rüben neu entdeckt

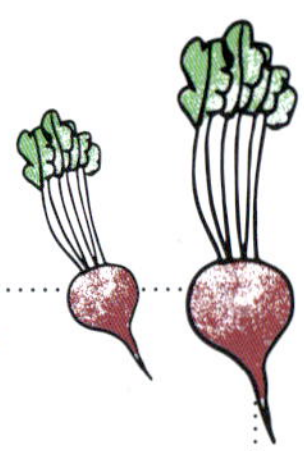

AUF EINEN BLICK

AUSSAAT	KEIMDAUER
Mitte April bis Mitte Juni	10–14 Tage
KEIMTEMPERATUR	**ERNTE**
16–22 °C	etwa 4 Monate nach der Aussaat, spätestens bei Frostbeginn

HERKUNFT UND WISSENSWERTES

Die genaue Herkunft der Roten Bete (*Beta vulgaris*), die auch als Rote Rübe oder Rande bezeichnet wird, ist nicht gesichert nachgewiesen. Vermutlich stammt sie von der wilden Rübe ab, die im Mittelmeerraum und an der europäischen Atlantikküste wächst. Über die Alpen kamen erste Kulturformen der Roten Bete bzw. des Mangolds, der nah mit ihr verwandt ist, vermutlich mit den römischen Invasoren.

Durch die gute Anpassung an gemäßigte Klimazonen und die lange Lagerfähigkeit war und ist die Rote Bete in vielen Regionen, allen voran Russland und Skandinavien, ein wichtiges Wintergemüse.

Auch bei uns stößt die aus der Mode gekommene Rote Bete wieder auf neues Interesse, dies vor allem in Bezug auf eine saisonale und regionale Ernährung. Nachdem Rote Bete lange Jahre nur essigsauer konserviert oder vorgekocht und vakuumverpackt erhältlich gewesen ist, halten die frischen Knollen wieder Einzug in Gemüse- und Bioläden. Nicht selten tauchen auch gelbe oder geringelte Knollen in den Geschäften auf. Neuester Trend sind Gemüsechips, zu denen sich die bunten Knollen gut verarbeiten lassen.

Erst beim Aufschneiden zeigt 'Tonda di Chioggia' die rot-weiß-geringelte Färbung der Knollen.

ANBAU

Standort

Rote Beten mögen einen humosen und am besten lehmigen Boden in möglichst sonniger Lage. Das Beet wird mit reifem Kompost vorbereitet. Bezüglich des Nährstoffbedarfs gilt die Rote Bete als Mittelzehrer.

Aussaat und Kultur

Die Aussaat erfolgt von Mitte April bis Mitte Juni. Rote Bete wird entweder in Aussaattabletts vorgezogen und später ausgepflanzt und direkt in Reihen mit einem Abstand von 25 cm gesät. Normales Rote-Bete-Saatgut besteht aus Knäueln, in denen sich jeweils vier bis fünf Einzelsamen befinden. Deshalb keimen oft zwei bis drei Pflanzen dicht nebeneinander, sodass das Vereinzeln vor allem bei vielen alten Sorten notwendig ist. Der endgültige Abstand in den Reihen sollte etwa 10–15 cm betragen. Die ideale Keimtemperatur liegt bei 16–22 °C, weshalb bei kühler Witterung im Frühling mit der Aussaat noch gewartet oder das Aussaatgefäß ins Frühbeet oder Gewächshaus gestellt werden sollte. Zu frühe Saaten bei niedrigen Temperaturen im Frühsommer können durch den entstehenden Kältereiz zu einjährigen Schossern führen, die keine Knollen ausbilden. Während der Wachstumsperiode sind Rote Beten dankbar für Kräuterjauchegaben etwa alle drei bis vier Wochen.

Im Herbst kann Rote Bete bis zum ersten Frost im Beet bleiben, gegebenenfalls mit Vlies vorrübergehend abdecken. Erst bei anhaltenden Minusgraden dürfen die Knollen nicht mehr im Beet bleiben.

ERNTE

Frühe Saaten können bereits im Sommer geerntet werden. Sollen die Knollen eingelagert werden, reicht eine Aussaat Ende Mai für die Herbsternte. Die Kulturdauer beträgt etwa vier Monate. Die Knollen sind erntereif, sobald sie ihre sortentypische Form und Größe erreicht haben. Für die Ernte und Lagerung werden die Knollen vorsichtig aus der Erde gezogen. Dann vorsichtig die Blätter abdrehen, ohne die Knollen zu beschädigen. Für die Lagerung am besten im kühlen Keller bei 3–5 °C ungewaschen in feuchten Sand einschlagen. Die Blätter können übrigens wie Mangold als Gemüse verwendet werden.

Rote Bete 'Burpees Golden' hat gelbe Knollen mit feinen, helleren Ringeln.

VERMEHRUNG

Allgemeines

Vermehrung und Samenernte entsprechen denen des nah verwandten Mangolds (siehe S. 92), der sich auch einkreuzen kann. Ebenso verkreuzen sich verschiedene Bete-Sorten untereinander.

BUNTE KUGELN UND RINGELBETE

Während im Handel meist nur die einheitliche runde und rote Bete erhältlich ist, können im Garten verschiedene Formen und Farben kultiviert werden. Besonders attraktiv auf dem Gemüseteller sind die leuchtend gelben Sorten oder rosa-weiße Ringelbete. Diese eignen sich ebenso wie weiße Sorten gut für Mischgemüse oder Salate, wenn die rote Einfärbung durch die rotfleischigen Sorten nicht gewünscht ist.

'Rote Kugel'

Bewährte, runde, rote Sorte mit gutem Geschmack. Komplett rot gefärbte Knollen mit gutem Ertrag.

'Ägyptische Plattrunde'

Alte Sorte, die sehr dunkle, plattrunde Knollen ausbildet. Dunkelrotes, fast schwarzes, zartes Fleisch. Schnellwachsende Frühsorte, die ebenso für den Sommeranbau mit Herbsternte geeignet ist.

'Cylindra'

Traditionelle Sorte mit bis zu 20 cm langen, zylindrischen Knollen, die sich ideal in Scheiben schneiden lassen. Milder und feiner Geschmack. Eine ähnliche und ebenfalls sehr schmackhafte Sorte ist 'Covent Garden'.

'Tonda di Chioggia'

Ringelbete mit rosa-weiß geringelten Knollen. Alte italienische Sorte, benannt nach der italienischen Stadt Chioggia in Venetien.

'Burpees Golden'

Eher kleinere, runde und raschwüchsige Sorte. Die Knolle überzeugt mit der leuchtend gelborangen Schale und dem gelb geringelten Fleisch. Besonders süßer Geschmack.

'Albina Vereduna'

Eine sehr seltene historische Sorte, die fast nur noch über private Sortenerhalter erhältlich ist. Runde weiße Knollen mit mildem Geschmack.

Mai- und Herbstrübchen

Französisches Delikatessgemüse

AUF EINEN BLICK

AUSSAAT	KEIMDAUER
März und April sowie Mitte Juli bis Anfang August	5–8 Tage
KEIMTEMPERATUR	**ERNTE**
18–20 °C	Mai und Juni sowie ab Oktober

HERKUNFT UND WISSENSWERTES

Die Speiserübe (*Brassica rapa* ssp. *rapa*) ist ein formenreiches Gemüse aus der Familie der Kohlgewächse. Urformen wurden Funden zufolge sogar schon in der Jungsteinzeit genutzt.

Heute ist das Mairübchen die bekannteste Vertreterin der Speiserübe. Dabei wurde das Rübchen traditionell im Spätsommer angebaut. Im August wurde es als Nachkultur auf den abgeernteten Getreidefeldern ausgesät. Diesem Umstand verdankt es auch den Namen Stoppelrübe. Rübchen sind gut lagerfähig und waren lange

Zeit eine wichtige Winterkost. Die im Lager austreibenden Blätter wurden zudem als Salat verwendet. Erst als die Kartoffel an Bedeutung gewann, wurde das Rübchen langsam immer mehr verdrängt.

Als schnellwachsende Mairübchen werden kleine kugelige oder plattrunde Rüben angebaut. Herbstrübchen oder Stoppelrüben sind meist größer mit runden, kegelförmigen oder auch länglichen Rüben. Daneben gibt es spezielle regionale Typen wie das Teltower Rübchen, das in Brandenburg um die Stadt Teltow angebaut wird. Rübchen sind ein feines Gemüse und die Herbstsorten ergänzen den winterlichen Speiseplan mit knackiger, gesunder Rohkost.

ANBAU

Standort

Die raschwüchsigen und unkomplizierten Rübchen gedeihen als Vor- oder Nachkultur auf fast allen Böden in sonniger Lage. Hohe Düngegaben, vor allem in Form von Mist, sollten vermieden werden.

Aussaat und Kultur

Mairübchen werden ab März in Reihen in einem Abstand von etwa 25 cm direkt ins Beet gesät. Enge Saaten auf etwa 10–12 cm vereinzeln, damit jedes Rübchen genügend Platz für die Entwicklung erhält. Frühe Saaten am besten mit Vlies oder Lochfolie abdecken.

Für die Herbsternte wird ab Mitte Juli bis Anfang August gesät. Die größeren Herbstrübchen werden auf etwa 20 cm vereinzelt. Ein Vorziehen in Aussaattabletts ist ebenfalls möglich und sinnvoll, wenn beispielsweise ein Beet für die Direktsaat noch nicht rechtzeitig frei geworden ist.

Vor allem die Sommersaaten müssen gut gewässert werden, damit das Wachstum der Rübchen nicht beeinträchtigt wird. Trockenheit begünstigt außerdem den Befall mit Erdflöhen. Vorbeugend sollte das Beet gut gemulcht sein.

Steckrübe

Eine weitere Speiserübe ist die Steck- oder Kohlrübe (*Brassica napus* ssp. *rapifera*), ein traditionelles nordeuropäisches Gemüse. Nach dem legendären Steckrübenwinter 1916/1917, als es vielerorts kaum etwas anderes als Kohlrüben zu essen gab, wurde sie jedoch nur noch als Arme-Leute-Essen angesehen. Und so kam sie nach dieser Hungersnot und den späteren kargen Jahren des Zweiten Weltkriegs kaum mehr auf den Tisch. Von den noch vor etwa 100 Jahren in Deutschland angebauten Kohlrübensorten sind mittlerweile vermutlich über 90 % verschwunden. Wie andere Wurzel- und Knollengemüse wird derzeit auch die Steckrübe als regionales Winter- und Lagergemüse wiederentdeckt und zunehmend in den Gärten angebaut. Kohlrüben werden von Mitte Mai bis Mitte Juni für die Herbsternte gesät.

ERNTE

Die schnellwüchsigen Mairübchen sind nach acht bis zehn Wochen erntereif. Größere Exemplare zuerst ernten, dabei vorsichtig herausziehen, um andere benachbarte Exemplare nicht zu entwurzeln. Herbstrübchen benötigen etwas länger und werden ab Oktober geerntet. Bei kurzfristig niedrigen Temperaturen das Beet mit Vlies abdecken. Erst bei anhaltenden Minustemperaturen die Rübchen ernten, das Kraut abdrehen und in feuchtem Sand in einem kühlen und luftfeuchten Keller einlagern. Einige Sorten können auch den Winter über im Beet bleiben. Sie werden wie Möhren oder Pastinaken abgedeckt und können bis in den Spätwinter hinein nach und nach geerntet werden.

VERMEHRUNG

Allgemeines

In Bezug auf Vermehrung und Samenernte unterscheiden sich Rübchen im Wesentlichen nicht von anderen

Herbstrübchen 'Di Milano'

Mairübchen 'Navet' (weiß) und 'Gold Ball' (gelb)

Kohlgewächsen (siehe S. 141). Allerdings werden Mairübchen für die Vermehrung wie die Herbstrübchen erst im Juli und August gesät. Die als Samenträger geschützt überwinterten Rübchen werden im Frühling wieder ausgepflanzt. Zu beachten ist, dass sich Rübchen mit anderen Vertretern von *Brassica rapa* verkreuzen können. Dazu gehören nicht nur andere Rübchen, sondern auch Chinakohl, Pak Choi und Asia-Salate wie Mizuna.

FRANZÖSISCHES DELIKATESSGEMÜSE

Während bei uns Rübchen relativ wenig bekannt sind, sind die sogenannte Navets in Frankreich ein begehrtes Delikatessgemüse. Es lohnt sich, dem unkomplizierten, feinen Rübchen im Garten einen Platz zu geben.

'Mailänder'/'Di Milano a colletto viola'

Herbstrübchen für die Sommer- und Herbstkultur. Aufgrund der Schossneigung nicht für den Frühjahrsanbau geeignet. Flachrunde Form, weiß mit leuchtend violetter Rübenschulter. Feines, zartes Fleisch.

'Navet'

Plattrundes, weißes Mairübchen. Schnellwüchsig mit zarten Rübchen. Auch für den Herbstanbau geeignet.

'Snowball'

Raschwüchsige Mairübe. Kugelrunde, weiße Rübchen mit zartem Fleisch und feinwürzigem Geschmack.

'Petrowsky'

Goldgelb, flachrund, Mairübe, für Frühjahrs- und Herbstanbau. Rasches Wachstum, gut lagerfähig.

Radieschen und Rettich

Scharfmacher mit hohem Gesundheitswert

AUF EINEN BLICK

AUSSAAT	KEIMDAUER
Februar bis Ende August	7–10 Tage
KEIMTEMPERATUR	**ERNTE**
15–20 °C	je nach Sorte 4–12 Wochen nach der Aussaat

HERKUNFT UND WISSENSWERTES

Radieschen und vor allem der Rettich (*Raphanus sativus*) sind alte Kulturpflanzen. Rettiche wurden wohl schon im alten Ägypten als Gemüse und ihre Samen für die Ölgewinnung genutzt. Gesicherte Überlieferungen zur Kultur des Gartenrettichs stammen aus Griechenland und Italien von vor etwa 2000 Jahren. Mittelalterliche Quellen belegen die Nutzung des Rettichs in Deutschland und der Schweiz, und mit dem aufkommenden Buchdruck wurde der Rettich in fast allen damaligen Kräuterbüchern erwähnt. Das Radieschen gewann erst nach dem Rettich als Kulturpflanze Bedeutung, beide waren jedoch aufgrund ihres gesundheitlichen Werts wichtige Nahrungs- und Heilpflanzen.

Die Schärfe und der gesundheitliche Wert von Rettich und Radieschen sind den enthaltenen Senfölen zu verdanken, die über eine antibakterielle und pilzhemmende Wirkung verfügen. Außerdem enthält das Gemüse viel Vitamin C und verschiedene Mineralstoffe, insbesondere Kalium.

Im modernen Mitteleuropa haben Rettich und Radieschen etwa in den letzten 50 Jahren stark an Beliebtheit verloren. Während das gesunde und gut an unser Klima angepasste Gemüse früher regelmäßig genossen wurde, dienen vor allem Radieschen oft nur noch als Salatbeigabe oder Dekoration. Lediglich in Bayern hat der Radi (Rettich) noch eine ausgeprägte Tradition.

In Asien dagegen erfreut sich der Rettich weiterhin großer Popularität. Dort wird er auf verschiedenste Weise zubereitet: roh, gedünstet oder fermentiert. Außerdem gibt es dort bei uns eher unbekannte Kulturformen, von denen nicht die Wurzelrübe, sondern Blätter oder unreife Samenschoten geerntet und zubereitet werden.

ANBAU

Standort

Radieschen und Rettiche sind ideale, einfache Gemüsepflanzen für unsere Klimazone. Dabei sind sie eher anspruchslos und kommen auch gut mit einem Platz zurecht, der nicht ganztägig Sonne aufweist. Vor allem Sommerkulturen sind für einen eher halbschattigen Platz sogar dankbar. Humoser, lockerer und nährstoffreicher Boden bietet Rettichen die besten Voraussetzungen, wobei eine Düngung mit Mist oder unreifem Kompost im Aussaatbeet unbedingt vermieden werden sollte. Denn dann können Rettiche und Radieschen leicht madig werden. Ebenso sollte auf eine ausgeglichene Wasserversorgung geachtet werden, da Trockenheit zu zunehmender Schärfe oder Pelzigkeit führen kann. Zu hohe Feuchtigkeit, insbesondere Staunässe, begünstigen dagegen Wurzelkrankheiten wie die Rettichschwärze.

Besondere Rarität: Rattenschwanzrettich
Der Rattenschwanzrettich ist eine Unterart des Rettichs, bei dem die unreifen Samenschoten geerntet werden. Die Schoten können als Salatbeigabe oder in Butter gedünstet zubereitet werden. Bei der Züchtung wurde die Wurzelbildung vernachlässigt, dafür bildet der Rattenschwanzrettich sehr große Samenschoten.

Aussaat und Kultur

Abhängig von der Rettich- und Radieschensorte kann fast das ganze Jahr über gesät werden. Frühe Treibsorten können schon ab Februar und März ins Gewächshaus, Frühbeet oder Freiland kommen. Späte Sorten werden ab Mitte Juli bis Ende August für die Herbsternte gesät.

Ein Vorziehen ist bei Rettichen und Radieschen nicht notwendig, da sie bereits ab einer Temperatur von 6 °C keimfähig sind. Gesät wird maximal 1 cm tief. Radieschen, die zu tief gesät werden, bilden ihre sortentypische runde Form nicht aus und werden zylindrisch bis langgezogen. Bei späten Frösten sollten die jungen Kulturen mit einem Vlies geschützt werden. Ebenso beschleunigt eine Abdeckung mit Vlies oder Lochfolie die Keimung.

Die Aussaat erfolgt in ein vorbereitetes Beet, ohne frische Düngegaben. Gesät wird am besten in Reihen bei einem Reihenabstand von 10–20 cm, je nach Sorte. Ebenso ist der Abstand in der Reihe sortenabhängig. So benötigen Radieschen nur wenige Zentimeter, Rettiche dagegen 10–20 cm Abstand. Wurde zu eng gesät, kann noch ausgelichtet werden und die überschüssigen Pflänzchen können auch an einem neuen Platz wieder eingepflanzt werden.

Radieschen 'French Breakfast' mit länglichen Knollen und weißer Spitze

ERNTE

Radieschen sind nach vier bis sechs Wochen erntereif, Rettiche brauchen bis zu zwölf Wochen. Die Kulturdauer kann abhängig von Temperatur und Wasserversorgung variieren.

Schnellwachsende Radieschen wurden früher auch als „Monatsräte“ oder „Monatsrettich“ beschrieben, was ihre kurze Kulturdauer zum Ausdruck bringt. Zu spät geerntete Knollen können scharf und hart werden. Die kurze Kulturdauer macht Radieschen und Rettiche zu idealen Vor- und Nachkulturen im Gemüsegarten.

Radieschen und Rettiche sind erntereif, sobald der Knollen- bzw. Rübenumfang gut zu erkennen ist und dem Sortenbild entspricht. Geerntet wird die ganze Pflanze, die aus der Erde gezogen wird. Bei eng gesäten Kulturen empfiehlt es sich, die ersten größeren Exemplare früh zu ernten, sodass die anderen Pflanzen Platz für ihre weitere Entwicklung bekommen.

VERMEHRUNG

Allgemeines

Radieschen und Rettiche sind Fremdbefruchter und werden durch Insekten bestäubt. Verschiedene Radieschen- und Rettichsorten verkreuzen sich untereinander. Ebenso kann Ölrettich, der in Gründüngungsmischungen vorkommt, zu Einkreuzungen führen. Radieschen blühen im ersten Jahr, Rettiche, abgesehen von wenigen Frührettichen, erst im zweiten. Sommer- und Herbstrettiche müssen daher bei kühlen Temperaturen in feuchtem Sand frostfrei überwintert und im zweiten Jahr wieder ausgepflanzt werden.

Ein Bestand von mindestens 20 selektierten Pflanzen ist für die Vermehrung notwendig. Bei Radieschen ist dies einfach zu erreichen. Dabei ist jedoch zu beachten, dass die Pflanzen im Blütenstadium sehr groß werden. Ebenfalls ist auf eine gute Auslese auf die sortentypische Form zu achten. Pflanzen mit verkrüppelten und nicht gut ausgebildeten Knollen bzw. Rüben sowie früh schossende Exemplare werden nicht vermehrt.

Samenernte

Die Samenernte entspricht der der eng verwandten Kohlgewächse (siehe S. 141). Für die Saatgutreinigung ist zu beachten, dass die Samen in den Schoten, die wie mit Styropor ausgekleidet scheinen, oft recht festsitzen. Das Trennen von beiden ist relativ aufwendig und erfordert Geduld. Das Saatgut von Radieschen und Rettichen ist mindestens vier Jahre keimfähig.

Frisch aus dem Garten schmecken Radieschen am besten. Im Kühlschrank halten sie nur ein paar Tage.

SORTENVIELFALT – NICHT NUR ROT UND WEISS

Für die Aussaat und das Ernteergebnis ist die Auswahl von Frühjahrs-, Sommer- und Herbstsorten ausschlaggebend. So sollten z. B. Frühjahrssorten nicht im Hochsommer gesät werden, da sie bei Hitze schnell in Blüte gehen, ohne eine schöne Knolle bzw. Rübe auszubilden. Für den Herbstanbau gibt es außerdem Sorten, die sich gut lagern lassen. Rettichliebhaber können sich übers ganze Jahr mit Sorten unterschiedlicher Formen und Farben aus dem Garten versorgen.

Radieschen

'Saxa'

Knackige, rote Sorte speziell für den sehr frühen Anbau im Freiland, jedoch auch unter Folie oder Glas. Zarter, milder Geschmack. Eine Sorte mit ähnlichen Eigenschaften ist beispielsweise 'Marike'.

'Riesenbutter'

Wie der Name schon sagt, eine Sorte mit butterweichem Fleisch, das lange nicht pelzig wird. Wächst schnell und ist für den Anbau in Frühjahr und Herbst geeignet. Eine ähnliche Sorte ist 'Cherry Belle'.

'Sora'

Für den Anbau über die ganze Saison geeignete robuste, rote Freilandsorte, auch bei Hitze gut platzfest.

'French Breakfast'

Längliches, rotes Radieschen mit weißer Spitze, große, zarte Knollen. Für den Anbau über die gesamte Freilandsaison. Ideal für Misch- und Zwischenkultur.

Die Sortenvielfalt bei Radieschen ist enorm, es gibt rote, gelbe, orangefarbene, violette, weiße und mehrfarbige Sorten.

'Eiszapfen'

Ein weißes, 10–12 cm längliches Radieschen. Zart und raschwüchsig. Für die gesamte Freilandsaison geeignet, Frühjahrs- und Herbstsätze am besten.

Rettiche

'Ostergruß rosa'

Sorte mit karminroter Schale und schmalem, kegelförmigem Wuchs. Mit einer kurzen Vegetationszeit bestens für den frühen Freiland- und Treibanbau geeignet.

'Münchner Bier'

Beliebter weißer, festfleischiger sogenannter Bierrettich. Sommer- und Herbstanbau möglich. Auch im Sommeranbau zart.

'Blauer Herbst und Winter'

Herbstrettich für den Anbau ab Juli mit lilafarbener Schale. Nicht nur sehr hübsch, sondern auch zart und aromatisch im Geschmack. Kann im Herbst z. B. in feuchtem Sand kühl und frostfrei eingelagert werden.

'Red Meat'

Chinesische runde, weißschalige Sorte mit rosa Innerem, deren chinesische Bezeichnung übersetzt „Schön im Herzen" bedeuten soll. Dekorative Rarität mit besonders mildem Rettichgeschmack. Anbau für die Herbsternte ab Mitte Juli.

'Runder schwarzer Winter'

Runde, schwarzschalige Winter- und Lagersorte. Wurde mit Honig traditionell als Hausmittel bei Bronchitis verwendet. Aussaat ab Juli. Eine sehr ähnliche Sorte ist 'Wiener Runder Kohlschwarzer'.

'Fridolin'

Ein weißer, ovaler, halblanger Rettich. Raschwüchsig mit sehr gutem Geschmack. Geeignet für den frühen Anbau im Freiland oder Frühbeet. 'Brauner Fridolin' stellt eine Variation mit brauner Schale und ähnlichen Eigenschaften dar.

Violettschaliger Herbstrettich 'Blauer Herbst und Winter' lässt sich gut einlagern.

Weißfleischige Rettichsorte – wenn die Rüben so weit aus der Erde ragen, heißt es, bald zu ernten.

Sellerie

Aromatisches Gemüse und gesunde Würze

AUF EINEN BLICK

AUSSAAT Ende Februar bis Mai	**PFLANZUNG** Mitte Mai nach den letzten Frösten
KEIMDAUER 14–25 Tage	**KEIMTEMPERATUR** 18–22 °C
ERNTE ab Juli bis Oktober	**ZU BEACHTEN** Lichtkeimer

HERKUNFT UND WISSENSWERTES

Der Wilde Sellerie, aus dem die heutigen Kulturformen des Selleries (*Apium graveolens*) entstanden sind, ist an salzhaltigen Standorten in ganz Europa sowie in Teilen Afrikas und Asiens beheimatet. Funde weisen darauf hin, dass der Wilde Sellerie schon früh als Gewürz- und Arzneipflanze in Kultur genommen wurde. Sowohl im alten Ägypten als auch bei den Griechen und Römern stand Sellerie dabei in hohem Ansehen.

Im Kochbuch des Apicius ist Sellerie als eines der zehn wichtigsten Gewürze der römischen Küche aufgeführt.

Auch heute ist Sellerie neben der Verwendung als Gemüse eine wichtige würzende Zutat für jeden guten Suppenfond.

Die heutigen Kulturformen des Selleries, nämlich Knollensellerie, Stangensellerie und Schnittsellerie, entstanden erst ab dem 17. Jahrhundert durch züchterische Bearbeitung und Auslese.

Schnittsellerie ist dabei der Wildform noch am nächsten und wird als Gewürz ähnlich wie Petersilie verwendet. Auch der Anbau entspricht im Wesentlichen dem von Petersilie.

ANBAU

Standort

Sellerie benötigt einen humosen, nährstoffreichen Boden für eine gute Entwicklung. Ein geschütztes sonniges Beet, angereichert mit reifem Kompost oder Mistkompost, ist ideal.

Aussaat und Kultur

Aufgrund der langen Kulturzeit und der Frostempfindlichkeit werden Knollen- und Stangensellerie im Haus vorgezogen. Ausgesät wird ab Ende Februar, Knollensellerie bis April, Stangensellerie bis Mai, jeweils bei ca. 20 °C in Aussaatschalen oder Aussaattabletts. Die feinen Samen dabei gar nicht oder nur sehr dünn mit Erde bedecken, da Sellerie zu den Lichtkeimern zählt. Auch nach der Keimung dürfen die Pflanzen nicht zu kalt stehen, da ein Kältereiz frühzeitiges Schossen auslösen kann. Ideal sind Temperaturen zwischen 15 und 18 °C. Außerdem müssen die Jungpflanzen so hell wie möglich stehen, da höhere Temperaturen in Kombination mit zu wenig Licht zu Geilwuchs führen.

Ausgepflanzt wird ab Mitte Mai mit einem Abstand von etwa 30 × 30 cm. Dabei nicht zu tief pflanzen, da dies die Knollenbildung beeinträchtigt. Während der Kulturzeit muss vor allem Knollensellerie gut mit Wasser versorgt werden. Vorsicht ist außerdem beim Hacken geboten, da die flachen Wurzeln leicht verletzt werden. Besser ist es, eine Mulchschicht auszubringen, die gleichzeitig vor Austrocknung schützt.

Das Bleichen von Stangensellerie

Alte Stangenselleriesorten wurden gebleicht, um zartere Stiele zu erhalten. Daher stammt auch der Name Bleichsellerie. Doch auch neuere Züchtungen profitieren geschmacklich davon. Ein bis zwei Wochen vor der Ernte werden die Stiele hierfür zusammengebunden und in Packpapier oder Zeitungspapier gewickelt. Ohne Sonnenlicht bleichen die Stängel aus.

ERNTE

Knollensellerie bleibt den ganzen Sommer über auf dem Beet und wird spätestens vor Frostbeginn im Ganzen geerntet. Die Knollen dabei am Grün aus der Erde ziehen und gegebenenfalls vorsichtig mit einer Grabgabel anheben. Für die Einlagerung wird das Selleriegrün abgeschnitten. Es kann eingefroren oder getrocknet und als Würze verwendet werden. Auch über den Sommer können einzelne Blätter zum Würzen geerntet werden.

Die Ernte der ersten Selleriestangen beginnt im Juni oder Juli. Die Stangen werden nach Bedarf nach und nach abgeschnitten, wobei die Pflanzen bis in den Herbst hinein weitertreiben. Auch die Ernte ganzer Pflanzen ist möglich. Im Laufe des Oktobers und vor den ersten Frösten sollte die Ernte abgeschlossen sein. Stangensellerie hält sich zwar ein bis zwei Wochen im Kühlschrank, ist jedoch nicht länger lagerfähig.

VERMEHRUNG

Allgemeines

Sellerie gehört wie die Möhre zu den Doldenblütlern und ist ein Fremdbestäuber, der auf Insekten angewiesen ist. Vermehrung und Samenernte entsprechen etwa denen der Möhre (siehe S. 177), Sellerie kann jedoch auch mit einer geringeren Anzahl von Samenträgern vermehrt werden. Zu beachten ist außerdem, dass sich alle Kulturformen des Selleries miteinander verkreuzen können.

Sellerie blüht im zweiten Kulturjahr, und muss, mit Ausnahme des Schnittselleries, frostfrei überwintert werden.

SELLERIE IN GARTEN UND KÜCHE

In der Küche lässt sich Sellerie vielseitig verwenden. So kann Knollensellerie als Gemüse zubereitet werden und gehört ins Suppengrün. Gleichzeitig ist er ein gesundes Wintergemüse mit guter Lagerfähigkeit. Stangensellerie wird als Gemüse und Rohkost zubereitet und Schnittsellerie würzt mit feinem Selleriearoma.

'Monarch'

Bewährte Sorte mit großen, trapezförmig-runden Knollen bei guter Lagerfähigkeit. Helle, feste Innenqualität, bleibt auch beim Kochen weiß. Guter, milder, leicht nussiger Geschmack.

'Tall Utah'

Stangensellerie mit tiefdunkelgrüner Laubfarbe und mittelhohem Wuchs. Die fleischigen Rippen sind von ausgezeichnetem Geschmack. Wüchsige, ertragreiche Sorte. Bei früher Aussaat Ende Februar Ernte bereits im Juni.

'Gewöhnlicher Schnitt'

Schnittsellerie mit üppig wachsenden, dunkelgrünen, sehr aromatischen Blättern. Verwendung frisch oder getrocknet als Gewürz. Kann laufend geschnitten werden. Überwintert im Freiland.

Knollensellerie gehört zu den nährstoffhungrigsten Gemüsen und sollte über die Saison mehrmals mit Kräuterjauche gedüngt werden.

Blatt- oder Schnittsellerie kann als Würzkraut, frisch oder für Kräutersalz verwendet werden.

Kartoffel
Erlesene Knollen

AUF EINEN BLICK

VORKEIMEN DER SAATKARTOFFELN	SETZEN DER SAATKARTOFFELN
ab Ende März	Mitte April bis Anfang Mai
BODENTEMPERATUR	**ERNTE**
mind. 8–10 °C	3–4 Monate nach dem Setzen

HERKUNFT UND WISSENSWERTES

Obwohl die Europäer der Kartoffel nach ihrer Einführung durch die spanischen Seefahrer zunächst nur Misstrauen entgegenbrachten, hat langfristig kaum ein Gemüse solch einen Siegeszug in großen Teilen der Welt erlebt. Genau wie die Tomate wurde die Kartoffelpflanze zunächst nur als Zierpflanze und Blütenschmuck verwendet und als giftig betrachtet, was in Bezug auf alle grünen Pflanzenteile auch stimmt. Erst unter dem Preußenkönig Friedrich dem Großen etablierte sie sich langsam als Nutzpflanze, wenn auch zunächst nur mithilfe von Gewaltmaßnahmen. So ließ er während einer Hungersnot Kartoffeln anbauen und erließ sogenannte Kartoffelbefehle, also Erlasse, die den Anbau von Kartoffeln durchsetzen sollten:

» ES IST VON UNS IN HÖCHSTER PERSON … DIE ANPFLANZUNG DER SOG. TARTOFFELN, ALS EIN SEHR NÜTZLICHES UND SOWOHL FÜR MENSCHEN ALS VIEH AUF SEHR VIELFACHE WEISE DIENLICHES ERD-GEWÄCHSE, ERNSTLICH ANBEFOHLEN… «

Aus Andreas Martin Lipius: Sammlung der in dem souverainen Herzogthum Schlesien und dessen incorporirten Grafschaft Glatz in Finantz-, Justiz-, Criminal-, Geistlichen-, Consistorial-, Kirchen-Sachen [etc.] Publicirten Edicte, Patente, Ordnungen [etc.]. 6. Band, Korn und Gambert, Breslau 1763

In der Folge wurden immer mehr Kartoffeln angebaut, und um 1890 soll es in einigen Regionen Deutschlands einen jährlichen Pro-Kopf-Verbrauch von bis zu 340 kg Kartoffeln gegeben haben. Die Kartoffel wurde zu einem Hauptnahrungsmittel und verbesserte die allgemeine Ernährungssituation so stark, dass dies sogar ein Bevölkerungswachstum zur Folge gehabt haben soll.

Durch fehlenden Fruchtwechsel und Monokulturen stellten sich jedoch ebenso rasch Schädlinge und Pilzkrankheiten ein. Die auch heute noch bedeutende Kraut- und Knollenfäule verbreitete sich in manchen Jahren so stark, dass in Irland durch Ernteausfälle aufgrund verfaulter Kartoffeln zwischen 1845 und 1849 etwa eine Million Menschen verhungerten.

Heute ist die Kartoffel weltweit das viertwichtigste Nahrungsmittel und punktet durch ihre Inhaltsstoffe. So decken rund sieben Kartoffeln den Tagesbedarf eines Erwachsenen an Vitamin C. Dadurch erhielt sie auch den Namen „Zitrone des Nordens“. Daneben liefern Kartoffeln wichtige B-Vitamine und viele Mineralstoffe.

ANBAU

Standort

Für Kartoffeln ist ein lockerer, am besten etwas sandiger Boden günstig. Durch den Anbau auf Dämmen und durch Hacken lassen sich jedoch auch schwerere Böden für die Kartoffelkultur vorbereiten. Lehmige Böden sollen sogar geschmacksintensivere Kartoffeln hervorbringen. Lediglich Böden mit Staunässe sind ungeeignet. Eine möglichst sonnige Lage ist wichtig. Außerdem sind Kartoffeln Starkzehrer. Um ihrem Nährstoffbedarf gerecht zu werden, sollte das Beet bereits im Herbst mit abgelagertem Mist versorgt werden.

Kartoffelmulchbeet

Die Kartoffel gilt als bodenverbessernd und als gute erste Kultur in einem neuen Gemüsegarten. Zudem lassen sich durch den Kartoffelanbau neue Beete anlegen, ohne umzugraben.

Die geplante Beetfläche wird hierfür mit unbedruckten Kartonagen ausgelegt. Darauf werden die Saatkartoffeln verteilt, und zwar so wie beim normalen Anbau in einem bestehenden Beet (siehe oben). Über die Kartoffeln wird eine dicke Schicht Stroh ausgebracht, die gut gewässert und angedrückt wird. Durch den Strohmulch und das Kartoffelkraut wird die ursprüngliche Vegetation im Beetbereich unterdrückt. Gleichzeitig lösen sich die Kartonagen übers Jahr auf, und es entsteht ein lockerer Boden. Für die Ernte wird das Stroh vorübergehend entfernt, danach jedoch bis zum nächsten Frühling wieder als Mulch auf das Beet ausgebracht. In der folgenden Saison sollte das Beet für den Anbau anderer Gemüse gut mit Kompost versorgt werden. Die Kartoffelausbeute bzw. der Ertrag sind bei einer solchen Kultur zwar etwas bescheidener, dafür lassen sich auf diese Weise ohne großen Aufwand Beete anlegen.

Aussaat und Kultur

Kartoffeln kommen regions- und witterungsabhängig Mitte April bis Anfang Mai in den frisch aufgelockerten Boden. Die Saatkartoffeln werden dazu etwa vier Wochen vorher zum Vortreiben in Kisten ausgelegt. Durch das Licht werden rasch Triebe gebildet, die für einen Entwicklungsvorsprung sorgen. Kartoffeln werden in Reihen gelegt, bei einem Reihenabstand von 50–75 cm. Innerhalb der Reihe sollte ein Abstand von etwa 30 cm eingehalten werden. Sind die Kartoffeln ausgelegt, werden sie angehäufelt. Sobald die ersten Kartoffeltriebe etwa 10 cm aus dem Boden herausschauen, wird erneut gehackt und angehäufelt, bis nur noch die Triebspitzen zu sehen sind. In den so entstehenden Dämmen mit lockerer Erde können sich die jungen Kartoffeln am besten bilden. Ein weiteres Hacken ist eventuell noch einmal bei einer erneuten Triebhöhe von 10–15 cm erforderlich. Dies ist auch abhängig von der Beikrautentwicklung, die durch das Hacken und Anhäufeln ebenfalls unterbunden wird.

Anbau von Kartoffeln in der Kartoffelkiste

Kartoffeln sind im Anbau flächenintensiv und für kleine Gärten daher nur bedingt geeignet. Möchte man dennoch eigene Kartoffeln ernten, kann die Kartoffelkiste helfen. Hierfür eignet sich eine hölzerne Kompostkiste oder eine Stellage aus stapelbaren Latten. Der Boden der Kiste wird mit Pflanzerde bedeckt. Darauf werden die Kartoffeln ausgelegt, wobei sie enger gelegt werden können als im normalen Beet. Über die Kartoffeln kommen dann etwa 10 cm Erde. Sind die Triebspitzen etwa 10 cm hoch, wird wieder Erde nachgefüllt, bis nur noch die Spitzen zu sehen sind. Dieser Vorgang wird mehrmals wiederholt. Durch die locker aufgefüllte Erde wachsen die Kartoffeln in solchen Kisten besonders gut, und die Nutzung der Vertikale kann den Ertrag um ein Vielfaches gegenüber einer vergleichbaren Fläche im Garten erhöhen. Zu bedenken ist, dass eine größere Menge an nährstoffreicher Erde benötigt wird und die Kiste regelmäßig gewässert werden muss. Für die Ernte wird die Kiste wieder abgebaut und die Kartoffeln können einfach entnommen werden. Die Erde kann anschließend für andere Pflanzungen verwendet werden.

ERNTE

Die Kartoffelernte beginnt im Juni mit Frühkartoffeln. Spätere Sorten werden ab Ende August bis Ende September geerntet. Dabei werden Frühkartoffeln bereits dann aus der Erde geholt, wenn das Kraut noch grün ist. Frühestens nach 60 Tagen kann vorsichtig eine Knolle ausgegraben werden, an deren Schale man zum Testen der Reife reibt. Bleibt die Schale fest, sind die Kartoffeln erntereif. Frühkartoffeln sollten bald verwendet werden, da sie nicht gut lagerfähig sind. Lagerkartoffeln werden erst geerntet, wenn das Laub bereits abgestorben ist. Idealerweise lässt man die Kartoffeln noch zwei bis drei Wochen nach dem Absterben des Laubs im Boden, damit sich die Schale verfestigt. Dies ist für eine erfolgreiche Lagerung wichtig.

Geerntet wird am besten bei trockenem Wetter unter vorsichtigem Einsatz einer Grabgabel, um Verletzungen an den Kartoffeln zu vermeiden. Für die Lagerung die Kartoffeln nicht waschen und dunkel und kühl stellen. Dafür eignen sich Lattenkisten oder Weidenkörbe. Bleiben die Kartoffeln längere Zeit am Licht, vergrünen sie und enthalten dann das giftige Solanin. Daher sollten sie dann nicht mehr verzehrt werden.

Das Kartoffelkraut ist oft stark von Krautfäule befallen, daher sollte es nicht auf den Kompost gegeben werden. Traditionell wurde das Kraut bei Kartoffelfeuern nach der Ernte verbrannt. In der Glut wurden Kartoffeln gegart und dann gleich noch auf dem Feld verzehrt. Nach diesem Vorbild lässt sich auch heute noch die Kartoffelernte zu einem besonderen Erlebnis machen.

VERMEHRUNG

Allgemeines

Kartoffeln werden nicht über Samen, sondern vegetativ über Knollen vermehrt. Von den schönsten Pflanzen werden schön geformte, größere Exemplare für die nächste Pflanzung zurückbehalten, wie für den Verzehr eingelagert und in der kommenden Saison wieder gesetzt. Kartoffeln, die jahrelang über ihre Knollen vermehrt werden, können abbauen und Krankheiten wie beispielsweise Virosen bekommen. Dann empfiehlt es sich, neues und gesundes Pflanzgut zu besorgen. Experimentierfreudige Gärtner*innen können versuchen, über Samen eigene Kartoffelsorten zu entwickeln. Die Samen werden aus den reifen Früchten der Kartoffeln genommen, ähnlich wie bei Tomaten.

Kartoffeln sind nicht samenfest, und das Saatgut spaltet auf. Sät man Samen einer bestimmen Sorte, erhält man daher keine Nachkommen mit denselben Eigenschaften, sondern eine oft sogar bunte Mischung. Die ausgesäten Pflanzen entwickeln im ersten Jahr nur kleine Kartoffeln, die eingelagert und im nächsten Jahr wieder eingepflanzt werden. Im zweiten Jahr kann auf Farbe, Größe und Geschmack selektiert werden und die besten Sorten können weiter angebaut werden.

Kartoffeln werden etwa 10 cm tief gepflanzt, nachdem sie vorgetrieben wurden.

BUNTE RARITÄTEN AUS DER KARTOFFELKISTE

Um sich mit Kartoffeln selbst zu versorgen, benötigt man eine relativ große Fläche, für die am besten ein Stück Acker geeignet ist. Im Garten oder in der Kartoffelkiste lohnt es sich jedoch besonders, im Lebensmittelhandel kaum erhältliche Sorten anzubauen. Dazu gehören lila- und rosafleischige Sorten ebenso wie geschmacklich herausragende Raritäten. Letztere sind oft kleiner und nicht so leicht zu schälen wie handelsübliche Sorten, dafür entschädigen sie mit unverwechselbaren Geschmackseigenschaften.

Sobald sich die Triebe zeigen, wird nach und nach angehäufelt, damit sich mehr Knollen bilden können.

Bei Kartoffeln unterscheidet man mehlig kochende, vorwiegend festkochende und festkochende Sorten. Unter den alten Sorten findet man besonders viele mehlig kochende, die sich besonders gut für Püree eignen, da Kartoffeln früher meist als Brei oder Knödel zubereitet wurden. Heute sind festkochende Sorten beliebter, die sich besser für z. B. Kartoffelsalat eignen. Besonders fest kochende Sorten werden auch als speckig bezeichnet.

'Ackersegen'

Bewährte mehlig kochende Sorte mit sehr gutem buttrigem Geschmack. Seit 1929 und auch über die Grenzen Deutschlands weit verbreitet und beliebt. Spät.

'Bamberger Hörnchen'

Regional auch „Bamberger Hörnle" oder „Bamberger Hörnla" genannt, ist das 'Bamberger Hörnchen' wohl Deutschlands älteste Kartoffelsorte. Bei Feinschmeckern sind die kleinen, festkochenden, feinwürzigen Knollen sehr beliebt. Als 'Bamberger Hörnchen' dürfen nur die original in der Region angebauten Kartoffeln gehandelt werden. Eine ähnliche Sorte ist beispielsweise 'Bamberger Krumbeere'. Reifezeit spät.

'Blauer Schwede'

Lilafleischige, leicht hell marmorierte und vorwiegend festkochende Sorte mit gutem, kräftigem Geschmack. Die Farbe bleibt auch bei der Zubereitung intensiv und hält sich besonders gut, wenn die Kartoffel im Ofen gebacken wird. Lila Kartoffeln wurden früher häufig angebaut und sollen weniger kälteempfindlich sein als gelbe Kartoffeln. Reifezeit mittelfrüh.

'Franceline'

Französische, festkochende bis speckige Sorte mit roter Schale und gelbem Fleisch. Die Knollen sind lang bis langoval. Tolle Salatkartoffel. Früh bis mittelfrüh.

'Linda'

Beliebte deutsche Züchtung von 1974. Nach langem Einsatz des Kartoffelzüchters Karsten Ellenberg wieder neu in die Zulassung gelangt, ist diese festkochende Sorte mit ihrem guten, cremigen Geschmack heute wieder erhältlich. Bewährt im Bioanbau. Mittelfrühe Ernte.

'Mayan Gold' und 'Mayan Twilight'

'Mayan Gold' ist eine neuere Züchtung aus Schottland, die aus einer bislang in unseren Breiten noch nicht kultivierten Kartoffelart entstanden ist. Sie wird schneller gar als herkömmliche Sorten und verfügt über einen nussig-süßen Geschmack. Wird auch „Marzipankartoffel" genannt. Eine ebenfalls aus dieser Züchtung entstandene Sorte ist 'Mayan Twilight', eher kleiner, länglich und rotschalig mit gelben Flecken um die Augen. Beides Leckerbissen, die man unbedingt probieren sollte. Reifezeit mittelfrüh.

'Rote Emmalie'

Neuere Sorte für den Bioanbau aus der Zucht von Karsten Ellenberg. 'Rote Emmalie' wird ihrem Namen mit roter Schale und hellrot marmoriertem Fleisch mehr als gerecht. Eine zuverlässige, vorwiegend festkochende Sorte mit gutem, würzigem Geschmack. Reifezeit früh bis mittelfrüh.

'Schwarze Ungarin'

Sorte aus Ungarn vor 1900 mit dunkler, fast schwarzer Schale und hellem Fleisch. Eine der besten mehlig kochenden Sorten mit sehr gutem cremigen Geschmack. Reifezeit mittelfrüh.

'Sieglinde'

Alte deutsche Sorte von 1935, festkochend mit gutem Geschmack. Wurde 2010 zur „Kartoffel des Jahres" gewählt. Die Auszeichnung soll auf die Vielfalt der Kartoffelsorten hinweisen und deren Erhaltung fördern. 'Sieglinde' wird auch in moorigen Regionen angebaut, z. B. im bayerischen Donaumoos. Die dort angebaute „Moorsieglinde" gilt als Delikatesse. Reifezeit eher früh.

Von wegen eintönig: Zum Anbau im Hausgarten gibt es eine Vielzahl spannender Sorten mit den unterschiedlichsten Formen, Farben und Kocheigenschaften.

Schwarz- und Haferwurzel

Spargel des armen Mannes

AUF EINEN BLICK

AUSSAAT	KEIMDAUER
Ende Februar bis Ende April	10–20 Tage
KEIMTEMPERATUR	**ERNTE**
10–18 °C	ab Oktober bis April

HERKUNFT UND WISSENSWERTES

Während die Haferwurzel (*Tragopogon porrifolius*) eine alte Kulturpflanze ist, die bereits von den Griechen und Römern genutzt wurde, ist der Anbau der Schwarzwurzel (*Scorzonera hispanica*) in Mitteleuropa erst ab dem 17. Jahrhundert belegt. Schwarz- und Haferwurzel werden oft im Vergleich beschrieben, was der Haferwurzel auch den Namen „Weißwurzel" eingebracht hat. Dabei sind die beiden nicht direkt miteinander verwandt. Die Haferwurzel ist mit dem Wiesenbocksbart, einer ebenfalls essbaren Wildpflanze, verwandt, die kultivierte Schwarzwurzel dagegen hat in Europa verschiedene wilde Verwandte. Auch im Geschmack unterscheiden sich die beiden Wurzelgemüse deutlich. Schwarzwurzeln wurden auch als „Spargel des armen Mannes“ bekannt, da sie geschält und gekocht ähnlich wie Spargel zubereitet werden können. Haferwurzeln hatten ebenfalls den Ruf, nur ein „Arme-Leute-Essen“ zu sein.

ANBAU

Standort

Schwarz- und Haferwurzeln benötigen aufgrund ihrer langen Wurzeln einen tiefgründigen, lockeren Boden ohne Steine. Auf schweren Böden sollte auf Dämmen oder in Hochbeeten angebaut werden. Da auch Wühlmäuse die Wurzeln gern verspeisen, sollte im Hochbeet ein Schutz in Form eines Mäusegitters vorhanden sein. Außerdem mögen Schwarz- und Haferwurzeln einen möglichst sonnigen Platz und nährstoffreiche Erde, die nicht frisch mit Mist versorgt sein sollte.

Aussaat und Kultur

Schwarz- und Haferwurzeln haben beide eine lange Kulturzeit. Daher sollte so früh wie möglich, sobald der Boden bearbeitbar ist, gesät werden. Saaten nach Ende April bilden keine erntefähigen Wurzeln aus.

Gesät wird in Reihen mit einem Abstand von etwa 6–8 cm zwischen den Pflanzen und 20–30 cm zwischen den Reihen. Dabei werden die großen Samen am besten einzeln mit der Hand 1–2 cm tief abgelegt. Die Keimzeit beträgt witterungsabhängig zehn bis 20 Tage. Schwarz- und Haferwurzeln gehen bereits ab 5 °C auf, wobei höhere Temperaturen um die 15 °C ideal sind. Das Beet vor späten Frösten und für eine sichere Keimung am besten mit einem Vlies oder mit Lochfolie abdecken. Ein Vorziehen des Wurzelgemüses ist nicht praktikabel. Beide Kulturen sollten über die Saison einige Male gehackt werden, um Beikräuter zu unterdrücken und den Boden locker zu halten. Eine Mulchschicht zwischen den Reihen, die hin und wieder erneuert wird, erfüllt denselben Zweck.

Die Haferwurzel hat violette Blüten, die die Gemüsebeete in Insektenmagnete verwandeln.

Die gelben Blüten der Schwarzwurzeln ähneln denen des Wiesenbocksbartes.

ERNTE

Bei einer Aussaat im März können ab Oktober die 30–40 cm langen Wurzeln geerntet werden. Damit diese nicht abbrechen, muss das Erdreich vorsichtig mit einer Grabgabel gelockert werden. Im Zweifelsfall kann zwischen den Reihen jeweils ein Graben ausgehoben werden, um die Wurzeln dadurch ein Stück freizulegen. Schwarz- und Haferwurzeln sind frostunempfindlich und können den Winter über im Beet bleiben und nach Bedarf geerntet werden. Das Beet mit Stroh versorgen und dann mit Vlies abdecken, damit der Boden für die Ernte frostfrei bleibt. Meist wird von beiden Arten nur die Wurzel verzehrt, wobei die jungen Triebe und Blütenknospen im Frühling des zweiten Kulturjahrs ebenfalls geerntet und als Gemüse zubereitet werden können.

VERMEHRUNG

Allgemeines

Beiden Korbblütlern gemeinsam sind die großen, wunderschönen Blüten, die im zweiten Kulturjahr ab April erscheinen. Die Schwarzwurzel blüht leuchtend gelb, und die Blüten der Haferwurzel strahlen lilablau. Lässt man die Samen reif werden und aussamen, siedeln sich die Pflanzen leicht und dauerhaft im Garten an. Die Blüten, die vom frühen Morgen bis in die Mittagsstunden geöffnet sind, werden durch Insekten bestäubt. Daher bei Schwarzwurzeln nur eine Sorte auf einmal im Garten blühen lassen. Ob sich Haferwurzeln auch mit dem wilden Wiesenbocksbart einkreuzen, ist nicht gesichert. Für die gezielte Vermehrung sollte eine Auslese auf dicke und unverzweigte Wurzeln getroffen werden. Dies kann im Herbst mit Überwinterung der Wurzeln im Lager oder durch ein Ausgraben im Frühling geschehen. Die Samenträger werden dann wieder gepflanzt. Wurzeln, die bereits im ersten Kulturjahr Blüten bilden, dürfen nicht vermehrt werden.

Samenernte

Ähnlich wie Löwenzahn bilden Schwarz- und Haferwurzeln Samenkugeln, die sich bei Reife rasch öffnen. Die Samen verbreiten sich dann wie bei den Pusteblumen wie kleine Fallschirme. Daher die Samenkugeln am besten ernten, wenn sie noch nicht ganz reif sind und sich die Spitze leicht zu öffnen beginnt. Die Ernte erfolgt in der Regel ab Juli über mehrere Wochen. Die geernteten Samenstände werden in einem Stoffsack luftig nachgetrocknet, wo sie sich bald öffnen. Danach kann ausgedroschen und gereinigt werden. Die langen, dünnen Samen sind für die Einlagerung ausreichend trocken, wenn sie nicht mehr biegsam sind. Saatgut von Schwarz- und Haferwurzel ist nur ein bis zwei Jahre keimfähig.

SORTENAUSWAHL

Die Sortenauswahl von Schwarz- und Haferwurzeln ist im Handel sehr überschaubar. Ältere Sorten, manchmal über Archive erhältlich, sind oft züchterisch wenig bearbeitet und bringen keine zufriedenstellende Ernte. Experimentierfreudige Gärtner*innen können sich mit etwas Geduld aus solchen alten Sorten eine eigene Haussorte selektieren.

Haferwurzel

Zumeist wird die Haferwurzel einfach unter dieser Bezeichnung ohne speziellen Sortennamen angeboten. In Italien als „Scorzobianca“, also „Weißwurzel“, erhältlich. Unter der Bezeichnung „Mammut“, „Mammoth“ oder „Giant French“ sind Selektionen im Samenhandel zu finden.

'Hoffmanns Schwarze Pfahl'

Bewährte, altbekannte Schwarzwurzel mit relativ dicker, festfleischiger, zarter Wurzel, die kaum Verzweigungen aufweist. Abhängig von den Bodenverhältnissen mittellang bis lang.

'Schwarzer Peter'

Alte Schwarzwurzelsorte mit halblanger Wurzel, die besser als die langen Sorten für schwere Böden geeignet ist. Leider meist nur noch über Saatgutarchive und private Erhalter*innen zu bekommen.

Topinambur
Erdartischocke

HERKUNFT UND WISSENSWERTES

Der mit der Sonnenblume verwandte Topinambur (*Helianthus tuberosus*) stammt aus Mittel- und Nordamerika und wurde bereits von den Indianern als Nahrungspflanze genutzt. Im 17. Jahrhundert brachten Seefahrer die „Erdbirne“ nach Europa, wo sie ausgehend vom französischen Königshof bald sehr populär wurde. Ernährungsphysiologisch wertvoll ist Topinambur aufgrund des enthaltenen Inulins. Da dieser Fruchtzucker den Blutzuckerspiegel nicht beeinflusst, ist Topinambur besonders gut als Lebensmittel für Diabetiker geeignet. Außerdem verfügt Topinambur über einen hohen Mineralstoffgehalt. Dieser verleiht den Knollen einen artischockenähnlichen Geschmack.

ANBAU

Standort

Topinambur nimmt mit beinahe jedem Standort vorlieb, ist wüchsig und fruchtbar und kann große Flächen besiedeln. Am besten einen Standort abseits der Gemüsebeete wählen. Topinambur kann auch als Ablenkungspflanze für Wühlmäuse gepflanzt werden, da ihn die Mäuse anderen Gemüsen meist vorziehen.

Aussaat und Kultur

Ab März bis Ende April oder im Herbst von Oktober bis November werden die Knollen etwa 10 cm in die Erde gesetzt. Aus diesen erscheinen bei einer Bodentemperatur von mindestens 5 °C nach kurzer Zeit die Triebe, die bis zu 3 m hoch werden können.

ERNTE

Geerntet werden die Knollen im Herbst, wenn die oberirdischen Pflanzenteile braun und welk zu werden beginnen. Am besten werden die Knollen mit einer Grabgabel vorsichtig aus der Erde gehebelt. Folgeernten sind den ganzen Winter hindurch möglich, solange der Boden frostfrei ist. Einmal geerntet, hält sich Topinambur nicht lange, und die Knollen werden weich. Daher empfiehlt es sich, immer nur so viel zu ernten, wie auch zeitnah verbraucht werden kann.

VERMEHRUNG

Allgemeines

Topinambur wird vegetativ über die Knollen vermehrt. Da bei der Ernte in der Regel immer Knollen zurückbleiben, treiben diese im kommenden Frühling wieder aus und erhalten den Bestand. Wer sichergehen möchte, kann absichtlich Knollen im Boden belassen. Eine Vermehrung über Samen ist in unseren Breiten kaum möglich, da die Samen nicht ausreifen. Die Blüte erscheint sehr spät und bleibt auf schattigen Flächen manchmal auch aus. Topinambur kann über Samen nicht samenfest vermehrt werden, da diese aufspalten.

GEMÜSE ÜBER DEN GARTENZAUN

Topinambur ist ein typisches Gemüse, das über den Gartenzaun weitergegeben wird. Schließlich hat, wer ihn einmal hat, meist so viel davon, dass freudig abgegeben wird. Im Handel sind weiße bzw. gelbe und violette Sorten erhältlich. Oft werden auch getopfte Pflanzen angeboten, die ganzjährig im Garten gepflanzt werden können.

Topinambur hat nicht nur schmackhafte Knollen, sondern auch ausgesprochen attraktive gelbe Blüten.

'Weiße Trüffel'

Topinambur mit besonders gutem Geschmack. Begehrte glattschalige Sorte, weiß mit rosa Auge.

'Gute Gelbe'

Ertragreiche, alte Sorte mit dicken, länglichen, hellschaligen Knollen.

'Dwarf'

Sorte mit kleinen, violetten Knollen, die sehr schmackhaft sind. Niedrige, kompakte Pflanzen, die man auch im Kübel kultivieren kann.

SONNENWURZEL

Die Sonnenwurzel (*Helianthus strumosus*) ist eine nahe Verwandte des Topinamburs. Die Kultur ist mit Topinambur vergleichbar. Die Sonnenwurzel bildet Knollen von der Größe mittelgroßer Kartoffeln. Ihr Geschmack ist fein nussig und erinnert an Schwarzwurzeln.

Gartenbohne

Vielfalt in Hülle und Fülle

AUF EINEN BLICK

AUSSAAT	KEIMDAUER
ab Mitte April im Haus bzw. ab Mitte Mai im Freiland	8–10 Tage
KEIMTEMPERATUR	**ERNTE**
ca. 20 °C	ab Juli bis September
ZU BEACHTEN	
Samen bei der Aussaat nicht tief legen	

HERKUNFT UND WISSENSWERTES

Bohnen haben eine lange Kulturgeschichte und zählen weltweit zu den wichtigsten Nutzpflanzen. In Mitteleuropa waren Puffbohnen (*Vicia faba*) jahrtausendelang ein unentbehrliches Grundnahrungsmittel. Erst nach der Entdeckung Amerikas wurden sie nach und nach durch die Gartenbohnen (*Phaseolus vulgaris*) ersetzt, die schon vor Tausenden von Jahren in Mittelamerika kultiviert wurden. Zur Gartenbohne gehören sowohl Busch- als auch Stangenbohnen. Buschbohnen werden bis etwa 60 cm hoch und benötigen keine Stütze. Stangenbohnen dagegen können mehrere Meter hoch werden und brauchen stabile Rankgerüste. Dazwischen sind die mittelhohen Reiserbohnen angesiedelt. Die ursprünglichen Sorten waren hochwüchsige Stangenbohnen mit eher derben, zähen Hülsen, deren Kerne als Trockenbohnen Verwendung fanden. Nach und nach wurden dann Sorten mit feinerer Struktur für den Verzehr der jungen grünen Hülsen (Fisolen) gezüchtet. Auch die Fädigkeit der Bohnen wurde mit der Zeit immer mehr herausgezüchtet.

Im Feldanbau werden heutzutage fast ausschließlich Buschbohnen kultiviert. Für den Hausgarten sind die hochwachsenden Stangenbohnen wie in den alten Bauerngärten jedoch nach wie vor interessant, da sich mit ihnen die Vertikale nutzen lässt und auf wenig Fläche viel geerntet werden kann.

Die Gartenbohne in der Küche

Bohnen, egal, ob Hülsen oder Samen, dürfen nicht ungekocht verzehrt werden. Nur in gekochtem Zustand wird das in rohem Zustand giftige Phasin zerstört. Die grünen Hülsen werden daher gedünstet oder gekocht. Für die Zubereitung von Trockenbohnen werden die Samen über Nacht in Wasser eingeweicht und ohne Salz bissfest gegart. Das Einweichwasser sollte dabei nicht als Kochwasser verwendet werden.

Bohnen enthalten neben verschiedenen Mineralstoffen viel Eiweiß und sind somit besonders für die fleischarme Küche wertvoll. Dies wussten wohl auch unsere Vorfahren, die Bohnen als Fleisch- oder Speckersatz in Knödeln und Suppen verwendeten. Ein Zeugnis dafür liefern die Namen mancher Bohnensorten wie beispielsweise die 'Samerberger Fleischbohne', eine Regionalsorte aus dem Alpenraum.

Französische Delikatesse: Flageoletbohnen

Flageoletbohnen sind eine Spezialität der französischen Küche. Die hellen Samen werden traditionell kurz vor dem Ausreifen aus den noch weichen Hülsen geerntet. Kurz gegart und als Gemüse oder Salat zubereitet, sind die durch das Kochen hellgrünen Kerne eine wahre Delikatesse. Saatgut von Flageoletbohnen ist leider nur selten erhältlich. Am ehesten wird man noch über den französischen Samenhandel oder Sortenarchive fündig. Im Lebensmittelhandel werden getrocknete Flageoletbohnen angeboten, wobei die Zubereitung des getrockneten Korns nicht an den Geschmack der milchreif geernteten Bohnen heranreichen kann. Selbstverständlich können auch andere Bohnensorten als milchreife Aushülsbohne zubereitet werden. Geschmack, Konsistenz und Schale der echten Flageoletbohne sind jedoch besonders fein.

ANBAU

Standort

Gartenbohnen sind wärmeliebender als Puffbohnen und Feuerbohnen und benötigen einen sonnigen, warmen Platz. Windige Standorte sollten nach Möglichkeit vermieden werden, da vor allem die hochwachsenden Stangenbohnen darunter leiden. Ein lockerer, humoser, mit reifem Kompost aufbereiteter Boden ist ideal für den Anbau.

Aussaat und Kultur

Gartenbohnen werden nach den letzten Frösten im Mai direkt gesät oder bereits vorgezogen ausgepflanzt. Die Saattiefe liegt bei 1–2 cm. Nicht tiefer säen, da die Samen bei niedrigen Temperaturen und zu hoher Feuchtigkeit zu Fäulnis neigen. Die Jungpflanzen können später bei Bedarf angehäufelt werden. Bohnen werden in Gruppen von fünf bis sieben Samen gesät. Diese werden kreisförmig in einem Abstand von jeweils 20 cm bzw. bei Stangenbohnen jeweils um eine Stange gelegt. Bei Voranzucht die Samen entsprechend in kleine Töpfchen säen, die dann ohne Teilung gepflanzt werden.

Bohnenstangen können einzeln gestellt oder als Tipi bzw. wie früher in Bauerngärten mit einer Querstange aufgebaut werden. Wichtig ist, dass Abstände und Höhe der Bohnengerüste den Wuchseigenschaften der jeweiligen Sorten angepasst sind.

ERNTE

Geerntet werden entweder die grünen Hülsen oder die milchreifen bzw. ausgereiften Samen. Dabei die Hülsen am besten mit einer Schere abschneiden. Geerntet werden kann sortenabhängig ab Anfang Juli bis in den Herbst hinein. Bei regelmäßiger Ernte der grünen Hülsen setzen die Pflanzen laufend neue Bohnen an.

Bei Buschbohnen setzt die Ernte in der Regel früher ein als bei den hochwachsenden Stangenbohnen. Für die Ernte von Trockenbohnen sollten Sorten mit einer möglichst kurzen Kulturdauer für ein sicheres Ausreifen der Samen verwendet werden.

Buschbohnen werden etwa bis zu 60 cm hoch und benötigen gegenüber den hochwachsenden Stangenbohnen keine Rankhilfe.

VERMEHRUNG

Die selbstbefruchtende Gartenbohne eignet sich für die Vermehrung im Hausgarten und ist eine ideale Anfängerkultur für die Vermehrung. Es können mehrere Sorten zusammen im Garten angebaut werden.

Allgemeines

Bei Gartenbohnen ist die Gefahr einer Verkreuzung eher selten, da sie Selbstbefruchter sind und die Befruchtung bereits in der geschlossenen Blüte erfolgt.

Dennoch kommt es ab und an zu Verkreuzungen und Sortenabweichungen. Die vereinzelt auftretende Fremdbefruchtung passiert durch Hummeln oder Wildbienen, die die Blütenknospen aufbeißen. Ebenso kann es zu Aufspaltungen kommen, sodass aus einer Sorte neue Linien entstehen. Jedoch ist auch dies eher selten. Verkreuzungen sind an der untypischen Samenfarbe bzw. -form zu erkennen und können aussortiert werden.

Von ausgewählten Samenträgern wird Saatgut für die kommende Saison zurückbehalten und wandert nicht in den Kochtopf.

Kipflerbohnen haben stark gebogene Hülsen in unterschiedlichen Farben, hier grün und gelb sowie panaschiert.

Stangenbohne 'Blauhilde'

Für die Ernte von Saatgut sollten vor allem Sorten mit einer langen Kulturdauer ab Mitte April im Haus vorgezogen werden, um ein Ausreifen der Samen zu gewährleisten.

Samenernte

Die Hülsen werden erst geerntet, wenn sie raschelnd trocken sind. Nicht ausgereifte Samen sind nicht keimfähig. Die geernteten Samen entweder händisch aushülsen oder auf einer weichen Unterlage ausdreschen und im Anschluss reinigen.

Im Lager ist auf einen Befall mit Bohnenkäfern zu achten. Diese legen ihre Eier in die noch grünen, unreifen Samen. Im Laufe der Lagerung entwickeln sich dort dann die Larven, aus denen später die Käfer entstehen. Das Ergebnis sind zerfressene Bohnensamen. Befallene Bohnen mit den Käfern vernichten. Bei Verdacht auf Bohnenkäfer werden die gut durchgetrockneten Samen für mehrere Tage in fest verschlossenen Gläsern eingefroren.

Für die Lagerung sollte jede Sorte – am besten in mehreren Portionen – in separaten Schraubgläsern aufbewahrt werden, um den Schaden bei einem möglichen Befall zu minimieren. Das Saatgut ist mindestens drei Jahre keimfähig.

GRENZENLOSE BOHNENVIELFALT

Weltweit gibt es Tausende Gartenbohnensorten mit den unterschiedlichsten Samenfarben und -zeichnungen. Auch die Hülsen unterscheiden sich oft in Farbe und Form. Diese Vielfalt hat schon so manchen zum Bohnensammler werden lassen. Im Handel sind eine Reihe sehr guter samenfester Sorten erhältlich.

Wer sich weniger gängige Sorten in den Garten holen will, wird bei vielen privaten Erhalter*innen, Spezialversendern und in Saatgutarchiven fündig. Was bleibt, ist die Qual der Wahl.

Buschbohnen

'Helios'

Wüchsige gelbe Sorte mit leicht gekrümmten, bis zu 18 cm langen Hülsen. Früh und ertragreich bei gutem Geschmack. Die Samen sind schwarz.

'Saxa'

Alte, bewährte Sorte, die bereits 1929 als beste Frühsorte beschrieben wurde. Mittellange, hellgrüne Hülsen mit frühem, reichem Ertrag. Unempfindlich und krankheitstolerant.

Stangenbohnen

'Blauhilde'

Wüchsige, robuste Sorte mit violetten Hülsen. Guter Ertrag der langen und eher runden Hülsen. Vorzüglicher Geschmack. Beim Kochen verlieren die violetten Hülsen ihre Farbe und werden dunkelgrün.

'Cherokee Trail of Tears'

Alte Reiserbohnensorte der Cherokee-Indianer. Verwendet werden die schwarzen Samen wie auch die Hülsen z. B. für Chilis. Dekorative Sorte mit zunächst dunkelgrünen Hülsen, die sich bei zunehmender Reife dunkelrot verfärben. Kann auch gut als sogenannte Maisbohne in Mischkultur mit Mais (siehe S. 132) angebaut werden, da sie nicht so starkwüchsig ist und den Mais nicht überwuchert.

'Hilda'

Sorte mit fadenlosen, langen, sehr flachen, breiten Hülsen. Sorte mit gutem Ertrag auch bei schwierigen Witterungsverhältnissen. Sehr feiner Geschmack.

Kipflerbohne

Kipflerbohnen gibt es mit verschiedenen Hülsen- und Samenfarben. Allen gemeinsam ist die stark gebogene, fleischige Hülse, die geerntet wird, wenn die Samen schon dick geworden sind. Fadenlos und von hervorragendem Geschmack. Rarität und Spezialität aus Österreich, die im Handel kaum angeboten wird.

'Monstranzbohne'

Ihren Namen verdankt diese Sorte ihren weißen, rundlichen Samen mit schwarzer Nabelzeichnung, die an eine Monstranz erinnern sollen. Verwendung jung als Schnittbohne, ebenso lassen sich die gekochten Samen zu einem sämigen Bohnenaufstrich verarbeiten. Es ranken sich verschiedene Legenden um die Monstranzbohne, die traditionell auch zu Rosenkränzen verarbeitet wird.

'Mombacher Speck'

Frühe, besonders ertragreiche Sorte mit kräftigem Wuchs und dichtem Behang. Grüne, fleischige, leicht gekrümmte Hülsen mit weißen Samen.

'Neckarkönigin'

Ertragreiche, robuste, bewährte Hausgartensorte mit zarten, fleischigen, langen, geraden Hülsen.

Die Hülsen der Reiserbohne 'Candy' verfärben sich bei zunehmender Reife.

Feuerbohne

Blühende Schönheiten mit reicher Ernte

AUF EINEN BLICK

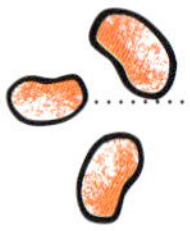

AUSSAAT	KEIMDAUER
ab Mitte April im Haus bzw. ab Mitte Mai im Freiland	8–10 Tage
KEIMTEMPERATUR	**ERNTE**
ca. 20 °C	ab Juli bis September
ZU BEACHTEN	
Samen bei der Aussaat nicht tief legen	

HERKUNFT UND WISSENSWERTES

Die Feuer- bzw. Prunkbohne (*Phaseolus coccineus*), in Österreich auch Käferbohne genannt, stammt wie die Gartenbohne aus der Neuen Welt und kam im 17. Jahrhundert nach Europa. In ihrer Heimat, den kühlfeuchten, frostfreien Gebirgen von Costa Rica, Guatemala und Mexiko, wächst die Feuerbohne mehrjährig als Staude, bei uns friert sie im Herbst jedoch ab und kann nur einjährig kultiviert werden. Wie alle Bohnen enthält auch die Feuerbohne die Eiweißverbindung Phasin, daher müssen Schoten und Samen vor dem Verzehr erhitzt werden.

Von der Wildpflanze zur Kulturpflanze

Während heutzutage der Anbau in den Gärten bei uns vorrangig aufgrund der grünen Hülsen erfolgt, nutzten die Indios die reifen Samen und die Knollen der Pflanze. Zunächst wurde sie als Wildpflanze gesammelt, ab etwa 900 v. Chr. dann aber gezielt in Mischkultur mit Mais und Kürbis angebaut.

Nach ihrer Ankunft in Europa begeisterten die wunderschönen Blüten der Feuerbohnen schnell die Damenwelt von Paris, die daraus Blumenschmuck herstellte. Aufgrund ihrer Robustheit und ihrer schmackhaften Samen und Hülsen hat sie sich in der Folge in den Bauerngärten in ganz Mittel- und Nordeuropa einen festen Platz erobert.

Käferbohnen in der Steiermark

Traditionell wird in der Steiermark die Käferbohne immer noch in großen Mengen angebaut und für lokale Spezialitäten wie den steirischen Käferbohnensalat verwendet. Entsprechend sind in der Steiermark noch viele der alten Sorten, auch in bunten Mischungen, erhältlich.

ANBAU

Standort

In der Kultur sind Feuerbohnen relativ anspruchslos. Da sie kälte- und nässeverträglicher als Gartenbohnen sind, können sie auch in rauen und höheren Lagen erfolgreich angebaut werden. Im Garten nicht den wärmsten Platz wählen, da Trockenheit und Hitze die Hülsenbildung beeinträchtigen kann. Auch ein halbschattiger Platz ist ausreichend. Aufgrund ihrer hübschen Blüten eignen sich Feuerbohnen gut zum Beranken von Zäunen oder einer Pergola.

Aussaat und Kultur

Feuerbohnen werden nach den letzten Frösten im Mai direkt gesät oder bereits vorgezogen ausgepflanzt. Die großen Samen können vor der Saat über Nacht eingeweicht werden, um die Keimung zu beschleunigen. Die

Feuerbohnen brauchen eine stabile Rankhilfe, an der sich die langen Triebe emporschlingen können.

Feuerbohnen mit ihren großen Hülsen liefern einen hohen Ertrag.

Saattiefe liegt bei maximal 2 cm. Nicht tiefer säen, da die Samen bei niedrigen Temperaturen und Feuchtigkeit leicht zu faulen beginnen. Die Jungpflanzen sollten für einen guten Stand angehäufelt werden.

Wichtig sind hohe und stabile Bohnenstangen oder Gerüste zum Hochranken der wüchsigen Pflanzen. Je Stange werden fünf bis sechs Samen gelegt.

Bei Hitze und Trockenheit muss die Feuerbohne gut gegossen werden, da die Blüten sonst abfallen können. In heißen Sommern kann es passieren, dass aufgrund von Trockenheit und hohen Temperaturen kaum Hülsen angesetzt werden und sich erst im Spätsommer, wenn es wieder kühler wird, doch noch eine gute Ernte entwickelt.

ERNTE

Verwendet werden entweder die grünen Hülsen, die halbreifen Samen als Auskernbohne oder die ausgereiften Samen. Die Hülsen am besten mit einer Schere abschneiden. Für den Verzehr als grüne Bohnen jung ernten, da ältere Hülsen bis auf wenige Ausnahmen zäh und fädig werden. Die Ernte beginnt Mitte bis Ende Juli. Feuerbohnen sind sehr produktiv und liefern bei regelmäßiger Beerntung viele große Hülsen bis in den Herbst.

VERMEHRUNG

Allgemeines

Feuerbohnen können im Garten einfach vermehrt und erhalten werden. Wer es gerne bunt mag, kann auch eine Mischung anbauen, wie es sie bereits früher traditionell gegeben hat. Man spricht hierbei auch von einem Anbau im Gemenge.

Feuerbohnen werden durch Insekten befruchtet und verkreuzen sich leicht. Für die Vermehrung daher immer nur eine Sorte auf einmal im Garten oder ein Gemenge anbauen.

Samenernte

Siehe Samenernte der Gartenbohne S. 210.

PRÄCHTIGE FEUERBOHNEN IN VERSCHIEDENEN BLÜTENFARBEN

Auch wenn die Feuerbohne mit der Sortenvielfalt der Gartenbohne nicht mithalten kann, gibt es doch eine bunte Farbpalette bei den großen und glänzenden Samen. Die Blüten mit ihrem hohen Zierwert öffnen sich in Weiß über Lachsfarben bis Rot. Eine Besonderheit sind dabei Sorten mit zweifarbig rot-weißen Blüten.

'Lady Di'

Eine beliebte, nahezu fadenlose Sorte mit leuchtend roten Blüten. Kräftiger und robuster Wuchs.

'Painted Lady'

Wunderschön zweifarbig blühende Feuerbohne mit ungewöhnlich gezeichneten Samen in Braun mit weißer Maserung. Eine Zierde für jeden Garten. Benannt wurde 'Painted Lady' angeblich nach Königin Elisabeth I., die sich gerne üppig schminkte. Eine andere zweifarbig blühende Sorte ist 'St. George' mit beigen Samen mit schwarzen Sprenkeln.

'Preisgewinner'

Rot blühende, ertragreiche Hausgartensorte mit langen, fleischigen Hülsen. Die Samen sind wunderschön violett mit schwarzen Sprenkeln. Beliebt und robust.

'Weiße Riesen'

Eine traditionelle Sorte, produktiv und starkwüchsig. Weißen Blüten, aus denen sich bis zu 30 cm lange Hülsen entwickeln. Gut für raue Lagen geeignet. Eine ähnliche oder identische Sorte ist 'Emergo'.

Puffbohne

Eiweißlieferant für die regionale Küche

AUF EINEN BLICK

AUSSAAT	KEIMDAUER
Februar und März	10–14 Tage
KEIMTEMPERATUR	**ERNTE**
5–20 °C	ab Juni

HERKUNFT UND WISSENSWERTES

Nachdem die Puffbohne (*Vicia faba*) etwa 1000 Jahre vor unserer Zeitrechnung vom Mittelmeerraum kommend die Alpen überschritten hatte, wurde sie in Mitteleuropa schnell zu einem Grundnahrungsmittel. Ihr hoher Eiweißgehalt, die Lagerfähigkeit der getrockneten Samen und die unkomplizierte Kultur begründeten die rasche Ausbreitung. Vor allem ihre Kälteunempfindlichkeit machte sie zu einer wichtigen Nahrungspflanze in Höhenlagen. Die Puffbohne wird auch Dicke Bohne, Saubohne, Schweinsbohne, Fababohne oder Viehbohne genannt.

Erst nach der Entdeckung Amerikas und der Einführung neuer Gemüse wie der Gartenbohne und der Kartoffel verlor die sogenannte Puff-, Sau- oder Dicke Bohne an Bedeutung. Dabei ist sie nach wie vor eine gesunde Hülsenfrucht und kann gerade für Veganer ein idealer Eiweißlieferant sein. Zudem gedeiht sie in unseren Breiten und muss nicht importiert werden.

Ihre engen Verwandten, die Pferdebohne sowie die Ackerbohne mit kleinen Körnern, werden noch für Futterzwecke oder als Gründüngung angebaut. Als Nahrungsmittel ist die Puffbohne in Deutschland so gut wie verschwunden, obwohl die milchreifen Samen als Gemüse oder Salat eine Delikatesse darstellen.

ANBAU

Standort

Die kältetolerante Puffbohne hat keine besonderen Ansprüche an Boden und Standort, wobei sie auf mittelschweren Böden am besten gedeiht. Eine Anschubdüngung mit Kompost lässt die jungen Pflanzen zügig wachsen. Dabei ist ein sonniger bis halbschattiger Platz ausreichend. Schattige und staunasse Standorte werden allerdings nicht vertragen. Die Dicke Bohne kann in Höhenlagen bis mindestens 1200 m angebaut werden.

Aussaat und Kultur

Die Puffbohne sollte so früh wie möglich im Jahr, am besten im Februar bis März, gesät werden. Gegen noch auftretende Fröste ist die Dicke Bohne unempfindlich. Nur bei dauerhaften Temperaturen unter -5 °C müssen die Beete mit Vlies geschützt werden. Spätere Saaten leiden leicht unter Frühsommerhitze, setzen nicht so viele Hülsen an und werden anfällig für Läuse. Insgesamt gedeiht die Puffbohne besser bei kühlem, feuchtem Frühlingswetter.

Dicke Bohnen werden in gut aufgelockerter Erde in Reihen etwa 5 cm tief gesteckt. Der Abstand zwischen den Samen sollte je nach Größe der Sorte 5–10 cm betragen. Gesät werden kann in Einzelreihen bei einem Abstand von 20 cm oder besser noch in versetzten Doppelreihen mit etwa 30 cm Abstand. Auch eine Saat in Gruppen ist möglich. Wird zu eng gesät, kann sich das negativ auf die Blüten- und Fruchtbildung auswirken, bei zu weiten Abständen können sich die Pflanzen jedoch gegenseitig nicht mehr stützen. Daher sollte bei der Saat immer die Größe der gewählten Sorte berücksichtigt werden.

Für die Keimung benötigt die Puffbohne zehn bis 14 Tage. Ist es während der Keimzeit nochmals recht kalt, kann sich die Keimung weiter hinauszögern.

Die Dicke Bohne ist eine gute Vorkultur und wird traditionell in Mischkultur mit Frühkartoffeln angebaut. Bei Trockenheit im Frühsommer muss gut gewässert werden.

ERNTE

Abhängig von Aussaattermin und Sorte, können ab Juni die milchreifen Samen geerntet werden. Die grünen Hülsen sind erntefähig, wenn sie dick und prall sind und nach dem Öffnen große, gut ausgebildete Samen entnommen werden können. Der milchreife Samen ist eine besondere Delikatesse. Die Hülsen können nicht verzehrt werden.

Für die Ernte von Trockenbohnen müssen die Samen komplett ausreifen. Die Hülsen werden dann trocken und dunkel bis schwarz. Die Pflanzen sterben im Zuge der Reifung ab.

VERMEHRUNG

Allgemeines

Die Puffbohne kann sich selbst bestäuben, eine Fremdbestäubung ist jedoch ebenso möglich. Für die Vermehrung daher immer nur eine Sorte auf einmal im Garten oder ein sogenanntes Gemenge, wie es auch früher oft üblich gewesen ist, anbauen.

Samenernte

Siehe Samenernte der Gartenbohne S. 210.

VON BLÜTENFARBE UND BUNTEN SAMEN

Werden die milchreifen Samen der Puffbohne gegart, verfärben sich manche Sorten bräunlich. Andere dagegen behalten ihre weiße oder grüne Farbe. Wie es sich mit der Samenfarbe verhält, verraten bereits die hübschen Blüten. Puffbohnen mit weißen Blüten mit schwarzem Schlund beispielsweise haben in der Regel helle Samen, die sich beim Kochen braun verfärben. Sorten mit reinweißen Blüten dagegen bleiben auch gegart weiß oder grün.

Die seltenen Sorten mit violetten oder roten Blüten haben meist grüne Samen, und bei rotsamigen Puffbohnen ist ein violetter Hauch auf den weißen Blüten zu beobachten. Letztere sind jedoch leider nicht mehr häufig zu finden.

'Dreifach Weiße'

Sorte, die weiß blüht und weiße Samen bildet, die sich beim Kochen nicht verfärben. Sehr frühe Sorte mit gutem Ertrag, halbhoch bis hoch.

'Wietkim'

Kräftige, robuste, standfeste Sorte. Samen verfärben sich beim Kochen, dafür besonders zart und fein im Geschmack. Eine ähnliche oder identische Sorte ist 'Frühe Weißkeimige'.

'Karmesin'

Eine rot blühende und eher kleinwüchsige Sorte, durch ihre roten Blüten ist sie jedoch ein wahrer Augenschmaus.

Dicke Bohnen haben auffällige Blüten, deren Farbe Rückschlüsse auf die Bohnenfarbe zulässt.

In den dicken Hülsen wachsen drei bis fünf Samen pro Schote heran.

Erbse

Des Kaisers Delikatessgemüse

AUF EINEN BLICK

AUSSAAT	KEIMDAUER
ab Mitte März bis Anfang Juni, zweite Saat Mitte Juli möglich	8–10 Tage
KEIMTEMPERATUR	**ERNTE**
ab 10 °C, höhere Temperaturen beschleunigen die Keimung	je nach Sorte und Witterung 8–12 Wochen nach der Aussaat

HERKUNFT UND WISSENSWERTES

Erbsen (*Pisum sativum*) gehören wie die Bohnen zur Familie der Hülsenfrüchtler bzw. Schmetterlingsblütler *(Fabaceae)*, der drittgrößten Pflanzenfamilie der Welt. Neben Getreide zählt die Erbse zu den ältesten Kulturpflanzen, die bereits in steinzeitlichen Siedlungen in Griechenland, der Türkei und im Nahen Osten gefunden wurde.

Trockenerbsen und Kaiserschoten

Während es lange Zeit üblich war, lediglich die ausgereiften Trockenerbsen zu verarbeiten, wurden etwa ab dem 15. Jahrhundert Erbsen und Zuckerschoten, letztere auch Kaiserschoten genannt, frisch verzehrt. Vor allem in Adelskreisen machte die Erbse als Delikatessgemüse bald Furore. König Ludwig XIV. ließ Teile des Louvreparks in einen Erbsengarten umfunktionieren und machte eine Gewohnheit daraus, Erbsen bzw. Zuckerschoten als frisches Gemüse zu verzehren. In England, wo sich Erbsen auch heute noch ausgesprochen großer Beliebtheit erfreuen, wurde 1433 durch ein Gerichtsurteil festgelegt, dass man adelig sein musste, um überhaupt Zuckerschoten essen zu dürfen.

Heute werden grüne Erbsen hauptsächlich für die Konservierung angebaut, und Zuckerschoten haben es trotz unkomplizierter Kultur und Unempfindlichkeit gegen niedrige Temperaturen bei uns nur in Ausnahmefällen in den Erwerbsanbau geschafft. Die im Lebensmittelhandel angebotenen Kaiserschoten ähneln Zuckerschoten und werden meist aus Kenia, Marokko und anderen Ländern importiert.

Weltweit stellen Erbsen zusammen mit anderen Hülsenfrüchten in fast allen Agrarkulturen eine wichtige Eiweißquelle dar.

Die drei Erbsengruppen

- **Pal- oder Schalerbse:** Traditionell für die Ernte der ausgereiften runden, glatten Samen als Trockenerbsen angebaut. Eine Frischernte der grünen, noch unreifen Samen ist jedoch ebenso möglich.

- **Markerbse:** Ernte der grünen Erbsen und Zubereitung ohne Hülse. Getrocknete Markerbsen sind runzelig und werden in der Regel beim Kochen nicht mehr weich, dafür lassen sie sich sehr gut einfrieren. Die blauhülsigen Kapuzinererbsen können am ehesten dieser Gruppe zugeordnet werden.

- **Zuckererbse, Zuckerschote, Kaiserschote:** Ernte der ganzen Hülsen in unterschiedlichen Stadien der Samenbildung. Zuckererbsen weisen im Inneren der Hülse keine Pergamenthaut wie Pal- und Markerbsen auf. Daher können die ganzen Hülsen verzehrt werden. Die Bezeichnung Schote für die jung geernteten Früchte ist dabei nicht ganz richtig, da es sich bei diesen botanisch gesehen um Hülsen handelt.

ANBAU

Standort

Erbsen sind unkompliziert zu kultivieren und wie die meisten Hülsenfrüchtler stellen sie geringe Ansprüche an Boden und Witterung. Auch Standorte ohne ganztägige Sonnenstunden werden meist gut vertragen. Ein lockerer, mit etwas Kompost oder Gründüngung vorbereiteter Boden ist ausreichend für eine erfolgreiche Kultur. Frisch mit Mist gedüngte Böden sollten vermieden werden. Erbsen sind eine gute Vorkultur für starkzehrende Gemüsearten, da sie den Boden mit Stickstoff versorgen.

Aussaat und Kultur

Ausgesät werden Erbsen ab Mitte März direkt ins Freiland, in einem Abstand von ca. 2 cm bei 15–20 cm Reihenabstand. Für eine gute Standfestigkeit sollten Erbsen 2–4 cm tief gesät werden. Die Keimdauer beträgt witterungsabhängig etwa zehn Tage. Wenn es im Frühjahr noch sehr kühl ist, kann vorübergehend mit Folie oder Vlies als Schutz gegen Fröste abdeckt werden. Es empfiehlt sich, Erbsen früh im Jahr zu säen, da bei anhaltender sommerlicher Hitze die Blütenbildung zurückgehen oder ganz aussetzen kann. Wichtig ist bei hohen Temperaturen eine regelmäßige Wasserversorgung. Für eine Herbsternte können Mitte Juli noch mal Zuckerschoten gesät werden. Auch hier ist ausreichendes Wässern über den Sommer besonders wichtig. Traditionell wurden in der Schweiz sogenannte Winterkefen bereits im Herbst für eine vorgezogene Ernte im Frühling angebaut. Die winterharten Erbsen wurden im Oktober gesät und überwinterten mit einer Pflanzengröße von etwa 5 cm. Leider ist das Saatgut solcher Sorten sowie für einige andere Erbsenraritäten meist nur noch über Saatgutarchive erhältlich.

Abhängig von der Sorte erreichen Erbsen eine Höhe von 40–200 cm. Vor allem alte Sorten sind oft hochwachsend. Diese benötigen eine stabile Rankhilfe in Form von Spalieren oder Drahtgittern. Bei niedrigen Sorten reicht es, Reiser zwischen die Reihen zu stecken oder Schnüre zu spannen.

ERNTE

Die Ernte beginnt sortenabhängig acht bis zehn Wochen nach der Aussaat. Die erntereifen Hülsen am besten mit einer Schere abschneiden. Bei regelmäßiger Ernte alle zwei bis drei Tage bilden sich bis in den Sommer hinein laufend neue Blüten und Hülsen.

VERMEHRUNG

Erbsen sind als Selbstbefruchter eine einfache Vermehrungskultur für den Hausgarten und den Eigenbedarf. Während ein Großteil der Hülsen geerntet werden kann, verbleibt ein kleinerer Teil zum Ausreifen der Samen an den Pflanzen und liefert das Saatgut für das nächste Jahr. Besonders seltene und delikate Sorten können so den Speisezettel bereichern und werden gleichzeitig vor dem Aussterben bewahrt.

Allgemeines

Erbsen sind zwar Selbstbefruchter, allerdings treten in äußerst seltenen Fällen Verkreuzungen durch Hummeln oder Wildbienen auf, die die Blüten aufbeißen. Sicherheitshalber daher unterschiedliche Sorten nicht direkt nebeneinander anbauen. Für den Samenbau die Erbsen möglichst früh säen, damit das Ausreifen der Samen in den Hochsommer fällt. Fäulnis und Grauschimmel an den ausreifenden Hülsen können dadurch weitestgehend vermieden werden.

Samenernte

Die Samen werden geerntet, wenn die Hülsen raschelnd trocken sind. Dies geschieht am besten bei trockener Witterung. Wird bei feuchtem Wetter geerntet, sollten die Hülsen oder auch die ganzen Pflanzen an einem trockenen, luftigen Ort nachtrocknen. Samenkörner entweder händisch enthülsen oder auf einer weichen Unterlage ausdreschen.

Auf einen Befall mit Erbsenkäfern achten! Befallene Samen werden von den Käfern mit runden Löchern angebohrt, und die Käfer sitzen meist noch in diesen. Solche Erbsen aussortieren und die Erbsenkäfer mit den Erbsen vernichten. Im Zweifelsfall können die trockenen Erbsen in eine Schüssel mit Wasser gegeben werden. Erbsenkäfer, die in den Erbsen sitzen, kommen dann an die Oberfläche und können abgesammelt werden. Die beschädigten Samen entfernen, und den Rest zügig wieder trocknen. Das Saatgut ist mindestens drei Jahre keimfähig.

DELIKATESSGEMÜSE AUS DEM EIGENEN GARTEN

Mit dem Erbsenanbau können wir uns ein vielseitiges, schmackhaftes Frischgemüse in den Garten holen, wie es im Lebensmittelhandel nicht erhältlich ist. Es gibt viele besondere Sorten, die unsere Küche bereichern und oft auch über einen hohen Zierwert verfügen.

Pal- und Markerbsen

'Kleine Rheinländerin'

Frühe, ertragreiche Palerbse für den Frischverzehr oder die Zubereitung der getrockneten Samen. Frisch geerntet sind die grünen Erbsen wunderbar süß. Die langen Hülsen enthalten jeweils acht bis zehn Samen. Eine ähnliche Sorte ist 'Allerfrüheste Mai'.

'Wunder von Kelvedon'

Reich tragende, widerstandsfähige Markerbse mit früher Pflückreife. Eher niedrige Sorte mit weißen Blüten und langen, dunkelgrünen Hülsen. Ähnliche Sorten sind 'Salzmünder Edelperle' oder 'Lancet'.

'Blauwschokker'

Altbewährte, traditionelle Sorte. Die hochwachsende Kapuzinererbse bildet viele dekorative, violettrosa Blüten, aus denen sich die 5–6 cm langen, violettblauen Hülsen entwickeln. Frischernte der grünen Samen. Eine ähnliche Sorte ist 'Blue Pod'.

Zuckererbsen

'Carouby de Mausanne'

Französische Zuckererbse mit großen, fleischigen, süßen Hülsen, die 10 cm lang und über 2 cm breit werden. Besondere Rarität mit wunderschönen rosavioletten Blüten. Ähnliche Sorten sind 'Roy de Carouby' oder 'Schweizer Riesen'.

'Ambrosia'

Mittelfrühe Traditionssorte mit süßen, fleischigen Hülsen. Ernte als zarte, flache Zuckerschoten oder als Zuckermarkerbse.

'Früher Heinrich'

Altbewährte Sorte für den zeitigen Anbau und mit früher Ernte. Verwendung der jungen Zuckerschoten oder als Zuckermarkerbse.

'Norli'

Reich tragende Zuckererbse mit eher kleinen Hülsen. Die jungen, flachen, zarten Zuckerschoten sind ideal für die asiatische Küche.

'Sugar Snap'

Knackerbsen gehören zu den eher unbekannten Erbsensorten mit knackigen, süßen Hülsen. Geerntet werden die Hülsen, wenn sie prall und dick sind. Die ganzen Hülsen können als Gemüse oder Gemüsesalat zubereitet werden. Ähnliche Sorten sind 'Zufalo' und 'Quedlinburger Süße Dicke'.

Hochwachsende Erbsen wie 'Blue Pod' benötigen eine Rankhilfe, beispielsweise aus Bambus oder Weidenzweigen.

Zuckerschoten mit gelben Hülsen wie die Archivsorte 'Krimberger Erbse' sind eine Seltenheit.

Speise-, Küchen- und Frühlingszwiebel

Die heimliche Königin der Küche

AUF EINEN BLICK

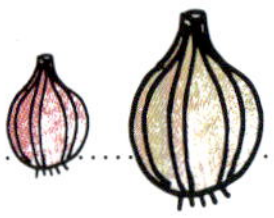

AUSSAAT	STECKEN
Aussaat ab Februar, Überwinterungssorten ab Juli	Setzen von Steckzwiebeln ab März
KEIMDAUER	**KEIMTEMPERATUR**
2–4 Wochen	15–20 °C
ERNTE	
4–5 Monate nach Aussaat bzw. Stecken der Zwiebeln	

HERKUNFT UND WISSENSWERTES

Als eine der ältesten Kulturpflanzen wird die Zwiebel schon seit mehr als 5000 Jahren angebaut. Dabei ging die Bedeutung der Zwiebel in einigen Kulturen über die Nutzung als Lebensmittel, Gewürz- und Heilpflanze weit hinaus. So wurden bei den alten Ägyptern Zwiebeln als Zahlungsmittel genutzt, den Göttern als Opfergabe angeboten und den Toten für die Reise ins Jenseits beigelegt. Die Bauarbeiter der ägyptischen Pyramiden erhielten Zwiebeln, Knoblauch und Rettich als Speise, um den schweren Frondienst leisten zu können.

Auch bei den Römern zählten Zwiebeln zu den Grundnahrungsmitteln und durch römische Legionäre wurde die „cepula" in Mitteleuropa eingeführt, wo sie sich zu einer der bedeutendsten Gemüsearten entwickelte.

Heutzutage ist die Zwiebel in der Küche immer noch geradezu unabkömmlich. Gleichzeitig stellt die Zwiebel mit vielen gesunden Inhaltsstoffen, darunter elf wichtigen Aminosäuren, und ihrer antibakteriellen Wirkung eines der gesündesten Gemüse dar.

Zwiebelreichtum als Gewürz und Gemüse

Neben der Speisezwiebel *(Allium cepa)* haben Frühlingszwiebeln, auch Lauchzwiebeln genannt, und die ausdauernde und unkomplizierte Winterheckenzwiebel *(Allium fistulosum)* einen festen Platz in unseren Gärten und in der modernen Küche.

Während die Speise- oder Küchenzwiebel meist große und unterschiedlich geformte Zwiebeln ausbildet, wird von Frühlingszwiebeln und Winterheckenzwiebeln vorrangig das Grün verwendet. Frühlingszwiebeln bilden anstelle einer Zwiebel nur eine zwiebelförmige Verdickung oberhalb der Wurzel und Winterheckenzwiebeln treiben grüne fleischige Röhren, auch Schlotten genannt, ohne Zwiebelbildung.

ANBAU

Standort

Für den Zwiebelanbau ist ein lockerer, humoser und durchlässiger Boden in voller Sonne erforderlich. Schwere und eher feuchte Böden können mit Sand aufbereitet werden, um stauende Nässe zu vermeiden, die bei Zwiebeln leicht zu Fäulnis führen kann.

Aussaat und Stecken der Speisezwiebel

Speisezwiebeln können entweder gesät oder als Steckzwiebeln gesetzt werden. Die meisten Zwiebelgewächse wachsen jedoch eher langsam. Für den Anbau der Speisezwiebel hat sich daher vor allem im Hausgarten das Setzen von Steckzwiebeln durchgesetzt. Diese

Die Sortenvielfalt der zweijährigen Küchenzwiebel ist enorm.

Wenn nur wenige Zwiebeln benötigt werden, sind Steckzwiebeln einer Aussaat vorzuziehen.

werden bereits zur Jahresmitte des Vorjahrs gesät und als kleine Zwiebelchen trocken eingelagert, um sie im folgenden Frühling zu stecken. Steckzwiebeln haben gegenüber Saatzwiebeln einen Erntevorsprung, allerdings ist die Überwinterung der Steckzwiebeln aus eigenem Anbau nicht einfach und im Handel sind nur sehr wenige Zwiebelsorten als Steckzwiebeln erhältlich.

Gesetzt werden Steckzwiebeln im März und April. Dies in einem Reihenabstand von 20 cm und einem Abstand in der Reihe von etwa 10 cm. Gesetzt wird nur so tief, dass das obere Drittel der Zwiebel aus dem Boden herausragt. Die Zwiebelchen wurzeln zügig an, und bald erscheint das erste Zwiebelgrün.

Werden Zwiebeln gesät, ist aufgrund der langen Kulturdauer eine frühe Aussaat besonders wichtig. Angesät werden kann ab Februar. Zwiebelsamen keimen bereits bei niedrigen Temperaturen, allerdings mit einer Keimdauer von bis zu vier Wochen. Saaten unter wärmeren Bedingungen keimen zügiger. Die optimale Anzuchttemperatur für Zwiebeln liegt bei etwa 16–18 °C. Daher kann es sich lohnen, Zwiebeln in Aussaattabletts im Frühbeet oder Wintergarten vorzuziehen. Sobald die Zwiebeln das Dreiblattstadium erreicht haben, sollte ausgepflanzt werden. Die Abstände bei Saat und Pflanzung entsprechen denen der Steckzwiebel.

Einige Zwiebelsorten eignen sich für den Überwinterungsanbau. Gesät bzw. gesteckt wird in diesem Fall sortenabhängig von Juli bis September. Überwinterungssorten sind für eine frühe Ernte und den Frischverzehr geeignet.

Aussaat der Frühlings- und Winterheckenzwiebel

Frühlings- bzw. Lauch- und Winterheckenzwiebeln werden vorrangig über Samen kultiviert, wobei im Handel auch Jungpflanzen angeboten werden. Die meisten bei uns erhältlichen Frühlingszwiebeln verfügen über eine gute Winterhärte, einige lassen sich auch mehrjährig kultivieren. Winterheckenzwiebeln sind ohnehin winterhart, ausdauernd und können über die Jahre große Horste bilden. Daher sollte ein Platz gewählt werden, an dem die Zwiebeln mehrere Jahre verbleiben können, ohne von anderen Kulturen eingeengt zu werden.

Frühlings- bzw. Lauchzwiebeln werden in Reihen bei einem Reihenabstand von 20 cm und einem Abstand in der Reihe von etwa 3 cm angesät. Abhängig von der Sorte kann im Frühling ab März für die Herbsternte oder für die Überwinterung ab Juli oder August gesät werden. Winterheckenzwiebeln werden im Frühjahr breitwürfig gesät. Im ersten Jahr bleiben die Schlotten noch recht dünn und erinnern an Schnittlauch. Im zweiten Standjahr bilden sich dann üppige Schlotten, und es erfolgt die erste Blüte.

Weitere Kultur

Übers Jahr sind Zwiebeln relativ anspruchslos. Wichtig ist jedoch, die Umgebung der langsam wachsenden Zwiebeln von Beikräutern freizuhalten. Außerdem sollte nur mäßig gegossen werden, da Zwiebeln bei einer zu hohen Wasserzufuhr zu Fäulnis neigen. Außerdem sind aufgrund von Schädlingen, wie beispielsweise der Zwiebelfliege, eine gute Fruchtfolge und möglichst weite Abstände zu Kulturen anderer Zwiebelgewächse zu beachten. Bei hohem Schädlingsdruck die Zwiebeln mit Gemüseschutznetzen abdecken. Zwiebeln im Überwinterungsanbau bleiben erfahrungsgemäß eher von Schädlingen verschont.

ERNTE

Während der Wachstumsphase der Speisezwiebel kann ein Teil des Laubs als Zwiebelgrün und Küchenwürze geerntet werden. Ebenso können eng gesäte Jungzwiebeln wie Frühlingszwiebeln verwendet werden. Lagerfähige Zwiebeln sind sortenabhängig ab August erntefähig. Die Reife ist daran zu erkennen, dass das Laub eintrocknet und umknickt. Die Zwiebeln werden für die Ernte am Laub aus der Erde gezogen und bleiben am besten noch einige Tage bei trockenem und sonnigem Wetter auf dem Beet liegen. Um Fäulnis zu vermeiden, werden die Zwiebeln täglich umgedreht. Bei feuchter Witterung kann auch an einem luftigen Ort nachgetrocknet werden. Die äußeren Zwiebelschichten trocknen auf diese Weise ab, sodass die Zwiebel haltbar wird. Gelagert wird ebenfalls an einem trockenen Ort (siehe auch auf S. 225 unter Lagerung für die Vermehrung).

Frühlingszwiebeln können bei einer sortentypischen Größe laufend geerntet werden. Ebenso das Zwiebelgrün der Winterheckenzwiebel, das witterungsabhängig bereits ab Februar treibt. Nach einer Blütenpause im Frühsommer treiben die Pflanzen erneut frisches Zwiebelgrün aus und können bis in den Winter hinein beerntet werden.

Nach der Überwinterung und dem Auspflanzen im Frühjahr bilden sich die eindrucksvollen Blütentriebe.

Zwiebelkuriosität – die Etagenzwiebel

Die mehrjährige und frostharte Etagenzwiebel (*Allium x proliferum*) bildet an langen Stängeln anstelle von Blüten Nester von Brutzwiebeln aus. Die Brutzwiebeln wiederum können weitere Brutzwiebeln ausbilden und somit mehrere Etagen bilden. Daher stammt auch der Name Luftzwiebel oder eben Etagenzwiebel. Knicken die Stängel ab oder werden von den schweren Brutzwiebeln zu Boden gedrückt, wurzeln die Brutzwiebelchen an. Über die Brutzwiebeln wird die Etagenzwiebel auch vermehrt. Nur in Ausnahmefällen wird eine Blüte hervorgebracht.

Im Garten ist die Etagenzwiebel eine kuriose Liebhaberpflanze. Die Luftzwiebeln können jedoch auch geerntet und verzehrt werden. Sie eignen sich zum Rohgenuss, als Würze oder zum sauer einlegen. Ebenso können wie bei der Winterheckenzwiebel die grünen Zwiebelschlotten geerntet werden.

Etagenzwiebeln sind mehrjährig und können am Rand des Gemüsegartens wachsen.

Bundzwiebel mit rötlich-purpurnen Zwiebeln

Steckzwiebeln sind für weiße und rote Zwiebelsorten erhältlich.

VERMEHRUNG

Zwiebelgewächse bilden wunderschöne, kugelförmige Blüten, die gerne von Bienen, Schmetterlingen und anderen Insekten besucht werden.

Allgemeine Vermehrungskriterien

Küchenzwiebeln *(Allium cepa)* werden von Insekten bestäubt und verschiedene Sorten verkreuzen sich untereinander. Daher für den Samenbau nur eine Sorte gleichzeitig im Garten anbauen. Dabei sollte ein Bestand von mindestens 20 bis 30 Zwiebeln eingehalten werden.

Im zweiten Kulturjahr (bei Steckzwiebeln und frühen Saatzwiebeln) bzw. im dritten Kulturjahr (bei spät gesäten Saatzwiebeln/Überwinterungszwiebeln) bilden Küchenzwiebeln eine Blüte aus. Hierfür werden die Zwiebeln trocken und dunkel überwintert und im Folgejahr wieder ausgepflanzt. Um ein verfrühtes Austreiben zu verhindern, werden Zwiebeln entweder sehr warm bei 25–30 °C oder sehr kühl (jedoch frostfrei) bei 1–7 °C gelagert.

Frühlings- und Winterheckenzwiebeln *(Allium fistulosum)* überwintern im Freiland und bilden meist im Frühsommer des zweiten Standjahrs die ersten Blüten. Auch hier ist eine Verkreuzung durch Insekten möglich. Daher nur eine Sorte für die Vermehrung anbauen oder einen gestaffelten Blühzeitraum nutzen. Winterheckenzwiebeln lassen sich auch vegetativ durch Stockteilung vermehren.

Samenernte

Wenn die Hüllblätter der Samen braun werden, sind Zwiebelsamen erntereif. Dabei werden die Blüten am besten über eine Papiertüte oder einen Stoffsack gebeugt und abgeschnitten, um ausfallende Samen aufzufangen. Die Samenstände müssen nach der Ernte luftig nachgetrocknet werden, die restlichen Samen fallen dann recht leicht aus den Hüllblättern. Sollte dies nicht der Fall sein, kann man die Samenstände einige Tage scharfem Frost aussetzen. Dies führt ebenfalls zu einem Ausfallen der Samen aus den Hüllblättern. Reste der Hüllblätter werden aussortiert und vorsichtig ausgeblasen.

Zwiebelsaatgut kann eine hohe Anzahl an tauben Samen beinhalten. Um taube Samen von den keimfähigen zu trennen, werden die Samen für kurze Zeit in ein großes Glas Wasser gegeben. Die tauben Samen schwimmen oben und können abgeschöpft werden. Die keimfähigen Samen sind dagegen schwerer und sinken nach unten. Nach der Trennung des Saatguts werden die Samen so rasch wie möglich wieder bei Zimmertemperatur getrocknet.

Zwiebelsamen sind nur zwei bis drei Jahre keimfähig. Daher die Samen zügig, am besten gleich in der folgenden Saison, wieder aussäen.

ZWIEBELN FÜR GARTENBEET UND ACKER

Frühlings- und Winterheckenzwiebel lassen sich mit wenig Platzaufwand im Garten anbauen. Das Zwiebelgrün verfeinert viele Speisen mit einer milden Zwiebelwürze. Küchenzwiebeln dagegen benötigen relativ viel Fläche im Garten. Wie bei einigen anderen Gemüsen macht es daher Sinn, sich besondere Raritäten in den Garten zu holen, die im Lebensmittelhandel nicht erhältlich sind. Besonders über den italienischen Samenhandel findet man Saatgut von Zwiebelspezialitäten. In sehr großen Gärten, oder wenn ein Acker zur Verfügung steht, lassen sich Zwiebeln in einer Anzahl anbauen, die für eine Versorgung übers Jahr ausreichend ist.

Um im Winter Platz zu nutzen, der von anderen Kulturen nicht benötigt wird, hat sich im Hausgarten außerdem der Überwinterungsanbau spezieller Sorten bewährt.

'Alisa Craig'

Große gelbe Gemüsezwiebel mit mild-würzigem Geschmack auch zum Rohverzehr. Für Sommer- und Herbsternte bei guter Lagerfähigkeit.

'De Vaugirard'

Kleine, weiße und feinschalige Zwiebel für den Anbau im Spätsommer und für die Ernte im darauffolgenden Frühling. Eine frühe Saat mit Ernte im Spätsommer ist ebenfalls möglich. Feine Sorte für den Frischverzehr.

'Robelja'

Eine mittelfrühe dunkelrote Zwiebel, die bei Aussaat im März bereits ab August geerntet werden kann. Die runden bis flachrunden Zwiebeln sind wüchsig, robust und gut lagerfähig.

'Rossa Lunga di Firenze'

Eher früh reifende italienische Sorte mit roten, länglich-ovalen Zwiebeln. Geeignet für den Frischverzehr im Sommer und Herbst. Kann jung auch als Lauchzwiebel geerntet werden.

'Stuttgarter Riese'

Bekannte große und gelbe Zwiebel, die im Handel auch als Steckzwiebel erhältlich ist. Mittelfrüh mit sehr guter Lagerfähigkeit.

'Ishikura Long White'

Eine frostfeste Frühlingszwiebel/Lauchzwiebel, die für die Frühjahrs- und Herbstaussaat geeignet ist. Lange und dicke weiße Schäfte mit wenig Zwiebelbildung. Aufrechtes und frischgrünes Laub.

'Red Toga'

Winterharte Frühlingszwiebel/Lauchzwiebel für den Anbau im Sommer für die Überwinterung. Die Blätter des Schafts sind leicht rot gefärbt. Wird nur das Zwiebelgrün geerntet (und nicht die ganzen Pflanzen) kann Red Toga auch als Winterheckenzwiebel kultiviert werden. In einigen Gärtnereien wird sie als schöne Varietät der Winterheckenzwiebel angeboten.

Winterheckenzwiebel

Züchterisch wurde die Winterheckenzwiebel kaum bearbeitet, daher stehen im Handel keine unterschiedlichen Sorten zur Auswahl.

Knoblauch

Medizin aus dem Gartenbeet

AUF EINEN BLICK

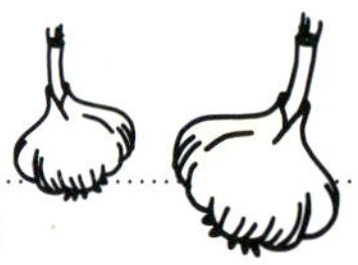

PFLANZUNG	ERNTE
September/Oktober und dann wieder im März	Juni/Juli bzw. August/September

HERKUNFT UND WISSENSWERTES

Zusammen mit der Küchenzwiebel kam der Knoblauch (*Allium sativum*) aus den Steppen Zentralasiens über Vorderasien nach Ägypten, wo er schon bald kultiviert wurde. Später fand Knoblauch den Weg nach Europa, wo er als Gewürz- und Heilpflanze genutzt wurde.

Heute wird Knoblauch beinahe weltweit gegessen und gibt vielen Speisen eine besondere Würze. Gleichzeitig ist Knoblauch für seine medizinische Wirkung bekannt, die Herz und Gefäße gesund erhält. Ebenso wird Knoblauch bei Infektionen eingesetzt. So wird Knoblauch nicht umsonst als Wunderknolle oder Hüter der Gesundheit bezeichnet.

ANBAU

Standort

Für ein gutes Gedeihen und die Ausbildung der Knollen benötigt Knoblauch einen humusreichen Boden, der mit reifem Kompost vorbereitet wird. Der Standort sollte möglichst sonnig und frei von Staunässe sein.

Aussaat und Kultur

Knoblauch kann unkompliziert im Garten angebaut werden. Die beste Zeit für das Stecken von Knoblauch ist ab September bis Ende Oktober. Dazu werden die Knoblauchknollen geteilt und die einzelnen Zehen mit der Spitze nach oben etwa 5 cm tief in möglichst lockere Erde gesetzt. Gesteckt werden kann in Gruppen mit etwa 15 cm Abstand zwischen den einzelnen Zehen. Der Knoblauch wurzelt noch im selben Jahr ein, und die ersten grünen Laubspitzen erscheinen oft schon ein paar Wochen später.

Die meisten Sorten überwintern bei uns ohne Probleme, trotzdem ist es sinnvoll, für das Setzen nach einheimischem Knoblauch Ausschau zu halten. Denn dieser ist den regionalen Bedingungen besser angepasst.

Knoblauch kann auch im Frühjahr von März bis Anfang April für die Herbsternte gesteckt werden. Die Überwinterungskultur hat jedoch den großen Vorteil, dass die Pflanzen gesünder bleiben.

Vor allem beim Sommeranbau können Zwiebelfliegen massive Probleme verursachen. Daher sollte Knoblauch im Sommer in Mischkultur angebaut werden, z. B. in Kombination mit Salat. Als Nebeneffekt kann er durch seinen Geruch dazu beitragen, Schädlinge von den Nachbarschaftskulturen fernzuhalten.

Die Brutzwiebeln bilden sich blütenähnlich an den Stängeln der Knoblauchpflanzen.

Schlangenknoblauch mit den typischen verdrehten Blütenständen.

ERNTE

Bei Herbstanbau sind Knoblauchknollen ab Ende Juni des folgenden Jahres erntereif. Beim Frühjahrsanbau verschiebt sich die Erntezeit in die Herbstmonate. Wird im Herbst und Frühling angebaut, kann ab Juni bis in den Herbst hinein Knoblauch geerntet werden. Frisch geernteter Knoblauch ist mild-würzig im Aroma. Die Herbsternte kann wie Küchenzwiebeln getrocknet und gelagert werden.

Außerdem können auch die Blätter des Knoblauchs über die Vegetationsperiode beerntet und als frische Würze verwendet werden.

VERMEHRUNG

Knoblauch kann einfach vegetativ vermehrt werden. Von den geernteten Knollen behält man die schönsten, gesündesten und am besten lagerfähigen für die nächste Generation zurück.

Vegetative Vermehrung von Knoblauch

Im Gegensatz zu den meisten anderen *Allium*-Arten bildet Knoblauch in der Regel keine fertilen Blüten und wird nur vegetativ vermehrt. Bleibt der im Herbst gesteckte Knoblauch lange genug im Beet, bildet er im Spätsommer an einem langen, aus der Mitte wachsenden Stiel statt Samen Brutzwiebelchen aus. Diese Brutzwiebeln können ebenfalls gegessen werden, oder man steckt sie wieder. Im kommenden Jahr wachsen die einzelnen Brutzwiebeln zu rundlichen, zwiebelartigen Zehen heran. Bleiben diese ein weiteres Jahr im Boden, bilden sich die bekannten Knoblauchknollen mit vielen Zehen aus.

Vorteil der Vermehrung über Brutzwiebeln ist, dass die Pflanzen vitaler sind und verschiedene Schaderreger nicht übertragen werden wie bei der Vermehrung über die Knollen. Wer seine Haussorte über einen längeren Zeitraum vermehren möchte, sollte sich hin und wieder die Mühe machen, den Bestand über die Vermehrung mit Brutzwiebeln aufzufrischen.

Weinberg- oder Schlangenknoblauch

Eine ältere Form des Kulturknoblauchs ist der Weinberg- oder Schlangenknoblauch (*Allium sativum* var. *ophioscorodon*). An einem langen, meist schlangenförmigen oder spiralförmig gebogenen Blütenstiel entwickelt er sowohl Brutzwiebeln als auch Blüten. Er vermehrt sich selbst über herabfallende Brutzwiebeln und bleibt so im Garten einfach erhalten. Die Knollen des Weinbergknoblauchs sind kleiner, jedoch von feinem Geschmack. Im Hausgarten stellt er eine hübsche, unkomplizierte Rarität dar, die einfach in die Mischkultur eingebunden werden kann. Pflanzgut ist im Handel auch unter der Bezeichnung „Rocambole“ erhältlich.

PFLANZGUT FÜR DEN KNOBLAUCHANBAU

Für den Anbau sollte unbedingt entsprechendes Pflanzgut erworben werden. Zwar können grundsätzlich auch die für den Verzehr gekauften Knoblauchknollen verwendet werden, ohne Sorteninformationen gelingt der Anbau jedoch nicht immer. Schließlich gibt es Sorten, die besser für den Herbst- bzw. Sommeranbau geeignet oder besonders gut lagerfähig sind.

'Edenrose'

Rosaschaliger Knoblauch aus Frankreich mit mild-würzigem Aroma und guter Haltbarkeit. Für den Frühjahrsanbau mit Herbsternte und Lagerung.

'Thermidrome'

Robuster, ertragreicher Herbstknoblauch mit Ernte im darauffolgenden Sommer. Die weißen Zehen sind leicht blauviolett geadert. Mittlere Lagerfähigkeit.

'Messidor'

Sorte für Herbstpflanzung und Sommerente mit guter Würzkraft der frisch geernteten Knollen. Gute Haltbarkeit.

Lauch oder Porree

Den Göttern geweiht

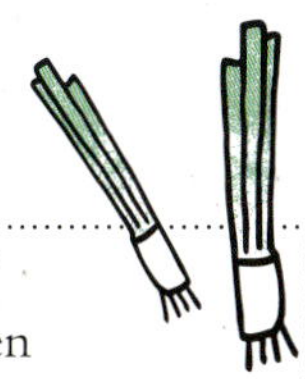

AUF EINEN BLICK

AUSSAAT Anfang Februar bis Mai	**KEIMZEIT** 2–3 Wochen
KEIMTEMPERATUR 15–20 °C	**PFLANZUNG** ca. 12 Wochen nach der Aussaat
ERNTE 4–5 Monate nach der Aussaat	

HERKUNFT UND WISSENSWERTES

Lauch oder auch Porree (*Allium porrum*) zählt wie viele andere Vertreter der Familie der Zwiebelgewächse zu den seit vielen Tausend Jahren kultivierten Nutzpflanzen.

In vielen Kulturen hatte Lauch dabei einen hohen Stellenwert. So weihten die Römer ihn dem Sonnengott Apollo, und die Germanen kannten eine Rune für Lauch. Seine Bedeutung zeigt sich auch darin, dass das Wort „Lauch“ allgemein als Überbegriff für Gemüse im Sinne von „Pflanze, Wachsendes“ verwendet wurde.

Wird Lauch geschnitten (siehe Kasten), ist auf einen glatten und schrägen Schnitt zu achten, um Fäulnis vorzubeugen.

Lauch wird vorrangig als Suppengemüse angebaut, dabei ist er ein gesundes Gemüse für die saisonal-regionale Ernährung. Als typisches Wintergemüse bereichert er den Speiseplan in der kalten Jahreszeit. Mit seiner Frostbeständigkeit eignet er sich bestens für einen energieneutralen Anbau im mitteleuropäischen Klima. Im Anbau wird zwischen Sommer- und Winterlauch unterschieden. Letzterer verfügt über eine bessere Winterhärte und hat meist dunklere, blaugrüne Blätter.

ANBAU

Standort

Lauch benötigt einen humosen, tiefgründigen und gut mit Nährstoffen versorgten Boden. Eine Herbstdüngung mit abgelagertem Mist für die Pflanzung in der kommenden Saison ist eine gute Beetvorbereitung. Wichtig ist zudem ein sonniger Standort auch bei tiefer stehender Sonne, damit die Pflanzen in Herbst und Winter nach feuchten Wetterperioden wieder abtrocknen können und sich keine Fäulnis bildet.

Lauch laufend schneiden

Früh gesäter Lauch kann im Verlauf der Saison mehrmals geschnitten werden. Dabei wird am Schaft ein schräger Schnitt wenige Zentimeter über dem Boden vorgenommen. Die Schräge ist wichtig, damit kein Wasser auf dem Schnitt stehen bleiben kann. Die Lauchstangen wachsen erstaunlich schnell wieder nach. Diese Methode ermöglicht eine regelmäßige Lauchernte auf kleiner Fläche und beugt dem Befall und der Ausbreitung der Zwiebelfliegen vor, da sich bei regelmäßigem Schnitt keine Larven einnisten können.

Aussaat und Kultur

Wie alle Zwiebelgewächse hat Lauch eine relativ lange Kulturdauer, und so wird Sommerlauch bereits Anfang Februar und Winterlauch von April bis spätestens Mai gesät. Eine geschützte Aussaat ist notwendig, da die Jungpflanzen warm kultiviert werden müssen, um ein frühzeitiges Schossen zu vermeiden. Die optimale Keimtemperatur liegt bei 15–20 °C. Weiterhin kommt eine geschützte Anzucht dem langsamen Jugendwachstum entgegen.

Für die Anzucht ist es wichtig, tiefe Anzuchtkästen mit nährstoffreicher Erde, am besten ausgereiftem Kompost, zu verwenden. In flachen Anzuchtschalen und magerem Substrat können sich die Jungpflanzen nicht ausreichend entwickeln. Zu Anzuchtkästen können beispielsweise mit Gartenvlies ausgelegt Biogemüsekisten umfunktioniert werden. In den Anzuchtkästen wird das Saatgut entweder breitwürfig oder in Reihen ausgebracht.

Ausgepflanzt werden die Jungpflanzen zwölf Wochen nach der Aussaat in einem Abstand von etwa 10 cm in der Reihe und 20–30 cm zwischen den Reihen. Ein Auspflanzen in Gruppen in Mischkultur mit anderen Gemüsepflanzen ist ebenfalls möglich. Dabei wird für jede Pflanze mit einem Stock ein mehrere Zentimeter tiefes Loch in die Erde gebohrt, in die sie dann gesetzt wird. Bei bereits recht großen Jungpflanzen werden die Wurzeln und Blätter vor dem Pflanzen etwas eingekürzt. Das Erdreich rund um die Jungpflanzen wird leicht angedrückt und vorsichtig gewässert. Im weiteren Kulturverlauf ist ein Anhäufeln der Pflanzen empfehlenswert. Tiefe Pflanzung und Anhäufeln fördern das Wachstum von langen, hellen Lauchstangen. Lauch ist über seine Kulturperiode hinweg dankbar für weitere Düngegaben, beispielsweise in Form von Brennnesseljauche.

Leider treten in beinahe allen Gärten Lauchminierfliegen und Lauchmotten auf. Die Larven fressen Gänge in die Blätter und bei starkem Befall kann ein Großteil der Ernte dadurch unbrauchbar werden. Zwar kann eine gute Mischkultur beispielsweise mit Tomaten, Kräutern und Ringelblumen helfen, die Schädlinge abzulenken, die sicherste Gegenmaßnahme ist jedoch das Abdecken der Pflanzen mit Gemüseschutznetzen.

Zum Ernten ganzer Stangen wird der Lauch mit einer Grabschaufel gelockert und aus dem Boden gezogen.

ERNTE

Sommerlauch kann ab Juli/August geerntet werden, wenn die Lauchstangen einen Durchmesser von 2–3 cm aufweisen. Winterlauch kann auch im Winter im Beet bleiben und nach und nach geerntet werden. Um auch in Frostperioden Lauch genießen zu können, empfiehlt es sich, den Boden mit Stroh abzudecken. Geerntet wird am besten vorsichtig mit der Grabgabel, damit die tief gepflanzten Stangen beim Herausziehen nicht abbrechen. Lauch lässt sich auch kühl und luftfeucht einlagern. Das ist bei nicht komplett winterharten Sorten eine gute Alternative.

VERMEHRUNG

Vermehrung und Samenernte von Lauch entsprechen denen der Küchenzwiebel. Auch Lauch blüht erst im zweiten Kulturjahr und ist mit anderen Lauchsorten einkreuzungsgefährdet.

LAUCH FÜR DIE SOMMER- UND WINTERERNTE

Sorten für die Sommer- und Herbsternte wachsen meist zügiger, vertragen dafür jedoch keinen Frost. Wintersorten dagegen können den ganzen Winter auf dem Beet bleiben und nach und nach geerntet werden.

'Elefant'

Schnellwachsende Sommersorte mit kurzen bis mittellangen, recht dicken Schäften. Nur bedingt winterhart mit Ernte bis November.

'Blaugrüner Winter'

Wintersorte mit langen, dicken Stangen und schöner, dunkelgrüner Blattfarbe. Gute Winterhärte mit Ernte bis in den März hinein.

'Freezo'

Späte Wintersorte, die besonders frosthart und gut für die Überwinterung geeignet ist. Laub dunkel, bildet keine Zwiebeln.

Informationen und Bezugsquellen

ERHALTERORGANISATIONEN FÜR ALTE UND SAMENFESTE KULTURPFLANZEN

Verein ARCHE NOAH
Gesellschaft für die Erhaltung der Kulturpflanzenvielfalt und ihre Entwicklung, Saatgutarchiv, Erhalternetzwerk und Online-Shop
www.arche-noah.at

ProSpecieRara Deutschland
Gemeinnützige Gesellschaft für die kulturhistorische und genetische Vielfalt von Pflanzen und Tieren in Deutschland
Saatgutarchiv, Shop (bei Mitgliedschaft)
www.prospecierara.de

ProSpecieRara Schweiz
Schweizerische Stiftung für die kulturhistorische und genetische Vielfalt von Pflanzen und Tieren
Saatgutarchiv, Marktplatz und Shop (für Mitglieder)
www.prospecierara.ch

VEN
Verein zur Erhaltung der Nutzpflanzenvielfalt e. V.
Erhalternetzwerk
www.nutzpflanzenvielfalt.de

SAMENFESTES SAATGUT AUS BIOLOGISCHER PRODUKTION UND ZÜCHTUNG

Bingenheimer Saatgut
www.bingenheimersaatgut.de

ReinSaat
www.reinsaat.at

SATIVA
www.sativa.bio

INFORMATIONEN ZUR BIOLOGISCH-DYNAMISCHEN ZÜCHTUNG VON SAMENFESTEN GEMÜSESORTEN

Kultursaat e. V.
Verein für Züchtungsforschung und Kulturpflanzenerhaltung auf biologisch-dynamischer Grundlage
www.kultursaat.org

WEITERFÜHRENDE LITERATUR

Andrea Heistinger, Arche Noah, Pro Specie Rara
Handbuch Samengärtnerei. Sorten erhalten. Vielfalt vermehren. Gemüse genießen
Löwenzahn, 2008

Vaikunthanath Das Kaviraj
Homöopathie für Garten und Landwirtschaft
Die homöopathische Behandlung von Pflanzen
Narayana, 2017

Register

SACHREGISTER

SORTENREGISTER

Über die Autorin

Durch den langjährigen Anbau von Gemüse für eine ganzjährige Selbstversorgung aus dem eigenen Garten ist **Annette Holländer** mit den alten und samenfesten Gemüsesorten bekannt geworden. Die Erhaltung und Vermehrung dieser Kulturpflanzen ist über die Jahre zur großen Leidenschaft und Herzensangelegenheit geworden.

Dies hat die gelernte Farblithografin und Mediendesignerin nach langjähriger Tätigkeit in der Verlags- und Internetbranche auch dazu veranlasst, völlig neue berufliche Wege einzuschlagen. Durch die Ausbildungen zur Samengärtnerin und Naturpädagogin hat sie sich die Grundlagen zur Erhaltungsarbeit mit unseren Gemüsepflanzen sowie für pädagogische Tätigkeiten angeeignet.

In Vorträgen und Seminaren gibt sie ihre Erfahrungen zu biologischem Gemüseanbau, Nutzpflanzenvielfalt und Samenbau weiter. Daneben betreut sie Projekte wie Schul- und Gemeinschaftsgärten und führt Schulklassenprogramme zu Natur- und Umweltthemen sowie zu regionaler und nachhaltiger Ernährung durch. Ihre Erfahrungen teilt sie auf ihrer Website unter

www.garten-des-lebens.de

Impressum

Bibliografische Information der Deutschen Bibliothek. Die Deutsche Bibliothek verzeichnet diese Publikation in der deutschen Nationalbibliografie.

Detaillierte bibliografische Daten sind im Internet über http://www.d-nb.de/ abrufbar.

EIN BUCH DER EDITION MICHAEL FISCHER

1. Auflage 2023

Cover: Sonja Bauernfeind
Layout: Verena Raith
Satz: Kristijan Matic/Kullmann & Partner GbR, Anna Fiedler
Produktmanagement: Annika Christoph, Annely Tiedemann, Corinna Scherr
Redaktion: Kullmann & Partner GbR
Lektorat: Dr. Sigrun Künkele, Hamburg
Fotos: Kristijan Matic Fotografie, Stuttgart, mit Ausnahme der folgenden:
Annette Holländer: 18, 20, 23, 91, 95 li, 98, 107, 109, 114 o, 115 u, 118 o, 118 u, 132–137, 140 o, 142, 145 u, 151 u, 156 u, 160 o, 160 u, 162 o, 162 u, 164, 172 o, 172 u, 176 o, 177, 178 u, 183, 187 li, 187 re, 195 o, 211, 218, 221 o, 221 u, 229 u
Folko Kullmann: 69–1, 69–11, 69–12, 69–15, 69–4, 69–7, 69–8, 69–9
Shutterstock: Covermotiv, 14 o, 39, 69–13, 69–14, 74 o, 74 u, 76 o, 76 u, 79 o, 79 u, 80 u, 81 o, 83 o, 83 u, 93, 97, 130 u, 131, 143, 146 o, 146 u, 147, 153 o, 153 u, 154 o, 155, 156 o, 165, 167, 170 o, 173, 176 o, 182, 190, 191 u, 192 re, 193, 195 u, 199 o, 199 u, 202, 203 o, 203 u, 205, 206, 215, 217 o, 223 o, 223 u, 225 o, 226 o
wikipedia/Jerzy Opiola 82 u, Rasbak 82 o
llustrationen: Pia von Miller

ISBN 978-3-7459-1334-7

Gedruckt bei Polygraf Print, Čapajevova 44, 08001 Prešov, Slowakei

www.emf-verlag.de

MIX
Papier aus verantwortungsvollen Quellen
FSC® C145070